KB134103

애덤 스미스의
국부론을 말하다

애덤 스미스의
국부론을 말하다

윤원근 편저

좋은 책 좋은 독자를 만드는

㈜신원문화사

저자의 말

《국부론》은 경제학의 바이블로 간주되는 책으로, 전문 경제학자가 아니더라도 누구나 한번쯤 반드시 읽어볼 만한 고전이자 교양서다. 차분히 읽으면 내용이 그렇게 어려운 것은 아니지만 1,000쪽이 넘어가는 방대한 양에 기가 질려 읽을 엄두를 내지 못하기 십상이다. 이 책은《국부론》의 내용을 추려 누구나 쉽게 읽을 수 있도록 했다. 특히, 전체 내용을 고르게 소개하여 책 전체를 읽는 것과 같은 느낌과 효과를 갖도록 하였다. 청소년들뿐만 아니라 일반 성인들이 경제 현상을 이해함에 도움이 되리라 생각된다.

서브프라임 모기지론_{신용등급이 낮은 저소득층에게 고금리로 대출해주는 주택담보대출} 사태로 촉발된 미국의 금융 위기가 일파만파로 파급되면서 세계 전체가 경제 위기에 빠져들고 있다. 전문가들의 분석에 의하면, 이러한 위기의 원인은 대체로 저금리정책에 기댄 과도한 레버리지_{차입투자}인 것처럼 보인다. 과도한 레버리지로 돈이 넘치다 보니 서브프라임 모기지론 상품을 만들고, 이 상품으로 주택담보부채권^{기존 주택담보대출을 담보로 발행하는 유동화채권}이라는 파생상품을 만들고, 다시 이들을 장부상에서 합치고 쪼개어 또 다른 파생상품을 만들고, 그러다가 주택가격이 떨어지니 거품이 꺼졌다고들 한다.

그러나 필자가 보기에 이러한 원인보다 더 근본적인 원인은 시장에 대한 그릇된 이해 때문인 것 같다. 시장은 교환이 일어나는 장소다. 다른 사람의 손에 있는 것을 내 것으로 만드는 가장 품위 있는 방법은 교환을 제의하는 것이다. 따라서 교환은 사람들이 서로를 존중하면서 평화적으로 서로의 욕구를 충족시키는 방식이다. 그러나 시장은 인간의 탐욕과 유한성 때문에 불안정하다. 시장에서는 자신의 탐욕을 채우려는 온갖 종류의 교묘하고 추악한 방법들이 등장하며 이로 인해 불공정하고 부당한 교환과 경쟁이 수시로 발생한다. 게다가 무수한 사람들이 동시에 참여하는 수요와 공급에 의해 가격이 형성되다 보니 유한한 인간 능력 때문에 수요와 공급을 정확하게 맞추기 어려워 시장은 늘 바닷물처럼 술렁인다. 그러다가 투기 수요나 과잉 공급이 일어나고 그 거품이 꺼지면서 폭풍이 몰아치고 큰 파도가 일어난다. 그런데 이러한 거품 현상의 배후에는 언제나 상궤를 벗어난 인간의 무분별한 탐욕이 있다.

사회주의가 붕괴되기 전에는 자본주의자들과 사회주의자들 사이에 시장의 지위와 역할을 놓고 논란이 자주 있었다.

자본주의자들은 시장의 자율 기능에 맡겨 놓으면 인간 사회는 최적의 효율성을 유지한다며 시장주의를 외쳤고, 사회주의자들은 시장의 자율 기능은 사회를 파국으로 몰고 간다며 반(反)시장주의를 외쳤다. 하지만 사회주의가 붕괴되면서 자본주의자들의 시장주의가 승리를 굳힌 것처럼 보였다. 그런데 이번 금융 위기 사태를 겪으면서 시장의 지위와 역할에 대한 근본적인 재검토의 필요성이 제기되고 있다.

《국부론》은 시장의 지위와 역할을 밝혀주는 매우 훌륭한 교과서라고 할 수 있다. 《국부론》에 의하면, 시장주의도 반시장주의도 시장에 대한 그릇된 견해인 것처럼 보인다. 시장은 신뢰의 체계다. 불안정한 시장이 안정적으로 유지되기 위해서는 시장 행위자들이 정의롭고 공정한 규칙을 잘 지켜야 하고, 관련 기관들도 이 규칙에 따라 시장을 잘 관리해야 한다. 애덤 스미스가 '보이지 않는 손'을 말한 것도 이러한 규칙이 잘 지켜지고 관리된다는 조건 하에서다.

《국부론》의 시장관에 의하면, 이번 사태는 '시장의 실패'라기보다는 관련 행위자들과 기관들의 도덕적 실패와 정부 정책의 실패가 겹친 것이다. 이번 금융 위기가 발생했을 때 세계적인 신용평가기관의 한 직원이 신용평가를 부실하게 한 사실을 고백하며 '악마에게 영혼을 팔았다'는 말을 했다고 한다. 악마에게 영혼을 판 사람이 이 한 사람뿐이겠는가? 시장주의 운운하면서 규칙을 허술하게 관리하여 인간의 탐욕을 마구 풀어놓는 것도 어리석고, 또 시장의 불안정성에 지레 겁먹고 반反시장주의를 외치는 것도 어리석다. 부디 이 책이 시장의 기능과 역할을 올바로 이해하는 데 도움이 되기를 기대한다.

이 책이 만들어진 과정을 밝히는 것이 정직한 태도일 것이다. 필자는 김수행 교수님의 국부론 번역본비봉출판사을 먼저 읽고 중요한 내용을 요약한 다음, 애덤 스미스 연구소The Adam Smith Institute가 http://www.adamsmith.org/smith/won-intro.htm에 올려놓은 영어 원문을 다운 받아 필자가 요약한 부분과 일일이 대조하면서 청소년들도 읽어나갈 수 있도록 전체 내용을 최대한 쉽게 새로 고쳐 썼다. 하지만 아무리 쉽게 표현하고 싶어도 원문의 테두리를 벗어날 수 없어 불가피하게 어렵게 표현된 부분도 있을 것이다. 국부론을 미리 번역해 놓으신 김수행 교수님께 감사를 드리고, 또 국부론 원문을 인터넷에 올려놓은 애덤 스미스 연구소에도 감사를 드리는 것이 마땅할 것이다.

필자가 쓴 다른 책들도 마찬가지지만 이 책도 가까이서 나를 격려해 주는 가족의 도움과 배려 없이는 불가능했을 것이다. 무엇보다 사랑하는 아내에게 감사하고 싶다. 이 책의 출판을 제안한 출판사에도 감사를 드린다.

2009년 1월 윤원근

차례

제1편

**노동생산력을 향상시키는 원인들과
노동생산물이 사회의 다른 계층 사람들에게
분배되는 자연적인 질서**

《국부론》을 읽기 전에…

1. 현대적인 사회 세계의 아버지

사람들은 애덤 스미스를 '경제학의 아버지'로 추앙한다. 그러나 이 같은 추앙은 그를 과소평가하는 것이다. 그는 '현대적인 사회 세계의 아버지'로 추앙되어야 한다. 그는 현대적인 사회 세계가 작동할 수 있는 현실적인 원리를 보여주었을 뿐만 아니라 그것이 나아가야 할 이상적인 목표도 보여주었다. 인간 사회는 현대화할수록 스미스적인 방향으로 나아간다. 앞으로 인류는 점점 더 그가 발견한 세계 안에서 살아가게 될 것이다. 아직 지구상에는 그의 사상과 이론이 잘 적용될 수 없는 나라들이 많이 있다. 하지만 그 나라들이 현대적인 사회 세계로 나아갈수록 그의 사상과 이론은 그들 나라의 앞길을 인도하는 빛이 될 것이다.

《국부론》은 스미스가 제시한 현대적 사회 세계의 설계도 중 한 부분에 해당한다. 따라서《국부론》만 읽어서는《국부론》의 내용을 오해할 수도 있다. 부분에 해당하는 것을 전체로 착각하게 되면 원래의 의도를 잘못 이해하게 된다. 많은 사람들이 이런 오류에 빠져서 스미스의 사상을 잘못 이해해 왔다. 우리는 스미스가 그리고 있는 현대적 사회 세계 전체의 설계도 안에서《국부론》이 차지하는 위치를 정확히 알 필요가 있다. 이것이《국부론》을 소개하는 서두에 이 글을 쓰는 이유다.

2. 애덤 스미스의 사상에서《국부론》의 위치

흔히 애덤 스미스는 자유방임을 옹호한 자본주의자 또는 시장주의자로 왜곡되어 소개되고 있다. 이러한 왜곡된 견해에 의하면, 스미스는 개인들이 자유롭게 경쟁하면서 자신의 이기심을 추구하도록 방임하면 사회 전체는 보이지 않는 손에 이끌려 자동적으로 조화를 이루게 되어 있다고 보고, 이에 근거하여 국가는 개인들의 생활에 간섭하지 말고 외부의 적을 막아내거나 밤에 도둑 잡는 일만 해야 한다고 주장했다는 것이다. 이처럼 왜곡된 스미스 모습이 고전적 자유주의라는 이름으로 널리 알려져 있다.

여러 세력들이 스미스를 왜곡시키는 일에 가담했다. 그들이 그렇게 한 이유는 의도적이든 비의도적이든 인간 사회를 자신들이 원하는 방식으로 망가뜨리는 데에 애덤 스미스를 이용하기 위해서였다. 그들 중 하나는 자유 경쟁이라는 이름으로 자신이 가진 부의 힘을 무절제하게 행사해서 더 많은 부를 쌓기 위해 국가의 개입을 막으려는 탐욕스러운 자본주의자들이었고, 다른 하나는 이러한 부의 횡포가 만들어내는 빈익빈 부익부 과정의 모순을 들추어내어 공산주의 혁명을 일으키려는 무모한 마르크스주의자들이었으며, 나머지 하나는 국제 관계를 국가들 간의 권력 투쟁의 장으로 보고 이 투쟁에서 이기기 위해 시장을 국가주의의 도구로 삼으려는 야만적인 파시스트들이었다. 이들 세력은 서로 다른 목적을 갖고 있지만 인간 사회를 파괴하고 싶은 강렬한 열정을 공유하고 있다.

그들은 자신들의 극단적인 시각으로 온건하고 절제 있는 애덤 스미스를 극단화하려고 애를 쓴다. 이런 극단화를 통해 자본주의자들은 스미스의 이름으로 시장을 자신들의 이익을 무한대로 충족시키는 장소로 만들려고 하고, 마르크스주의자들은 시장을 파괴하기 위해 스미스의 사상이 안고 있는 모순을 폭로하려고 하며, 파시스트들은 스미스의 사상을 천박한 자유주의로 정죄하고 시장을 국가 권력으로 통제하려고 한다.

　그러나《국부론》만 꼼꼼하게 읽어도 우리는 스미스가 자유방임주의를 옹호한 자본주의자나 시장주의자가 아니라는 사실을 알 수 있다. 게다가《국부론》이전에 쓰인《도덕 감정론》을 함께 읽는다면 우리는 그러한 모습과는 전혀 무관한 '진짜 애덤 스미스'를 발견할 수 있다. 애덤 스미스는 자본주의라는 말을 사용한 적이 한 번도 없다.* 진짜 애덤 스미스는 자유방임주의자도 자본주의자도 시장주의자도 아니다. 그는 인간 사회의 운영 원리를 탐구한 도덕 사회학자로서 공정한 규칙에 입각한 시장 경제와 약자에 대한 배려를 동시에 고려하는 균형이 잘 잡힌 조화로운 사회상을 제시하였다.

　그는 국가가 상공업을 육성해서 사회 전체에 재화를 풍부하고 저렴하게 제공할 의무가 있다고 보았다. 그래서 그는 《국부론》에서 정치가와 입법자에게 국민과 국가 모두를 부유하게 만드는 방법을 보여주려고 하였다. 이 방법이 그의 정치 경제학이다. 그에 따르면, 국민과 국가를 부유하게 하는 방법은 사회 전체에 재화를 풍부하고 값싸게 공급하는 것이고, 이를 위해서는 무엇보다도 경제적 생산력, 즉 노동의 생산물이 많아져야 한다.

　스미스는 생산력이 기술과 도구의 발전에 의해 자동적으로

＊ 자본주의라는 말을 널리 퍼뜨린 인물은 공산주의자 칼 마르크스K. Marx였다.

증가하는 것^{스미스를 비판했던 마르크스는 이렇게 생각했다}이 아니라 사회의 도덕적 행위 능력에 크게 좌우된다고 보았다. 좋은 도덕적 환경을 갖고 있는 사회는 노동 의욕이 활발해 생산력이 증대되고 반대로 나쁜 도덕적 환경을 갖고 있는 사회는 노동 의욕이 저하되어 생산력이 감소된다는 것이다. 그는 인간 사회의 도덕적 행위 능력이 인간 본성의 자연스런 동감^{natural sympathy}에 기초한다고 보았다. 이에 대해서는 곧 살펴볼 것이다.

비유적으로 표현하면, 스미스의 사상에서 동감의 원리가 인간 사회라는 건물 전체를 받치고 있는 기초에 해당한다면 도덕적 행위 원리는 건물의 1층이고, 정치경제학 원리는 2층이라고 할 수 있다. 《국부론》을 올바로 해독하기 위해서는 그의 이러한 포괄적인 사상 구조를 잘 이해하고 있어야 한다. 기초를 마련하지 않고는 1층을 세울 수 없고, 1층을 세우지 않고는

2층을 세울 수 없다. 애덤 스미스의 관심은 단순한 정치경제학 원리가 아니라 그것을 포함한 인간 사회 전체의 작동 원리에 있었다.

그는 물리 세계의 일반 원리를 체계화한 뉴턴^{Newton}을 모범으로 삼아 사회 세계의 일반 원리를 체계화하려고 하였다. 그는 《도덕 감정론》에서 동감에 근거해 도덕적 행위의 원리를 설명하고, 이를 바탕으로《국부론》에서 정치경제학 원리를 설명하고 있다. 스미스는 자기 묘비명에《국부론》이 아니라《도덕 감정론》을 쓴 사람으로 기록되기를 원했다.[*]

애덤 스미스는 자연적 자유 체계를 인간 사회의 현실적인 이상으로 설정했다. 자연적 자유 체계의 사회는 모든 구성원이 인간의 자연스런 본성을 자유롭게 표현했을 때 이루어지는 사회의 모습을 말한다. 그는 여러 가지 장애물 때문에 자연적 자유 체계가 완전히 실현되기 어렵다고 보았음에도 불구하고 이 체계가 인간 사회를 풍요롭게 하는 보편적인 조건이라고 보았다. 자연적 자유 체계를 제안한 것 때문에 그가 자유방임주의자로 오해되었을지도 모른다. 그러나 그가 말하는 자연적 자유 체계의 사회는 결코 자유방임적으로 운영되는 사회가 아니다.

그는 한 사회가 인위적 통제 체계에 가까울수록 도덕적 능

---

[*]《도덕 감정론》은 1759년에 출판되었으며《국부론》은 1776년에 출판되었다.

력이 부패하여 생산력이 위축되고, 반대로 자연적 자유 체계에 가까울수록 도덕적 능력이 건강하여 생산력이 증대될 수 있다고 주장하였다. 물론 그가 인위적 통제 체계라는 말을 사용하지 않았지만 그의 사상에는 이러한 대비가 분명하게 나타난다. 인위적인 통제 체계의 사회는 문화적 속박과 정치적 억압에 의한 지배와 통제를 통해 운영되고, 자연적인 자유 체계의 사회는 인간 본성의 자연스런 동감을 통해 운영된다. 그는 당시 중상주의 정책을 실시했던 유럽의 절대 군주제를 인위적인 통제 체계로 보고 이를 대신할 자연적 자유 체계를 제시하였다.

자연적인 자유 체계의 사회 안에서 동감에 바탕을 둔 도덕적 행위와 경제적 생산력은 상호 보완적이다. 도덕적 행위는 보다 풍요로운 부를 창출할 수 있는 사회적 환경을 제공하고, 또 이로 말미암은 풍요로운 부는 도덕적 행위를 더욱 강화하기 때문에 이 둘은 서로 선순환의 관계에 있다. 스미스는 바로 이러한 생각에 근거해《도덕 감정론》에서는 사회 전체의 도덕적 행위 원리를, 그리고《국부론》에서는 사회의 한 부분으로서의 정치경제학 원리를 탐구하였다.

3. 경험론자 애덤 스미스

스미스가 철저한 경험론자라는 사실은 그의 사상을 이해하는 데 매우 중요하다. 경험론은 인간의 모든 지식이 인간의 감각 경험에 근거한다고 주장한다. 경험론은 인간이 유한하고 불완전하므로 오류를 범할 수 있는 존재라는 전제에서 출발한다. 따라서 그것에 의하면, 인간의 지식 또한 항상 유한하고 불완전하고 오류의 가능성을 포함하고 있다.

대표적인 경험론자인 존 로크$^{John\ Locke}$는 《인간 오성론》에서 인간의 이성이 다른 동물들을 능가하는 모든 편익과 지배력을 인간에게 주긴 하지만 이성의 힘을 과신하지 않도록 조심시키기 위해 이 책을 썼다고 말했다. 로크의 이러한 겸손한 태도가 바로 경험론의 기본 정신이다. 현대의 많은 과학자들이 경험론의 이러한 겸손함을 잊어버리고 과학적 지식의 확실성을 너무 자만하는 오류를 범하고 있다.

스미스도 로크를 따라 인간을 불완전하고 유한한 존재로 보았다. 그는 인간이 무한하고 완전할 수 있다는 생각으로, 자신의 판단을 선악의 절대 기준으로 삼고, 자신의 계획에 따라 사회의 모든 부문을 인위적으로 완벽하게 구성하려는 태도의 위험성을 경고하였다. 그런 태도를 가진 사람은 자신을 국가 안에서 유일하게 현명하고 가치 있는 사람으로 여기면서 동료 시민들을 자신의 구상에 따라 마음대로 배열할 수 있는 장기판의 말처럼 취급한다. 그러나 그는 자신이 설계한 이상의 가상적인 아름다움에 도취되어 모든 타협과 절제와 적응을 거부하고 지나치게 많은 것을 요구함으로써 아무 것도 얻지 못하고 만다.^{(도덕 감정론) 6부 2편 2장 15-16절} 종종 사회를 뒤엎으려는 혁명에 휩싸인 사회가 안으로 구태의연한 것이 이 때문이라고 생각했다.

스미스는 인간 사회를 지탱하는 도덕의 일반 원칙이 다른 모든 일반 원칙들과 마찬가지로 감각 경험에 대한 관찰로부터 도출된다고 보았다. 우리는 매우 다양한 개별 사례들에 대한 관찰을 통해서 우리의 도덕적 능력을 즐겁게 하거나 불쾌하게 하는 것이 무엇이며, 이 도덕적 능력이 시인하거나 또는 부인하는 것은 무엇인지를 알게 된다. 도덕의 일반 원칙은 이러한 관찰을 일반화하는 귀납에 의해서 확립된다.^{(도덕 감정론) 7부 2장 6절} 스미스는 도덕의 일반 원칙이 도출되는 인간의 경험을 '동감'이라고 보았다.

4. 애덤 스미스 사상의 기초 : 동감

스미스에 의하면, 동감은 인간 사회의 도덕적 질서를 떠받치는 인간학적 토대로서, 인간이면 누구나 다 가지고 있는 인간 본성의 한 요소다. 동감은 인간들 사이에서 일어나는 같은 인간으로서의 동료 감정을 말한다. 국적, 인종, 종교, 나이, 성별에 관계없이 인간이면 누구나 서로 공유하는 그런 감정 말이다. 사람은 누구나 기뻐하고 슬퍼하고 분노하고 즐거워하고 고통스러워하는 감정을 갖고 있다. 아마 이런 감정들을 한 번도 느껴보지 못한 사람은 없을 것이다. 그런데 놀랍고 신비로운 것은 다른 사람이 기뻐하는 상황을 보고 나도 덩달아 기쁜 마음이 생기고, 다른 사람이 슬퍼하는 상황을 보고 나도 같이 슬픈 마음이 생긴다는 것이다. 이것은 너무나 자명한 사실이라서 특별히 증명을 하려고 노력할 필요가 없다.

우리가 영화를 볼 때나 책을 읽을 때 주인공이 부모를 잃고 슬퍼하는 장면이 나오면 마음이 찡하면서 자신도 모르게 눈물이 흐를 때가 있다. 또 주인공이 악당의 꾐에 빠져 부당한 누명을 쓰고 고통을 겪으면 안타까운 마음이 든다. 이런 게 바로 동감의 예다. 스미스는 인간미가 풍부한 사람들이 이러한 감정을 더 잘 느끼겠지만 그렇다고 그들만 그런 것은 아니라고

보았다. 법을 무시하는 악당이나 폭력배도 이러한 감정을 가지고 있다. 동감 현상은 특별한 부류의 사람에게만 한정되어 있는 것이 아니라 모든 사람에게서 찾아볼 수 있는 것이다.

우리는 주위에서 동감 현상의 예들을 많이 발견할 수 있다. 스미스가 들고 있는 단순한 예를 몇 개 소개하면 다음과 같다. 누군가가 다른 사람의 팔 또는 다리에 칼을 겨누고 막 찌르려 하는 것을 보았을 때, 우리는 저절로 우리의 팔 또는 다리를 움츠리고 뒤로 끌어당기게 된다. 또 느슨한 밧줄 위에서 춤추는 무용수를 보면 군중들은 자기도 모르게 몸을 비틀어 꼬면서 몸의 균형을 잡으려고 한다. 또 성격이 섬세하고 몸이 약한 사람들은 거리의 걸인들이 내보이는 상처와 종기를 보면 자기 몸의 상응하는 부분이 가려우면서 불쾌감을 느끼게 된다. 그리고 매우 건강한 사람도 다른 사람의 짓무른 눈을 보았을 때 자신의 눈에 매우 민감한 통증을 느끼곤 한다. _{《도덕 감정론》 1부 1편 1장 3절}

스웨덴의 웁살라 대학교에 있는 울프 딤베리^{Ulf Dimberg} 교수는 동감 현상을 실험을 통해 증명했다. 이 실험은 요아힘 바우어^{Joachim Bauer}의 《공감의 심리학》에 소개되어 있다. 그는 피실험자들의 얼굴에 전자장치를 부착하고 모르는 사람의 얼굴 표정을 0.5초 동안 보여주면서 어떤 반응도 하지 말고 무표정하게 있도록 요구했다. 실험 결과, 웃는 표정의 얼굴을 본 피실험자들은 무표정하려고 노력했지만 웃음을 짓는 근육을 움직였고, 화가 난 얼굴 표정을 본 실험대상자들은 화를 내는 근육을 움직였다고 한다. 이탈리아 파르마 대학교의 자코모 리촐라티Giacomo Rizzolatti 교수는 동감을 불러일으키는 역할을 하는 세포가 인간의 뇌 속에 있다고 주장하고 그것을 '거울신경세포'라고 불렀다. 다른 사람의 감정이 자신 속에서 거울처럼 그대로 비춰준다는 의미에서 이런 이름을 붙였을 것이다.

동감은 사람들이 자신의 감정을 자유롭게 표현할 수 있을 때에만 잘 작용한다. 왜냐하면 감정을 자유롭게 표현할 수 있어야만 사람들이 자신의 감정을 진실하게 표현하는 법이기 때문이다. 만약 공포나 두려움을 느낀다면 감정의 자연스런 표현은 위축되고 매우 치밀하게 계산된 인위적인 감정이 나타날 것이다. 권력자의 기분을 거스르면 목숨이 위험하게 되거나 불이익을 받게 되는 상황에서 사람들은 그 권력자의 기분에 맞추어 감정을 표현하게 된다. 이렇게 되면 동감 작용은 파괴되고 가식적인 행위들이 나타난다. 따라서 인간관계에서 동감의 원리를 파괴하는 가장 큰 요소는 권력을 사용하여 사람들을 인위적으로 통제하는 것이다.

동감적 반응은 우리를 유쾌하게 만들고 비동감적 반응은 우리를 불쾌하게 만든다. 우리가 마음속에서 느끼는 감정에 타인이 동감해 주면 우리는 기분이 좋아지고, 반대로 우리가 마음속에서 느끼는 감정에 동감해 주지 않으면 의기소침하게 된다. 모든 인간은 상대방의 동감을 얻고자 하는 욕구를 기본적으로 가지고 있다고 할 수 있다. 《공감의 심리학》에서 요하임 바우어는 동감을 인간 사회의 중력의 법칙이라고 표현했는데, 스미스 역시 그런 표현을 사용하지는 않았지만 같은 생각을 가지고 있었다. 스미스는 뉴턴이 발견한 자연 세계의 중력처럼 동감이 사회 전체의 질서를 유지하는 힘이라고 여기고 이 동감을 중심으로 인간 사회의 도덕 원리를 설명하였다.

스미스는 동감이라고 해서 말 그대로 똑같은 감정을 느끼는 것은 아니라고 말했다. 우리는 타인이 느끼는 것을 직접 경험하지 못하는데, 그것은 인간의 감각이 자신의 신체에 갇혀 있기 때문이다. 우리는 타인이 어떻게 느끼는지 알 수 없다. 다만 우리 자신이 동일한 상황에 처해 있다면 무엇을 느꼈을까를 상상에 의해 추측해 볼 수 있을 따름이다. 따라서 다른 사람이 느끼는 감정과 그것을 보고 내가 느끼는 감정은 여러 점에서 정확하게 일치하지 않는다. 그러나 이 두 감정은 사회를 조화롭게 만들 수 있을 정도로는 서로 유사하다. 달리 말하면 '같은 음^{同音}'은 아니지만 '어울리는 음^{和音}'은 될 수 있다는 것이다. 이것만으로도 인간 사회를 지탱하기에는 충분하다.

스미스는 동감 현상을 이해득실의 계산으로 설명하려는 입장에 반대했다. 동감은 '매우 순간적으로', 그리고 '극히 사소한 경우에도' 일어나며, 따라서 이해득실에 대한 계산에 앞서 본성적으로 나타난다. 게다가 우리는 우리의 이해득실과 전혀 무관한 사람들의 열정에도 쉽게 동감이 유발되는 것을 실제로 경험한다. 슬픈 영화 장면을 보고 있으면 동시에 슬픈 감정이 생기면서 자신도 모르게 눈물이 흐른다. 이러한 생각에 이어서 스미스는 인간이 사회를 형성하는 것이 다른 사람들의 도움에 의한 이익 때문이라는 생각에도 반대했다. 그가 보기에 그것은 오히려 '자신의 동류에 대한 자연스런 사랑' 때문이다.

그러면 동감의 상호작용은 어떻게 가능한가? 스미스는 관찰자와 당사자 간의 '상상에 의한 입장의 전환imaginary change of situation'을 그 방법으로 제시했다. 관찰자는 상상에 의해 스스로를 당사자의 상황에 놓는다. 그러면 그는 당사자가 느끼는 것과 유사한 정서를 마음에 품게 된다. 당사자 역시 상상에 의해 스스로를 관찰자의 입장에 놓는다. 그러면 그는 관찰자들이 냉정함을 가지고 자신의 상황을 바라본다는 사실을 이해하고 자신의 상황을 냉정함을 가지고 생각하게 된다. 당사자는 자기가 관찰자 중의 한 사람에 불과했다면 자기 상황을 어떻게 느꼈을까를 상상해보도록 끊임없이 인도된다. ^{(도덕 감정론) 1부 1편 4장 8절}

스미스는 이러한 상호작용에서 주요 당사자의 감정을 동감하고자 하는 관찰자의 노력과 자신의 열정을 관찰자가 함께 동감할 수 있는 정도까지 억제하려는 주요 당사자의 노력이 모두 중요하다고 말했다. 그러면서 그는 관대한 인간애의 덕성을 관찰자의 덕성으로, 자기 부정과 억제의 덕성을 당사자의 덕성으로는 보았다. 당사자의 상황에 인간적인 관심을 표현하는 것은 관찰자의 칭찬받을 만한 덕성이다. 만약 어떤 사람이 완고하고 냉혹한 마음으로 자신의 일에만 골몰하고 타인들의 행복이나 비참함에 완전히 무감각하다면, 우리는 그를 무척 불쾌한 사람으로 여길 것이다. 반면에 관찰자의 시각에서 자신의 감정을 통제하는 것은 당사자의 칭찬받을 만한 덕성이다. 만약 어떤 사람이 조그만 슬픔에도 한숨 쉬고 눈물을 흘리고 탄식하면서 슬픈 마음을 무절제하고 소란스럽게 표현한다면 우리는 불쾌감을 느낀다. (도덕 감정론) 1부 1편 5장 1-3절

이처럼 동감이 보다 잘 일어나기 위해 관찰자의 덕성과 당사자의 덕성이 필요하다면 동감 현상은 사회마다 일률적으로 동일하게 일어나는 것은 아닐 것이다. 동감이 보다 잘 작용하는 사회와 잘 작용하지 않는 사회가 있을 것이다. 따라서 동감이 보다 잘 작용할수록 자연적 자유 체계에 더 가까운 사회가 되고, 반대로 동감이 보다 잘 작용하지 않을수록 인위적 통제 체계에 더 가까운 사회가 된다. 너무 당연한 말이지만 동감이 완벽하게 작용하는 인간 사회도 없고, 동감이 전혀 작동하지 않는 인간 사회도 없다.

5. 동감과 도덕의 일반 원칙

스미스는 일상의 삶에서 사람들이 의식적이든 무의식적이든 끊임없이 상상에 의한 입장 전환을 통해 다른 사람들의 어

떤 행위들에 대해서는 동감하여 인정하고, 다른 어떤 행위들에 대해서는 동감하지 않고 비난한다는 사실을 관찰했다. 스미스는 어떤 행위를 인정하는 것이 그것이 가져다주는 효용이나 유용성 때문이라고 보는 공리주의자들의 견해에 반대했다. 그는 효용이나 유용성이 행위나 자질을 인정하는 데 중요한 요소가 되지만 보다 우선하는 것은 언제나 관찰자가 동감할 수 있는 열정의 강도, 곧 적정성propriety에 대한 동감이라고 보았다.

마음의 어떤 성향예를 들어 친절함이 유용하다고 해서 그것이 우리가 그 성향을 시인하는 제1의 근거가 되는 경우는 거의 없다. 시인의 감정은 항상 효용성의 지각과는 완전히 구별되는 적정성의 감각을 포함하고 있다.〈도덕 감정론〉 4부 2장 5절 효용이라는 관념은 일이 일어난 후 생기는 생각이며, 처음부터 우리가 시인하는 원인이 되지는 않는다.〈도덕 감정론〉 1부 1편 4장 4절

스미스에 의하면, 적정성의 감각은 동감에 의존하는 반면, 효용과 유용성은 모든 행동의 먼 결과들을 알 수 있게 해주고 그로 인해 나타나는 이익과 손해를 예견할 수 있게 해주는 이성의 계산에 의존한다.〈도덕 감정론〉 4부 4장 6절 이것은 스미스가 동감을 이성적인 숙고보다 더 일차적인 것으로 보고 있다는 사실을 말해준다. 흔히 스미스는 행위의 이해득실을 심사숙고하는 '신중'을 아주 중요한 덕목으로 간주한 인물로 묘사된다. 이것은 타당하지만 너무 과장해서는 안 된다. 스미스는 항상 적

정성에 대한 동감을 도덕적 시인의 일차적인 요소로 간주했으며, 신중도 이 한계 안에서 작용해야 한다. 이익을 위해 아무리 신중하게 생각해서 행동하더라도 행위의 목적과 의도와 수단이 적정성의 정도를 벗어나면 동감을 얻지 못할 것이다.

스미스는 사람들이 서로 간의 행위에 대해 어떤 경우에 동감하여 인정하고 어떤 경우에 동감하지 못해 비난하는지 다양한 개별 사례들을 이성으로 관찰해보면 도덕의 일반 원칙을 발견할 수 있다고 보았다. 이것은 뉴턴이 물체가 떨어지는 것을 이성으로 관찰해 중력의 법칙을 발견한 것과 같다. 그가 발견한 도덕의 일반 원칙은 다음과 같다.

> 우리는 모두 대중 속의 한 사람에 불과하고, 어떠한 점도 대중 속의 타인들보다 나을 것이 없다. 따라서 만약 우리가 맹목적으로 우리 자신을 타인보다 우선시킨다면 우리는 분개와 혐오와 저주의 정당한 대상이 될 것이다. (도덕 감정론) 3부 3장 4절

스미스는 이 도덕의 일반 원칙이 '옳음의 문제a matter of right'가 아니라 '사실의 문제a matter of fact'라는 것을 강조하였다. 이 원칙은 인간의 경험과 무관하게 신이나 성인 같은 어떤 완전한 존재가 일방적으로 제시한 옳고 그름의 기준에 관련된 것이 아니다. 그것은 나약하고 불완전한 인간 존재들이 서로의 행동을 어떤 경우에 옳은 것으로 시인하고, 또 어떤 경우에 나쁜

것으로 부인하는가를 경험적으로 관찰해서 얻은 사실과 관련되어 있는 것이다.

스미스는 이 도덕의 일반 원칙에 여러 가지 이름을 붙였다. 먼저, 그는 이것이 인간 본성의 자연스런 동감에서 유래했다 하여 '자연법', 또는 '마음의 자연스런 눈'이라고도 했고, 그것이 인간의 내면에 각인되어 있다는 점을 강조하는 뜻에서 '양심', '가슴속의 동거인', '내부의 재판관'이라 하기도 했으며, 나 자신에 대한 타인의 객관적인 시선이라는 사실을 강조하기 위해 '중립의 공정한 관찰자', '제3자'라고 부르기도 했다.[도덕 감정론] 3부 3장 4절

이 도덕의 일반 원칙은 인간의 행동에서 옳고 그름을 결정하는 궁극적 기초다. 물론 도덕의 일반 원칙은 인간 상호간의 동감적인 감정 현상들을 자료로 해서 만들어진 것이기는 하지만 그렇다고 해서 우리는 도덕 판단을 인간의 직접적인 감정에 맡겨둘 수는 없다. 왜냐하면 인간의 직접적인 감정은 건강 상태나 기분 상태에 따라 매우 잘 변하므로 극도로 불확실하고 또 불안정하기 때문이다.[도덕 감정론] 7부 3편 2장 6절

또 똑같은 크기의 대상이라고 하더라도 우리 몸의 눈에는 우리에게 가까이 있는 대상이 더 크게 보이듯이 마음의 눈의 경우도 마찬가지다. 어떤 일의 당사자가 될 때 우리는 이기적 열정들 때문에 우리 자신의 극히 작은 이해득실을 타인이 가지고 있는 최대의 관심사보다 훨씬 더 중요한 것처럼 여긴다.

내가 하면 로맨스이고 다른 사람이 하면 스캔들이라는 식의 이중적 태도가 한 예다.

이러한 이기적인 열정들 때문에 우리는 자주 자기기만에 빠진다. 우리를 흥분시키는 격렬한 감정들은 사물들에 대한 우리의 시각을 흐리고, 우리의 자기애는 사물을 과장하고 왜곡시킨다. 인류의 치명적인 약점인 이 자기기만은 인간 생활에서 생기는 혼란들 중에서 그 절반의 원천이 된다. 따라서 우리는 인간의 직접적인 감정보다는 동감적 감정 현상들에 대한 이성의 관찰을 통해 얻은 도덕의 일반 원칙을 도덕 판단의 궁극적 기초로 삼아야 한다.

스미스는 모든 국가의 실정법이 도덕의 일반 원칙에 일치해서 만들어져야 한다고 보았다. 모든 국가에서는 개인들 간의 분쟁을 해결하기 위해 재판관들이 임명되고 또 그들이 판결을 하기 위한 원칙들이 미리 규정되는데, 이 규정들은 도덕의 일반 원칙에 일치해야 한다. 그러나 실제로는 그렇지 않는 경우가 많다. 그 이유는 정부 권력을 차지한 특정 계층의 인간들이 자신들의 이익을 위해 국가의 실정법을 자연적 정의로부터 왜곡시키기 때문이다. ^{(도덕 감정론) 7부 4편 36절}

이처럼 실정법을 자연적 정의로부터 왜곡시키면 인간의 도덕 감정은 부패된다. 그는 우리의 도덕 감정들의 적정성이 편파적인 관찰자가 가까이 있는 정도만큼, 그리고 이해관계가 없는 중립적인 관찰자가 멀리 떨어져 있는 정도만큼 부패한다고 보았다. 도덕 감정의 부패는 인간 사회 자체의 파괴를 뜻한다. 따라서 '도덕적 능력'은 인간 본성의 다른 어떤 능력이나 욕구보다도 우위에 있어야 한다. 인간 본성의 다른 능력이나 욕구는 도덕적 능력을 억제할 수 없지만 도덕적 능력은 그것들을 억제할 권리를 가지고 있다. (도덕 감정론) 3부 5장 5절

6. 도덕의 일반 원칙과 도덕 상대주의

스미스는 각 문화마다 고유한 도덕 기준을 갖고 있기 때문에 모든 인간에게 적용되는 도덕의 일반 원칙은 존재하지 않는다고 보는 도덕 상대주의에 찬성하지 않았다. 그는 각 문화의 관습이 도덕 감정에 영향을 미쳐 서로 다른 시대와 국민들 사이에 서로 모순 되는 많은 의견들을 낳게 만드는 주요 원천이 되기는 하지만, 시인과 부인의 감정들은 인간 본성의 가장 강하고 활발한 열정들을 기반으로 삼고 있으므로 관습이 이러한 감정들을 완전히 왜곡시킬 수는 없다고 보았다. (도덕 감정론) 5부 1장 그에 의하면, 관습은 도덕 감정보다는 아름다움을 표현하는 미적 감각에 훨씬 더 깊은 영향을 미친다. 그는 관습이 부당하고 도리에 맞지 않는데도 불구하고 그것이 공통으로 행해진다는 사실만으로 도덕적이라고 보아서는 안 된다고 생각했다. 동감의 원리에서 나오는 인간의 자연스런 도덕 감정이 왜곡된

나쁜 관습을 확인하고 또 이를 곧게 펴는 기준이 되는 것이다.

심리학자인 에크먼P. Ekman과 프리슨W. Friesen은 특정한 감정 표현과 안면 근육 움직임 사이의 관계를 연구하여 얼굴 표정 해독 시스템Facial Action Coding System을 개발하였다. 이 연구 결과에 의하면, 기쁨, 슬픔, 분노, 혐오, 두려움, 놀라움의 여섯 가지 감정들을 표현하는 얼굴 표정은 모든 인간에게서 거의 동일하게 나타난다. 이것은 이러한 감정들을 표현하는 얼굴 표정뿐만 아니라 이러한 감정들을 표현하는 공통된 인간 상황이 존재함을 말해준다.

이 공통된 인간 상황에 대한 공통된 반응을 일반화한 것이 바로 도덕의 일반 원칙이다. 예를 들어, 우리는 경험을 통해 문화의 차이에 관계없이 모든 인간은 자신이 속았다는 것을 안다면 분노공개적으로 이 분노를 표현하든 아니면 안으로 숨기고 있든한다는 사실을 알고 있다. 따라서 정직과 신뢰 같은 도덕 감정은 문화적이라기보다는 인간 본성에 속하는 자연스런 것이라 할 수 있다. 스미스가 말하는 도덕의 일반 원칙은 이러한 구체적인 도덕 감정들을 포괄하는 가장 추상적인 법칙이다.

7. 정의의 도덕과 자혜의 도덕

스미스는 도덕의 일반 원칙이 서로 다른 두 종류의 도덕으로 이루어져 있다고 보았다. 하나는 정의^{justice}의 도덕이고, 다른 하나는 자혜^{beneficence}의 도덕이다. '정의의 도덕'은 다른 사람의 이기심을 나의 이기심만큼 존중해주어야 하는 도덕이다. 이것은 대부분의 인간이 자연스럽게 동감하는 도덕이다. 누군가가 자신의 이익을 맹목적으로 앞세워 다른 사람의 이익을 침해한다면 사람들은 그의 무례함에 대해 분노의 감정을 가질 것이다. 이 분노의 감정은 '정의감'으로 불린다. 기독교의 십계명에 포함되어 있는 살인하지 말라, 간음하지 말라, 도둑질하지 말라, 이웃에 거짓증거하지 말라, 네 이웃의 집을 탐내지 말라는 계명들은 인간의 정의감을 반영하고 있다.

이러한 정의의 도덕에 의하면, 인간의 이기심 그 자체는 악이 아니다. 다른 사람의 이기심을 무시하고 자신의 이기심을

앞세우는 과도한 이기심이 악이다. 따라서 정의의 도덕 테두리 안에서 교환 행위를 통하여 서로의 이기심을 추구하는 것을 비도덕적인 행위라고 비난해서는 안 된다.

다른 사람의 손에 있는 것을 나의 손에 넣는 방법에는 여러가지가 있을 수 있다. 먼저, 내가 권력자이거나 힘이 있다면 강제로 그 물건을 빼앗을 수 있다. 또 하나는 그것을 훔치는 것이다. 또 다른 하나는 그 물건을 가진 사람의 호의를 얻기 위해 아양을 떨거나 아첨을 하는 것이다. 이 외에 거지처럼 그 사람의 자비심에 호소하는 방법이 있다. 마지막은 자기가 갖고 있는 어떤 물건과 그 물건의 교환을 제의하는 것이다. 이 중 교환이 가장 도덕적이고 훌륭하고 정의로운 방법이라는 것은 어린아이들도 다 아는 것이다. 만약 교환을 통한 이기심의 추구를 악으로 보고 이를 금지한다면, 세상은 폭력으로 남의 물건을 강탈하는 자들과 이들이 유지하는 군대, 이들에 빌붙어서 아첨하며 생계를 유지하는 추종자들, 이들을 위해 일하는 노예들, 자비심에 의존해 먹을 것을 구걸하는 거지들만이 존재하게 될 것이다.

정의의 도덕과는 달리 '자혜의 도덕'은 나의 이기심을 희생해서라도 다른 사람들의 어려움을 도와주어야 하는 도덕이다. 이 도덕 또한 대부분의 인간이 자연스럽게 동감하는 것이다. 물건을 들고 길을 가는 할머니가 누군가의 도움을 받았다면 그 할머니는 그의 친절함에 고마움을 느낄 것이다. 이 광경을 바라보는 관찰자는 고마움을 느끼는 할머니의 마음에 동감하는 마음이 생길 것이고 그 할머니를 도와주는 사람의 친절한 마음에 동감을 할 것이다.

이런 종류의 감정은 '자비심'으로 불린다. 약한 자와 가난한 자를 도와주고 타인의 잘못을 용서하는 도덕규범은 이런 자비심을 반영하고 있다. 다른 사람의 손에 있는 것을 내 것으로 만들기 위해서는 교환이 가장 도덕적인 방법이다. 그러나 세상에는 다른 사람과 교환할 물건을 전혀 준비하지 못한 불행한 사람들이 많이 있다. 그런 사람들에게 교환을 통해서만 내 손의 물건을 내어주겠다고 고집한다면 우리의 자연스런 감정은 그것을 자비심이 없는 행동이라고 비난할 것이다. 그때는 내 손에 있는 것을 아무런 대가 없이 그저 내어주는 것이 도덕적 행위가 될 것이다.

스미스가 교환의 장인 시장을 인간 사회의 중요 프로그램으로 보고, 이를 정치경제학의 연구 대상으로 삼은 것은 도덕의 일반 원칙 중 '정의의 도덕'과 관련되어 있다. 물론 정의의 도덕이 시장에만 국한되어 있는 것은 아니다. 정의의 도덕은 사회 전체를 지탱하는 중요한 도덕의 일반 원칙으로, 시장은 그것의 특수한 사례라고 말할 수 있다. 그럼 교환의 장인 시장과 정의의 도덕 사이의 관계에 대한 스미스의 논의를 살펴보도록 하자.

8. 자연적 자유 체계와 생산력

스미스는 인류의 역사를 지배층의 과도한 특권을 정당화하는 인위적인 통제 체계에서 벗어나 도덕의 일반 원칙에 근거한 자연적 자유 체계로 나아가는 과정으로 풀이했다. 그러면서 한 사회가 자연적 자유 체계에 가까울수록 그 사회의 생산력은 커지고, 반대로 한 사회가 인위적 통제 체계에 가까울수록 그 사회의 생산력은 작아진다고 보았다. 스미스는 시장이 자연적 자유 체계의 사회에서 매우 중요한 위치를 차지한다고 보았다.

그는 《국부론》의 곳곳에서 지배층의 특권을 정당화하는 인위적인 통제 체계가 어떻게 시장을 왜곡시키고 생산력의 발전을 가로막아 경제적 어려움을 낳는가 하는 문제를 논한다. 이것은 도구와 기술의 발전으로 생산력이 자동적으로 계속 증대한다는 것을 역사 발전의 원리로 보는 마르크스의 시각과 반대되는 것이다. 스미스에 의하면, 인위적인 통제 체계에서는 도덕이 부패하고 노동 의욕이 감퇴되어 생산력이 줄어든다. 통제가 심할수록 생산력은 더욱 줄어든다.

첫 번째 예로, 스미스는 《국부론》에서 노동임금에 대해 논의하면서 중국의 상황에 대해 다음과 같이 말했다. 중국은 오랫동안 세계에서 가장 부유한 나라의 하나였지만 오랫동안 정지 상태에 있는 것 같다. 1275년에 중국을 방문한 마르코 폴로가 묘사한 중국의 모습은 500년 후인 오늘날의 여행가가 묘사하는 중국의 모습과 거의 똑같다. 모든 여행자는 하나같이 중국의 노동임금이 낮아 노동자가 자기 가족을 부양하는 데 곤란을 느낀다고 묘사하였다. 그는 중국에서 이처럼 부가 증가하지 않아 노동임금이 낮은 이유를 중국의 법과 제도 때문이라고 보고 있다. ^{(국부론) 1편 8장}

중국은 외국과의 무역을 무시하거나 경멸하고, 외국 선박에 한두 개의 항구만 개방하는 폐쇄적인 정책을 취하였다. 또한 중국에서 부자나 대자본 소유자는 상당히 안전하지만, 가난한 사람이나 소자본 소유자는 무능한 관리에 의해 시도 때도 없이 법의 이름으로 강탈당하기 때문에 안전을 거의 보장받지 못했다. 따라서 각종 사업 분야에 투자되는 자본량은 각 사업의 잠재력을 최대한 달성할 정도에까지 이를 수 없다. 각 사업에서 부자들은 가난한 사람들을 억압하고 독점을 형성해 큰 이윤을 얻는다. ^{(국부론) 1편 9장}

중국의 법과 제도가 이와 같은 인위적인 통제 체계를 벗어나지 않는 한 중국의 생산력^부이 증대될 수 없다. 이러한 지적은 스미스 이후 계속된 중국의 역사에도 그대로 적용될 수 있다. 만약 중국 공산당이 실용주의적 개방 정책을 쓰지 않았다면 중국의 생산력은 아마 전제군주시대보다 더 감소되었을지도 모르는 일이다. 현재의 북한처럼 되었을 것이다. 사회주의는 전제군주제보다 더 심한 인위적인 통제 체계다.

두 번째 예로, 그는 노예 제도를 통해 생산력을 증대시키기는 어렵다고 말했다. 이러한 사실은 모든 시대와 모든 민족의 경험을 통해 증명된 것이다. 노예는 아무런 재산을 가질 수 없으므로 가능한 한 많이 먹고 가능한 한 적게 노동하려고 한다. 따라서 오직 폭력만이 노예로 하여금 자신의 생활 수단보다 더 많이 생산하도록 할 수 있다.^{(국부론) 3편 2장} 노예제에 관한 이러한 논의는 인간을 사회의 노예로 만들려는 마르크스의 사회주의에도 그대로 적용할 수 있을 것이다.

세 번째 예로, 중상주의 정책에 대한 비판이다. 국내에서 생산될 수 있는 재화를 외국에서 수입하는 것에 대해 제한을 가하는 보호 정책은 특정 국산품에 대해 독점권을 부여하는 것이다. 이러한 독점권은 국내 자본과 노동을 인위적으로 무리하게 특정한 분야에 보냄으로써 국내 생산력을 감소시킨다. 따라서 보호 정책에 의한 규제는 거의 모든 경우에 쓸모없거나 유해하다. 보호 정책을 펴면 한 나라의 자본과 노동은 더욱 유리하게 사용될 수 있는 곳으로부터 덜 유리한 곳으로 흘러가고, 따라서 한 나라의 노동 생산물은 입법자의 의도대로 증가하지 않고 반드시 감소하게 된다.^{(국부론) 4편 2장}

네 번째 예로, 당시 영국의 식민지 무역 독점 정책에 대한 비판이다. 그는 식민지 무역의 독점이 중상주의의 다른 모든 비열하고 악의에 찬 편법과 마찬가지로, 독점으로 이득을 보려는 해당국^{영국}의 산업을 조금도 발전시키지 않고 오히려 축소시킨다고 비판했다. 그 이유는 다음과 같다. 식민지 무역 독점 정책은 다른 나라와의 경쟁을 차단해 식민지 무역 사업에서 이윤율을 높여준다. 그렇게 되면 기존의 사업으로부터 식민지 무역 사업으로 자본이 빠져나간다. 독점의 목적은 식민지 무역에서 우리가 차지하는 몫을 독점이 없는 경우보다 더 크게 증가시키는 것이다. 하지만 식민지 무역은 거리가 멀기 때문에 대부분의 다른 무역보다 대금이 더 느리게 회수되므로, 식민지 무역에 자연적으로 흘러들어 갈 것보다 더 많은 자본을 투자하도록 하는 것은 반드시 독점 정책을 펴는 나라의 매년 총 노동 생산량을 감소시킨다. ^{(국부론) 4편 7장 3절}

다섯 번째 예로, 그는 이러한 식민지 무역 독점에도 불구하고 영국은 다른 나라들보다 식민지에 훨씬 더 많은 자유를 주는 정책을 폄으로써 영국 식민지가 다른 나라의 식민지보다 더 발전한다고 진단했다. 토지의 비옥도 면에서 볼 때 북아메리카의 영국 식민지들은 스페인, 포르투갈, 프랑스의 식민지들보다 낫지 않다. 그러나 영국 식민지들의 정치 제도는 이들 세 나라 식민지의 그것보다 경작과 진보에 유리하다. ^{(국부론) 4편 7장 2절}

그에 의하면, 영국의 식민지에서도 독점이 행해지고 있지만 이들 세 나라의 식민지보다는 독점이 훨씬 덜 행해지고 세금도 가벼웠다. 그리고 식민지에서의 자유가 모든 점에서 본국 시민의 자유와 큰 차이가 없었다. 식민지 의회의 권위는 행정권을 압도하며, 아무리 천하고 미움을 사는 식민지 주민이라도 법을 준수하는 한, 주지사나 다른 관료의 분노를 두려워할 필요가 없었다. 세습 귀족은 존재하지 않았으며, 풍습은 본국 주민보다 더 공화주의적이었다.^{(국부론) 4편 7장 2절} 이러한 큰 폭의 자유는 영국의 식민지인 북아메리카에서 생산력을 급속하게 증가시켰고 경제를 빠르게 성장하게 했다.

스미스는 모든 개인은 자신의 상태를 개선하려는 자연스런 성향을 갖고 있으며, 이 자연스런 성향은 매우 강력한 원동력이므로 그것을 자유롭고 안전하게 축구도록 허용하면 다른 아무런 도움 없이 그것만으로도 사회에 부와 번영을 가져다준다고 보았다.^{(국부론) 4편 5장 1절*} 따라서 법률은 사람들이 자신의 이익을 돌보는 것을 항상 그들 자신에게 맡기는 방향으로 만들어져야 한다. 사람들은 일반적으로 자신들의 특수한 상황에서 자기 자신의 이익이 무엇인가를 입법자보다 더 잘 판단할 수 있다.^{(국부론) 4편 5장 1절}

《국부론》은 한마디로 자연적인 자유 체계를 왜곡시키는 장애들이 어떻게 생산력을 떨어뜨리는가를 보이려는 책이라고 해도 과언이 아니다. 그런데 자연적 자유 체계는 인간 본성의 자연스런 동감에 기초해 있다. 이 때문에 《국부론》은 동감의 원리에서 도덕의 일반 원칙을 확립하려고 하는 《도덕 감정

---

* 이 문장에 주목하여 스미스를 이기심의 무제한적 추구를 정당화하는 시장주의자로 오해하면 곤란하다. 자신의 상태를 개선하려는 자연스런 성향을 '안전하게' 추구하도록 허용한다는 의미 속에 이미 공정하고 정의로운 규칙에 의해 이기심의 무제한적 추구를 규제해야 한다는 의미가 들어 있다.

론》없이 이해될 수 없는 것이다. 많은 사람들이 스미스를 오해하는 것도《도덕 감정론》은 읽지 않고《국부론》만 읽기 때문이다.

9. 정의의 도덕과 자유 시장

자유 시장은 이러한 진전의 가장 중요한 징표다. 자유 시장은 평화로운 교환 활동을 통해 이기심을 자유롭게 추구하는 인간 활동의 마당이다. 스미스는 모든 사람의 이기심을 동일한 것으로 상정하는 공정한 게임의 규칙, 곧 정의의 도덕을 준수하면서 이기심을 자유롭게 추구하는 것은 동감할 수 있다고 보았다. 이것은 애써 인정할 수밖에 없는 소극의 동감이 아니다. 그것은 칭찬할 만하다는 뜻에서 적극의 동감이다. 뿐만 아니라 이기심을 열심히 추구하는 사람은 국가와 인류의 부를 증대시킴으로써 다른 사람들이 그들의 욕구를 더 많이 향유할 수 있게 해준다. 다시 말하면, 이기심을 열심히 추구하는 사람은 다른 사람과 인류에게 보다 많이 봉사하는 사람이다. 바로 이 같은 맥락에서 그의 유명한 '보이지 않는 손invisible hand'이라는 말이 나온 것이다. ^{《국부론》 4편 2장}

따라서 우리는 스미스가 오늘날의 주류 경제학자들처럼 모든 시장을 '보이지 않는 손'에 의해 자동적으로 조절되는 것으로 보는 순진한 낙관론자라고 오해하지 않도록 조심해야한다. 이러한 사실은 이미 많은 사람들에 의해 강조되었음에도 불구하고 아직도 자기의 입장을 강화하기 위한 도구로 애덤 스미스를 이용하려는 일이 계속 되풀이되고 있다.

스미스에게 정의의 도덕은 시장의 '보이지 않는 손'이 작동할 수 있는 기본 조건이다. 시장 행위자들이 정의의 도덕을 준수하면서 자신의 이익을 열심히 추구하는 한에 있어서만 이기적인 행위가 의도치 않게 공공의 이익에 기여할 수 있는 것이다. 이는 만유인력의 법칙이 작용하는 한에 있어서만 각 행성들이 태양 주위를 돌면서 태양계 전체가 조화를 유지하는 것과 같다고 할 수 있다.

정의의 도덕을 어기면서 이익을 추구하는 것에 대하여 스미스는 강하게 비판했다. 그는 상인들과 제조업자들이 경쟁을 하지 못하도록 하여 자신들의 특권을 유지하려는 것에 대해 주의를 환기시켰다. 시장을 확대하고, 경쟁을 제한하는 것은 항상 상인들과 제조업자들의 이익이다. 시장을 확대하는 것은 종종 사회의 이익과 일치하지만 경쟁을 제한하는 것은 항상 사회의 이익과 충돌한다. 경쟁을 제한하면 상인과 제조업자의 이윤은 자연적인 수준 이상으로 증가한다. 이것은 동료 시민들이 그들의 이익을 위해 불합리한 세금예를 들면, 상품의 가격 인상을 내는 셈이 된다. 상인들과 제조업자들의 이익은 결코 사회의 이익과 일치하지 않는다. 오히려 사회를 기만하고 심지어는 억압하는 것이 그들에게는 이익이 된다. 그들은 수없이 많이 사회를 기만하고 억압한 적이 있다. 따라서 우리는 그들이 제안하는 모든 법률과 규제에 대해서 항상 큰 경계심을 가지고 매우 진지하고 주의 깊게 오랫동안 신중하게 검토한 뒤에 채택해야 한다. ^{(국부론) 1편 11장 4절}

또 스미스는 다른 곳에서 '자신의 고객만을 주로 이용하는 것을 원칙으로 삼는' 소상인과 '항상 가장 싸고 좋은 곳에서 상품을 사는' 대상인을 비교하면서, 소상인을 동감의 원리를 어기고 편협하게 행동하는 비굴한 인간으로 묘사했다. 그러면서 그는 당시 영국 정부가 프랑스와의 포도주 무역을 제한한 것은 이 같은 소상인들의 '비열한 상술'을 '행동 방침'으로 삼은 때문이라고 비판했다. 스미스는 상인들과 제조업자들의 비열한 탐욕과 독점 근성을 이웃 국가와의 분쟁을 일으키는 주범으로 지목했다.

우리는 이웃 나라들을 궁핍하게 하는 것에 우리의 이익이 걸려 있다고 배웠다. 우리는 자기 나라와 무역하는 상대국의 번영을 질투의 시선으로 바라보았으며 그들의 이익이 우리의 손실이라고 배웠다. 그러나 이것은 상인들과 제조업자들의 비열한 탐욕과 독점 근성에서 유래한 잘못된 행동 방침이다. 무역을 통한 교류가 개개인과 국민들 사이에서 협동과 우정의 끈이 되는 것이 자연스러운 현상이지만 그러한 잘못된 행동 방침으로 인해 오히려 불화와 반목의 가장 풍부한 원천이 되었다. 금세기와 전세기 동안 상인들과 제조업자들의 당치 않는 질투심이 국왕과 장관들의 변덕스런 야심보다 유럽의 평화에 더 치명적이었다. ^(국부론) 4편 3장 2절

어느 나라에서든 가장 싸게 파는 사람들로부터 물건을 사는 것이 대다수의 국민들에게 가장 이익이 된다. 이 명제는 너무나 명확해 그것을 증명하는 것은 어리석은 일이다. 그러나 상인들과 제조업자들의 독점 근성은 이러한 인류의 상식을 혼동시키는 궤변을 만들어낸다. 그들은 제한 없는 무역을 행하면 무역 수지 적자가 발생해 확실히 파멸할 것이라고 말한다. 그러면서 그들은 시장에서 자신의 독점적 지위를 유지하기 위해 무역 수지가 자기 나라에 불리하다고 생각되는 나라에 대해 격렬한 반감이 타오르도록 국민감정을 부채질한다. ^(국부론) 4편 3장 2절

10. 정의의 도덕과 정부의 개입

흔히 오해하듯이 스미스는 정부의 시장 개입을 무조건 부정한 분별력 없는 자유 방임론자가 아니다. 그가 정부의 시장 개입을 부정한 것은 두 가지 이유에서였다.

첫 번째 이유는 중상주의 경제 정책에서 볼 수 있듯이, 정부의 시장 개입은 대체로 상인과 제조업자들 같은 일부의 사람

들에게 독점을 허용함으로써 시장의 자동 조절 기능을 교란시키고 국민 대다수에게 피해를 주기 때문이다. 상인과 제조업자들의 독점 근성에 대한 바로 앞에 적은 비판이 여기에 해당된다.

두 번째 이유는 첫 번째와 관련되어 있지만 보다 근본적인 것으로, 정부가 시장 상황에 대해 완전한 지식을 가질 수 없는 것은 물론이고, 이러한 상황에 대해 시장 행위자가 갖고 있는 지식이 정부가 갖고 있는 지식보다 훨씬 나은 것이기 때문이다. 자기 자본을 어떤 분야에 투자하면 좋은가에 대해 각 개인은 자신의 지역적 상황에서 어떠한 정치가나 입법자보다 훨씬 더 잘 판단할 수 있다. 따라서 정부가 시장을 통제하려는 것은 어리석을 뿐만 아니라 매우 위험하다. 민간인들에게 자본을 어떻게 사용하라고 지시하려는 정치가는 가장 위험스러운 권력을 차지하려고 하는 것이다. 우리는 이런 위험한 권력을 개인은 물론 위원회나 상원에도 위임해서는 안 된다. 누군가가 자신만이 이와 같은 권력을 행사하기에 가장 적합하다고 생각한다면 그는 어리석은 사람이다.^{(국부론) 4편 2장}

스미스와 그의 동료들이었던 스코틀랜드 계몽주의 사상가들은 '개인의 의도적인 계획과 전혀 다른 결과를 낳는' 인간 사회의 복잡성을 줄곧 강조하면서, 사회를 마음대로 계획해 세우고자 하는 '설계^{design}'의 위험성을 경고했다. 이것이 바로 이성의 능력을 과장한 프랑스 중심의 유럽 대륙 계몽주의와 스코틀랜드 계몽주의 사이의 결정적인 차이다.

그러나 스미스는 정의의 도덕을 어기면서 자신의 이익을 추구하는 시장 행위에 대해서 정부가 적극 개입해서 엄격한 제재를 가해야 한다고 보았다. 시장에서 정의의 도덕을 확립하는 것은 정부가 맡아야 할 가장 중요한 임무의 하나라고 생각했기 때문이다. 시장은 기대와 신뢰의 체계다. 시장에서 사람들이 서로 거래를 하고 계약을 맺는 것은 사람들의 행위가 규칙성을 갖고 일어나리라는 기대와 신뢰 때문이다. 이 기대와 신뢰가 잘 충족될수록 시장은 안정성과 일관성과 안전성을 갖는다.

정부가 시장에 개입해 정의의 보편 도덕을 엄격하게 관리하는 것이 중요하다고 하는 것은 바로 이러한 이유 때문이다. 신뢰가 무너지면 시장의 보이지 않는 손은 미친 손이 된다. 정의의 도덕이라는 기본 조건을 갖추었을 때에만 시장은 '인간이 소유할 수 있는 가장 큰 두 가지 축복'인 '풍요와 자유'를 가져다줄 수 있다.

스미스는 시장에서 정의의 도덕이 잘 작동한다고 하더라도 계약 당사자들 간에 이해관계의 갈등이 일어날 소지가 많다는 사실을 잘 알고 있는 현실주의자였다. 대표적인 예가 자본가와 노동자 간의 갈등이다. 자본가와 노동자는 반드시 서로를 필요로 하는 관계에 있으면서도 임금 문제에서 첨예하게 대립한다. 자본가는 임금을 적게 주려고 하고 노동자는 임금을 많이 받으려고 한다. 자본가는 임금을 내리기 위해 단결하고 노동자는 임금을 올리기 위해 단결한다. 정의의 도덕이 잘 작동해도 충돌이 불가피하다면 정의의 도덕이 잘 작동하지 않는 상황에 대해서는 더 말할 필요가 없을 것이다.

스미스는 자기가 살던 시대의 노동 시장이 정의롭게 잘 작동한다고 여긴 것 같지는 않다. 그는 노동 시장에서 자본가가 노동자보다 유리한 위치에 있는 것으로 보았다. 그 이유는 첫째, 자본가는 숫자가 적어서 쉽게 단결할 수 있고, 둘째, 법률이 자본가에 유리하게 되어 있고, 셋째, 자본가가 생산 수단을 소유하고 있으므로 훨씬 오래 버틸 수 있기 때문이다. 이들 중 노동자에게는 세 번째가 치명적이다. 자본가는 노동자를 한 사람도 고용하지 않아도 이미 가지고 있는 자본으로 1년 또는 2년은 살아갈 수 있지만 노동자들은 직업을 가지지 않는

다면, 1주일을 버틸 사람이 많지 않으며, 1개월을 버틸 사람은 거의 없고, 1년을 버틸 사람은 아무도 없다.

따라서 노동자들은 쟁의를 빨리 해결하기 위해 큰 소란을 피우면서 폭력을 동원할 수밖에 없다. 왜냐하면 노동자는 굶어 죽든지 아니면 자본가를 위협해 자기들의 요구에 곧 복종시켜야 하기 때문이다. 하지만 자본가들의 끈기와 엄격한 법집행 요구로 노동자는 손을 들고 주모자는 처벌되면서 사태는 끝나고 만다.

이러한 진술에서 우리는 스미스가 중립적인 관찰자로서 당시의 노동자들이 자본가들과의 교섭에서 불리한 상황에 놓여 있다고 생각했다는 것을 알 수 있다. 우리는 이것에 의지해 그가 친노동자적 태도를 갖고 있었다고 확대 해석해서는 안 된다. 그는 친노동자적 태도를 갖고 있지 않았고, 친자본가적 태도 역시 갖고 있지 않았다. 그는 단지 시장에서 정의의 도덕이 지켜져야 한다고 생각한 중립적인 관찰자였을 뿐이다. 한 가지만 더 부언하자면, 스미스는 일반적으로 임금이 노동자와 그의 가족의 생활을 유지하는 데 충분해야 한다고 말했다.

11. 자혜의 도덕과 정부의 개입

현대 사회에서 시장의 역할이 얼마나 중요하고 큰 것인지 스미스는 누구보다도 잘 알고 있었다. 그렇지만 그는 또한 시장이 사회의 모든 문제를 다 해결할 수 없다는 것도 잘 알고 있었다. 그가 정의의 도덕 못지않게 자혜의 도덕을 중시한 것은 바로 이 같은 인식 때문이었다. 스미스는 정의의 덕과 자혜의 덕, 이 두 가지가 인간의 사회생활에 똑같이 중요한, 그래서 훌륭한 시민이라면 두 가지 모두 갖추어야 하는 덕목이라고 보았다. 그는 다음과 같이 말했다.

> 인간의 본성은 타인들을 위해 많은 것을 느끼고 스스로를 위해서는 조금밖에 느끼지 않으며, 우리의 이기적인 성향은 억제하고 우리의 이타적인 성향은 방임함으로써 완성된다. 이것만이 인류의 품위를 높이고, 행위의 적정성을 부여하는 감정과 정열의 조화를 만들어낼 수 있다. 우리가 우리 자신을 사랑하는 것과 마찬가지로 우리의 이웃을 사랑하는 것은 기독교의 위대한 법이다. 그리고 우리가 이웃을 사랑하는 만큼, 또는 같은 이야기지만, 우리의 이웃이 우리를 사랑하는 만큼 우리 자신을 사랑하는 것은 자연의 위대한 계율이다. ^{(도덕 감정론) 1부 1편 4장 5절}

그러나 정의와 자혜, 두 덕성은 그 성격에서 차이가 있다. 자연의 위대한 계명인 정의의 도덕은 다른 사람의 이기심을 침해하지 않는다는 점에서 소극적인 성격을 지닌 도덕이고, 기독교의 위대한 법인 자혜의 도덕은 다른 사람의 어려움에 관심을 가지고 도와준다는 점에서 적극적인 성격을 지닌 도덕이다. 이 같은 성격의 차이 때문에 이들이 작동하는 방식도 다를 수밖에 없다. 정의의 도덕을 어기면 타인에게 직접 손해를 끼친다. 때문에 강제력을 사용해서 그것을 지키도록 해야 한다. 그러나 자혜의 덕이 없다고 해서 그것을 힘으로 강제할 수는 없다. 자혜의 부족이 적극적인 해악을 끼치지는 않기 때문이다.*

이러한 이유 때문에 스미스는 이론적인 면에서 정의의 도덕을 정부의 엄격한 관리 영역으로 삼고, 자혜의 도덕을 개개인의 자율 영역으로 남겨두어야 한다고 보았다.《도덕 감정론》 2부 2편 1장 오늘날의 방식으로 말한다면, 자혜의 도덕은 정부가 직접 개입하는 것보다 시민들이 자발적으로 비정부기구NGO나 비영리단체NPO를 만들어 담당하는 것이 좋다는 것이다.

하지만 실천적인 면에서 스미스는 자혜의 덕을 정부의 영역 밖으로 완전히 방치하지 않았다. 그는 경우에 따라서, 사회의 상태에 따라 정부가 자혜의 덕으로 개입할 수도 있다는 것을 강조했다. 그의 말을 직접 인용하면 다음과 같다.

---

* 스미스 자신은 인간 사회를 유지하는 데 있어서 정의가 자혜보다 더 중요하다고 보았다. 그는 정의를 "건물을 지탱하는 중추적인 기둥"으로, 자혜를 "건물을 아름답게 꾸미는 장식"으로 비유했다. 그 이유를 그는 다음과 같이 설명했다. 인간 사회의 모든 구성원들은 서로의 도움을 필요로 하는 입장에 있음과 동시에 서로에게 상처를 줄 가능성도 있다. 사랑, 감사, 우정 그리고 존경의 감정에 기초하여 서로가 필요로 하는 도움이 상호 제공되는 사회, 그러한 사회는 번성하고 행복하다. 그러나 이러한 덕목들이 없어도 사회가 덜 유쾌할지는 몰라도 와해되는 것은 아니다. 구성원들 사이에 상호 합의된 가치 평가(정의)에 따라 교환을 하면 사회는 존속될 수 있다. 그러나 사회는 항상 서로를 해치고 상처를 주려는 사람들 사이에서는 존립할 수 없다. 서로에 대한 가해 행위가 시작되는 순간, 서로에 대한 분개와 증오가 나타나는 순간 사회의 모든 유대 관계는 산산이 부서지기 마련이다(《도덕 감정론》 2부 2편 3장 1-4절).

어떤 경우에는 사회 대부분의 개인들이 필연적으로 정부의 돌봄 없이 국가가 요구하는 능력과 덕목을 거의 모두 자연스럽게 형성하는 상태에 있을 수 있다. 다른 경우에는 사회 일부 개인들이 그러한 상태에 있지 못하므로 그들이 타락하고 퇴보하는 것을 막기 위해 정부가 개입해 돌볼 필요가 있다. ^{(국부론) 5편 1장 3절}

스미스는 자신이 살던 당시 정부가 개입해 국민을 돌볼 필요가 있는 경우를 두 가지로 보았다. 하나는 분업의 나쁜 결과로 인해 노동 빈민이 지식·정신면에서 무능하지 않도록 방지하는 것이다. 정부의 개입이 필요한 다른 하나는 의무교육 제도를 통해 가난한 서민층 자녀를 교육시키는 것이다. ^{(국부론) 5편 1장} 스미스의 이러한 논지에 따르면, 우리는 사회 안전망 확보를 위해 정부가 어느 정도 개입하는 것을 스미스가 반대하지 않으리라는 것을 미루어 짐작할 수 있다.

12. 정의의 도덕과 자혜의 도덕의 관계

정부가 시장의 기본 조건인 정의의 도덕을 확립하는 선에서 최소한도로만 개입해야 하는가, 아니면 불리한 위치로 인해 시장에 참여할 수 없는 사람들을 위해 자혜의 도덕까지도 관리해야 하는가 하는 문제는 신자유주의자들의 시장 근본주의와 사회 민주주의자들의 복지 국가론 사이의 첨예한 쟁점이 되고 있다.

스미스에 의하면, 정의의 도덕과 자혜의 도덕은 두 가지 다 인간 사회에 필요하므로 사회의 구성원들은 이 두 가지 덕목을 다 갖추고 있어야 한다. 이 두 덕목은 긴밀하게 서로 의존하는 관계에 있을 뿐만 아니라 하나가 다른 하나를 압도하지 못하도록 서로 견제하는 관계에 있다. '자혜의 덕'이 없고 '정의의 덕'만 있는 사회는 과열된 경쟁으로 긴장에 빠질 것이며, '정의의 덕'이 없고 '자혜의 덕'만 있는 사회는 무기력해질 것이다. '정의의 덕'과 '자혜의 덕'은 교감 신경과 부교감 신경이 서로 의존하고 견제해 균형을 이루면서 유기체의 생명을 유지하는 것과 같은 방식으로 사회의 생명을 유지한다.

이 두 도덕은 인간 본성의 자연스런 동감이라는 하나의 뿌리에서 나온 것으로 인간 사회가 건강하게 작동하기 위한 도덕적 환경이다. 인류는 풍요로운 경제생활을 위해 물리적 환경에 적응해야 하지만, 이에 앞서 이들 도덕적 환경에도 적응해야 한다. 물론 현실 사회들이 이러한 도덕적 환경을 무시할 수 있지만 그렇게 하는 만큼 그 사회는 발전과 풍요를 잃고 말 것이다.

다시 한번 말하지만, 스미스는 흔히 오해되듯이 강자가 타인의 이기심을 무시하고 자신의 탐욕을 무분별하게 추구하도록 시장을 방임하라고 주장하는 자본주의 사상가가 아니다.

오히려 그는 한편으로는 정의의 도덕으로 강자의 무절제한 이기심을 철저히 감시하고 공정한 교환이 일어나도록 하면서도 정의의 도덕 한계 내에서 이기심의 추구를 허용하여 국가의 부를 증대시키고, 다른 한편으로는 인간의 이타성을 적극 방임하여 약자를 배려하는, 그리하여 엄격한 정의와 따뜻한 자비가 서로 조화롭게 어울리는 사회를 지향한, 오른쪽으로도 왼쪽으로도 치우치지 않은 매우 균형 잡힌 사상가였다. 스미스의 사상에 대한 이상의 고찰을 바탕으로 개략적인 인간 사회 모델을 제시하면 다음과 같이 그려질 수 있다.

자연적 자유 체계의 사회
운영 원리로서의 동감

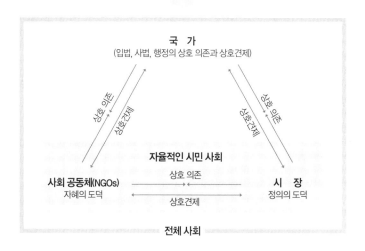

스미스의 경험론적 태도는 스미스 사상을 이해하는 데 매우 중요하다. 그가 경험론을 자신의 사상의 출발점으로 삼은 것 자체가 "인간이 무한하고 완전할 수 있다는 생각으로, 자신의 판단을 선악의 절대 기준으로 삼고, 자신의 계획에 따라 사회의 모든 부문을 인위적으로 완벽하게 구성하려는 태도의 위험성"을 벗어나기 위한 것이었다.

따라서 우리는 스미스를 자신의 일반 원칙을 모든 경험적 상황에 무조건 적용하려는 교조주의자로 만들어서는 안 된다. 그는 노동자를 무시하고 자본가를 일방적으로 편드는 자본주의자도 아니었고, 소외된 계층을 도외시하고 인간 사회 전체를 시장으로 만들려는 범시장주의자도 아니었으며, 또 시장에서 어떤 일이 일어나더라도 정부가 시장에 개입해서는 안 된다고 강변하는 시장만능주의자나 시장근본주의자도 아니었다.

그가 제시하려 한 것은 인간의 자연적 본성을 고려해 한 사회가 일반적으로 어떤 도덕 원리에 따라 움직일 때, 그리고 시장이 어떤 식으로 운영될 때 자유와 풍요를 가장 많이 가져다주는가를 보여주고 싶었을 뿐이다. 그가 원한 것은 인간 사회도 시장도 동감의 원리에 따라 작동하는 것이었다.

13. 스미스의 동감 사상과 지구적 시민 사회

동감의 원리는 스미스가 《도덕 감정론》에서 제안한 것이지만 그가 독창적으로 구성한 관념이 아니라 인간 본성의 자연스런 발현을 관찰한 것이라는 점에서 모든 인간 사회에 적용될 수 있는 행위 원리라고 할 수 있다. 동감은 운동하고 있는 별들 사이에 인력이 끊임없이 작용하듯이, 인간 간의 행위 중에 작용하고 있다. 동감의 원리는 세계화 시대에 지구촌을 통합할 수 있는 인간학적 기초가 될 수 있다. 자연스런 동감이라는 끈은 지금까지 인간과 인간을 연결한 그 어떠한 끈보다도 더 유연하고 질긴 끈이 될 것이다.

컴퓨터와 정보 통신 수단의 발달로 지구인은 다른 지역의 동포가 경험하는 기쁨과 슬픔과 분노와 즐거움과 고통을 거의 동시에 경험하고 유사한 감정을 공유할 수 있다. 아무리 거만한 정치가들이라고 하더라도 인류의 이러한 동감적 정서를 무시할 수 없는 상황이 되어가고 있다. 바야흐로 동감의 정치학이 성립될 수 있는 기회가 점점 더 커지고 있다.

인류의 역사를 되돌아보면, 인간 사회의 발전은 각자의 사회가 서로 문을 굳게 닫은 채로 조각조각 분절된 사회에서 상호 교류를 통해 서로 연결되는 네트워크 사회로 나아가는 과정이라고 할 수 있다. 세계화는 이러한 과정이 급속하게 진행되는 것을 말한다. 닫혀 있는 분절 사회들은 자신의 폐쇄성을 유지하기 위해 인위적인 헛된 관념과 억압적인 권력을 동원하지만 네트워크로 연결된 열린 사회는 자연스런 동감이 가장 중요한 사회 유지 원리다.

세계화는 문화의 불일치와 차이를 넘어 전체로서의 세계라는 인식이 강화되는 것이다. 이를 위해서는 세계적 상호의존과 하나로서의 세계에 대한 인식이 필요하다. 무엇이 인위적으로 가공된 관념인 문화의 불일치와 차이를 넘어 하나로서의 세계에 대한 인식을 가능하게 하는가? 그것은 바로 상이한 문화 관념에 의해 다양하게 정의되던 인간 개념을 넘어서는 동일한 본성을 갖고 있는 하나의 인간 개념이다. 이제 지구인은 자신의 본성 속에 새겨져 있는 자연스런 동감의 원리에 따라 서로의 일에 대해 교감하며 자유롭게 자신의 태도를 표현하고 있다.

부디 이 책이 Sympanamic[Sympathetic+Dynamic] Korea, Sympanamic World를 만드는 일에 기여할 수 있기를 희망해 본다.

| 서문 |

서문

한 나라의 국민 전체가 한 해 동안 소비하는 모든 생활필수품과 편의품은 그 국민 전체가 그 해에 노동해서 얻은 생산물에 의해 공급된다. 한 나라의 국민이 소비하는 생활필수품과 편의품은 그 국민이 한 해 동안 직접 노동해서 얻은 생산물이거나 그 생산물을 팔아 다른 국민으로부터 사온 것이다. 한 나라의 국민 전체가 생활필수품과 편의품을 충분히 공급받고 있는지 아닌지는 한 해 동안 노동해서 얻은 생산물의 양과 그것을 소비하는 사람들 수의 비율에 달려 있다.[*]

한 해 동안의 생산물은 두 가지 사정에 의해 좌우된다. 첫

---

[*] 생산물의 양이 많고 소비하는 사람의 수가 적으면 공급이 충분할 것이고, 반대로 생산물의 양이 적고 소비하는 사람의 수가 많으면 공급이 부족할 것이다.

째는 국민이 노동할 때 적용하는 숙련, 기교, 식견이고, 둘째는 유용한 노동에 종사하는 사람들의 수와 그렇지 않은 사람들의 수 사이의 비율이다. 생산물이 풍부하게 공급되느냐 부족하게 공급되느냐 하는 것은 첫 번째 사정에 더 많이 달려 있다.

사냥이나 물고기 잡이로 생활하는 야만족들 사이에서는 일할 수 있는 모든 사람이 거의 대부분 유용한 노동에 종사하면서 생산을 많이 하려고 애를 쓰지만 매우 가난해서 아이들과 노인들 그리고 병든 사람들은 굶어죽거나 들짐승의 먹이가 된다. 이에 비해 문명화되어 번영한 나라들에서는 많은 사람들이 전혀 노동을 하지 않으면서 일하는 사람보다 10배, 때때로 100배의 생산물을 소비함에도 불구하고 사회의 총생산물이 아주 크기 때문에 모든 사람들이 풍부하게 공급받는다. 따라서 가장 가난한 계층이라도 근면하게 일하고 절약한다면 어떤 야만인들보다 더 많은 생활필수품과 편의품을 사용할 수 있다.

✥

이 책의 각 부분에서 다룰 주제를 소개하면 다음과 같다.

1편의 주제

노동생산력을 증가시키는 원인들과 노동생산물이 사회의 다른 계층과 처지의 사람들에게 분배되는 자연적인 질서를 연구한다.

2편의 주제

노동의 숙련과 기교와 식견이 한 해 생산물의 많고 적음에 영향을 끼치는 첫 번째 요소이지만 유용한 노동에 종사하는 사람들의 수와 그렇지 않은 사람들의 수의 비율 또한 그것에 영향을 끼친다. 유용한 노동에 종사하는 사람들의 수는 노동자들에게 일자리를 만들어주는 자본의 양과 사용 방식에 비례한다. 따라서 2편에서는 자본의 성질, 자본이 축적되는 방식, 자본이 사용되는 방식에 따라 자본이 고용하는 노동의 양이 어떻게 달라지는가를 다룰 것이다.

3편의 주제

노동의 숙련과 기교와 식견이 꽤 발달한 나라들은 각자 매우 다른 정책에 따라 노동의 숙련과 기교와 식견을 관리하고 지도해왔는데, 각각의 정책이 노동생산물의 증대에 똑같이 기여한 것은 아니었다. 어떤 국가는 농촌 산업을 특별히 장려했으며, 다른 국가는 도시 산업을 특별히 장려했다. 모든 산업을 동등하고 공평하게 취급한 국가는 없었다. 로마제국이 몰락한 이래 유럽은 농업보다는 수공업, 제조업, 상업을 우대하는 정책을 폈다. 3편에서는 이러한 정책이 도입되게 된 사정을 설명한다.

4편의 주제

여러 정책들이 일반적인 사회 복지에 미치는 영향을 전혀 고려하지 않은 채 특정 집단의 사사로운 이익과 편견에 따라 시행되었고, 그러한 정책들은 매우 상이한 정치경제학 이론들을 낳았다. 어떤 이론은 도시 산업의 중요성을 과장하였고, 다른 이론은 농촌 산업의 중요성을 과장하였다. 이러한 이론들은 지식인들의 견해에 큰 영향을 미쳤을 뿐만 아니라 군주와 국가의 공적인 행위에도 큰 영향을 미쳤다. 4편에서는 이처럼 서로 다른 이론들을 소개하고 그것들이 시대와 나라에 따라서 어떤 주요한 결과들을 만들어내었는지 될 수 있는 한 충분하고 명확하게 설명한다.

5편의 주제

5편은 국가의 세입을 다룬다. 구체적으로 제시하면 다음과 같다. 첫째, 국가에 필요한 경비는 무엇인가? 이 경비 중 어느 것이 사회 전체의 일반 세금에 의해 부담되어야 하며, 어느 것이 사회의 특정 부분 또는 특정 구성원의 세금에 의해 부담되어야 하는가? 둘째, 사회 전체가 부담해야 할 경비를 사회 전체로부터 거두어들이는 방법들에는 어떤 것이 있으며, 각 방법의 주요 장단점은 무엇인가? 셋째, 거의 모든 근대적 정부들이 세입의 일부를 담보로 해서 빚을 내어 쓰는 이유와 원인은 무엇인가? 그리고 이 빚이 사회의 진짜 부富를 구성하는 토지와 노동의 한 해 생산물에 미치는 영향은 무엇인가?

| 제 1 편 |

노동생산력을 향상시키는 원인들과 노동생산물이 사회의 다른 계층 사람들에게 분배되는 자연적인 질서

1장

분업

　　　　　분업은 노동의 숙련과 기교와 판단 능력을 향상시켜 노동생산력을 크게 증가시켰다. 분업이 사회의 산업 전반에 얼마나 큰 효과를 가져왔는지는 제조업에서 그것이 어떤 방식으로 작용하는가를 알아봄으로써 쉽게 이해될 수 있다. 규모에 관계없이 모든 제조업에서 분업이 잘 행해지고 있지만 규모가 작은 제조업에서 분업의 효과가 한눈에 더 잘 관찰될 수 있다.

　핀을 만드는 회사를 예로 들어보자. 핀을 만드는 방법을 배우지도 않고 또 만드는 데 사용되는 기계들을 다루는 일에 익숙하지도 않은 노동자는 아무리 열심히 일하더라도 하루에 결코 20개의 핀을 만들 수는 없을 것이며, 어쩌면 하루 1개의 핀조차 만들지 못할 수도 있다. 그러나 첫째 사람은 철사를 잡아 늘이고, 둘째 사람은 철사를 곧게 하며, 셋째 사람은 철사를 끊고, 넷째 사람은 끝을 뾰족하게 하고, 다섯째 사람은 머리를 붙이기 위해 끝을 문지르는 등 18개의 독립된 작업으로 나누어 일을 했을 때 10명이 하루에 핀을 4만 8,000개를 만들 수 있었다. 이것은 한 사람이 하루에 핀을 4,800개 만드는 셈이다.

분업은 모든 업종에서 노동생산성을 증대시킨다. 여러 업종들과 직업들이 생겨나는 것은 분업으로 인한 이익 때문이다. 일반적으로 산업이 고도로 발전하는 나라에서 업종들과 직업들이 가장 많이 생겨난다. 원시사회에서 한 사람이 하던 일을 문명사회에서는 대개 몇 사람이 나누어 하고 있다. 하나

의 완제품을 생산하기 위해 다수의 노동자들이 일을 나누어서 한다.

그러나 농업은 일의 성격상 노동을 세분하거나 작업을 나누어 하기 어렵다. 섬유를 가공하여 실을 뽑는 일과 실로 직물을 짜는 일은 기술적으로 한 사람이 모두 하기가 쉽지 않다. 그러나 밀밭을 가는 일, 써레질을 하는 일, 씨를 뿌리는 일, 수확하는 일은 한 사람이 모두 다 할 수 있다. 이처럼 농업에 관한 일을 여러 작업으로 완전히 나누는 것이 불가능하기 때문에 농업에서 노동 생산성이 향상되는 속도가 언제나 제조업에서의 속도를 따라가지 못하는 것 같다.

부유한 나라들은 제조업 분야와 농업 분야 모두에서 다른 나라들보다 우수하지만 보통 농업 분야보다는 제조업 분야에서 더 우수하다. 농업 분야에서는 부유한 나라의 노동이 반드시 가난한 나라의 노동보다 훨씬 더 생산적인 것은 아니다. 따라서 부유한 나라의 밀이 가난한 나라의 동일한 품질에 비해 반드시 싸지는 않다. 이 때문에 가난한 나라는 수준이 낮은 경작 방식에도 불구하고 밀의 가격과 품질 면에서 부유한 나라와 어느 정도 경쟁이 가능하다. 그러나 제조업 분야에서는 그러한 경쟁이 불가능하다.

제조업 분야에서 분업이 이처럼 작업량을 크게 증가시키는 것은 다음과 같은 세 가지 사정 때문이다. 첫째는 노동자의 기교 향상이고, 둘째는 하나의 일에서 다른 일로 옮길 때 소비되는 시간의 절약이며, 셋째는 노동을 쉽게 하고 시간을 노동 단축시켜 한 사람으로 하여금 많은 사람의 일을 감당할 수 있도록 하는 기계의 발명이다.

첫째로 노동자의 기교 향상은 반드시 작업량을 증대시킨다. 분업은 단순한 한 가지 일을 평생 직업으로 만듦으로써 노동자의 기교를 크게 향상시킨다. 평생 하나의 일만을 수행한 사람의 기교는 그렇지 않은 사람에 비해 훨씬 우수하다.

둘째로, 분업은 하나의 일에서 다른 일로 옮겨갈 때 소비하는 시간을 절약시켜 주는데, 이러한 절약에서 얻어지는 이익은 생각하는 것보다 훨씬 크다. 어떤 도구를 사용해 한 장소에서 일하다가 다른 장소에서 다른 도구를 사용해 일해야 할 때 시간 손실 없이 이를 빨리 수행하는 것은 매우 어렵다. 우선 이동하는 일에 시간이 든다. 다음으로, 사람은 하나의 일을 하다가 다른 일을 하게 될 때 보통 조금씩 빈둥거리게 된다. 새로운 일을 처음 시작할 때 곧 바로 몰두하기가 쉽지 않기 때문이다. 따라서 몰두하여 좋은 성과를 낼 때까지 얼마 동안 빈둥거리게 된다. 농업은 분업을 하기가 쉽지 않다. 그러므로 농촌에서 일하는 노동자는 어쩔 수 없이 게으르게 빈둥거리면서 일을 소홀하게 하는 습관을 갖게 된다. 농촌의 직포공^{직물을 짜는 사람}織機은 직기織機에서 밭으로, 그리고 밭에서 직기로 옮겨갈 때 많은 시간을 소비하기 마련이다.

셋째로, 분업은 기계의 발명을 촉진한다. 사람은 정신을 여러 가지 일에 분산시킬 때보다는 하나의 일에 집중할 때 목적을 쉽고 간편하게 달성하는 방법을 훨씬 더 잘 발견한다. 우리는 특정 부문에 전문적으로 종사하는 사람들이 조만간 자신의 일을 수행하는 데 있어 쉽고 간편한 방법을 발견하리라는 것을 충분히 예상할 수 있다. 노동이 매우 세밀하게 나누어져 있는 제조업에서 사용하는 기계의 대부분은 보통 노동자들이 발명한 것이다. 증기기관이 처음 발명되어 사용되었을 때 피스톤이 올라가고 내려가는 것에 따라 보일러와 실린더 사이의 문을 열고 닫고 하기 위해 소년들이 고용되었다. 이 소년들 중 한 소년이 친구와 마음 놓고 놀기 위해 문을 여는 밸브 손잡이와 기계의 다른 부분을 끈으로 묶어 그 밸브가 저절로 열리고 닫히도록 했다. 손쉽게 노동하기 위한 이 소년의 발명으로 증기기관은 크게 개량되었다. 그러나 기계를 많이 다루는 사람들만이 기계를 개량하는 새로운 발명을 하는 것은 결코 아니다.

철학자 또는 사색가도 기계를 발명하는 역할을 한다. 그들은 특정한 일에만 종사하는 것이 아니라 모든 것을 폭넓게 관찰하고 연구한다. 그 때문에 그들은 서로 아주 다른 대상들을 결합하여 새로운 발명을 해낸다. 사회가 진보함에 따라 철학 또는 사색은 다른 모든 직업과 마찬가지로 특정한 사람들의 유일하거나 주된 직업이 된다.

철학도 다시 다른 여러 부문으로 세분되고 각 부문은 여러 철학자들에게 직업을 제공한다. 다른 직업에서와 마찬가지로 철학에서도 이러한 분업은 기교를 향상시키고 시간을 절약한다. 각 부문의 사람들은 자신의 부문에서 점점 더 전문가가 된다. 그리하여 전체적으로 보아 더 많은 철학 연구가 행해지며 철학의 분야도 크게 증가한다.

통치를 잘 하는 사회에서 생활이 전반적으로 풍족하게 된 것은 분업으로 생산물의 양이 크게 증가했기 때문이다. 노동자들은 자기가 필요로 하는 것보다 훨씬 더 많은 양을 생산해 가지고 있으므로 그들은 자신의 생산물을 타인의 생산물과 교환할 수 있다. 그는 타인이 필요로 하는 것을 풍부하게 공급하고, 타인도 그가 필요로 하는 것을 풍부하게 공급한다. 이렇게 해서 사회의 모든 계층들이 풍족한 생활을 하게 된다.

문명화된 나라의 가장 평범한 수공업자나 일용 노동자의 생활 용품을 관찰해보면 우리는 그에게 그러한 용품을 조달하는 일에 자신의 노동을 조금이라도 제공한 사람의 수가 엄청나게 많다는 사실을 알게 된다. 옷과 가구, 속옷, 신발, 침대와 그 부품들, 요리 기구, 부엌용품, 식탁, 칼과 포크, 음식 그릇, 빵과 맥주, 유리 창문, 우리의 삶을 안락하게 만드는 여러 발명품들 등을 만드는 데는 매우 다양한 노동이 필요하다. 문명화된 나라들에서는 수천 명의 도움과 협력 없이는 가장 하잘것없는 사람까지도 평범한 일상생활을 해 나갈 수 없다. 엄청나게 사치스런 부자의 일상생활과 비교한다면 그들의 일상

생활은 매우 단조롭다. 그러나 이러한 단조로움에도 불구하고 분업의 효과 때문에 근면하고 검소하게 살아가는 유럽의 농민은 아프리카의 여러 왕들보다 더 나은 생활을 하고 있다. 그들은 유럽의 왕이 자신들보다 더 나은 생활을 하는 것 이상으로 아프리카의 왕들보다 더 나은 생활을 하고 있는 것이다.

2장

분업을 일으키는 원리

이처럼 많은 이익을 가져오는 분업은 그러한 이익을 예상해서 인간이 의도적으로 지혜롭게 노력한 결과가 아니다. 분업은 인간 본성의 한 성향으로부터 의도치 않게 아주 서서히, 점진적으로 그리고 필연적으로 생겨난 결과다. 그 성향은 한 물건을 다른 물건과 교환하려는 것이다.

이 성향이 인간의 본성에 고유한 더 이상 설명할 수 없는 원리들 중 하나인지 아니면 이성과 언어의 능력으로부터 생긴 필연적인 결과인지는 우리가 지금 연구할 주제가 아니다. 이 성향은 모든 인간에게 공통된 것으로 다른 동물들에게서는 발견되지 않는다. 다른 동물들은 교환 성향을 갖고 있지도 않을 뿐더러 계약에 대해서도 전혀 알지 못하는 것 같다.

두 마리의 그레이하운드^{사냥개}가 같은 토끼를 쫓아갈 때는 서로 협력하는 것처럼 보인다. 이들은 토끼를 서로 상대 쪽으로 몰면서 토끼를 잡으려고 달려든다. 그러나 이것은 결코 계약의 결과가 아니며, 단지 특정한 시점에서 같은 대상에 대한 감정이 우연히 일치한 것뿐이다. 한 마리가 다른 개에게 뼈다귀를 공정하게 교환할 것을 계획적으로 제안하는 것을 본 사람은 아무도 없다. 동물이 몸짓이나 울음으로 다른 동물에게 '이것은 나의 것이고 저것은 너의 것이며, 나는 이것을 저것과 교환하고 싶다'고 표현하는 것을 본 사람은 아무도 없다.

동물이 사람이나 다른 동물로부터 어떤 것을 얻기를 원할 때는 그 사람 또는 그 동물의 호의를 얻는 것 외에 다른 어떤 설득 방법도 없다. 강아지는 어미에게 꼬리를 치며 아양을 떨고, 애완용 개는 먹을 것을 원할 때 온갖 아양을 떨면서 식사 중인 주인의 주의를 끌려고 한다. 사람도 때때로 동료에게 이러한 수법을 쓴다. 동료들을 자신의 지시에 따르도록 할 수 있는 수단이 전혀 없을 때 그는 그들의 호의를 얻기 위해 온갖 비굴한 아첨을 다 한다. 그러나 사람은 항상 이렇게 할 시간이 없다. 문명사회에 사는 사람들은 항상 무수한 사람들의 협력과 원조를 필요로 하지만 평생에 몇 사람의 호의를 얻을 수 있을 뿐이다.

거의 모든 동물은 성장하면 완전히 독립하며, 자연 상태에서 다른 동물의 도움을 받을 필요가 없다. 그러나 인간은 항상 동료의 도움을 필요로 한다. 하지만 동료가 도움을 필요로 할 때마다 자비로운 마음으로 도와주기를 바라는 것은 헛된 기대다. 이렇게 하는 것보다는 오히려 동료들의 이기심에 관심을 가지고 자기의 요구를 들어주는 것이 그들에게도 이익이 된다는 것을 보여주는 것이 더 효과가 있다. 타인에게 어떤 종류의 거래를 제안하는 사람은 모두 그렇게 하는 셈이다.

내가 원하는 것을 나에게 주면, 당신은 당신이 원하는 것을 갖게 될 것이라는 것이 이러한 제안이 갖는 의미다. 우리가 서로 필요로 하는 많은 것들을 교환하는 것은 이러한 방식에 의해서다. 우리가 필요로 하는 것을 얻을 수 있는 것은 정육점 주인·양조장 주인·빵집 주인의 자비에 의해서가 아니라 자신의 이익에 대한 그들의 관심 때문이다. 우리는 동료들의 인간성에 호소하지 않고 그들의 이기심에 호소하며, 그들에게 우리의 필요에 대해서가 아니라 그들의 이익에 대해 이야기한다.

거지만이 동료 시민의 자비에 의존하려고 한다. 거지조차도 동료 시민의 자비에 완전히 의존하지는 않는다. 친절한 사람들의 자선이 거지에게 생계비를 제공하지만 그것은 그가 필요로 하는 것을 그때그때 제공하지는 않는다. 그는 필요로 하는 것의 대부분을 교환을 통해 구입한다. 사람들이 그에게 주는 돈으로 그는 음식을 사고, 또 사람들이 그에게 주는 옷으로 자신에게 더 잘 맞는 다른 옷과 교환해 입는다. 또는 그 옷을 음식이나 돈으로 바꾸기도 한다.

분업을 처음 일으키는 것은 이러한 교환 성향이다. 사냥이나 목축 생활을 하는 부족에서 어떤 사람은 다른 사람보다 활과 화살을 더 잘 만든다. 그는 자신이 만든 활과 화살을 동료의 가축이나 사슴고기와 교환한다. 그는 이러한 교환을 통해 얻는 가축과 사슴고기가 자신이 직접 들에서 잡는 것보다 더 많다는 것을 알게 된다. 그는 자신에게 이익이 되기 때문에 활과 화살 만드는 일을 자신의 주업으로 삼는다. 이렇게 해서 그는 무기 제조업자가 된다. 다른 사람은 움막의 골격과 덮개를 만드는 일을 잘해 목수가 되고, 또 다른 사람은 대장장이가 되고, 또 다른 사람은 가죽을 가공하는 사람이 된다.

자신이 노동해서 얻은 생산물 중 소비하고 남는 부분을 모두 타인의 노동생산물 중 자기가 필요로 하는 부분과 교환하는 것이 확실할수록 사람들은 특정한 직업에 몰두해 자기가 가지고 있는 모든 재능과 자질을 개발하고 완벽하게 발전시켜 전문직업인이 된다. 타고난 재능의 차이는 실제로 우리가 생각하는 것보다 훨씬 적다. 서로 다른 직업에 종사하는 성인들은 매우 다른 재능들을 나타낸다. 이러한 재능의 차이는 많은 경우 분업의 원인이라기보다는 분업의 결과다. 즉 사람들의 재능의 차이 때문에 분업이 생겨나는 것이 아니라 서로 다른 일에 종사하기 때문에 재능의 차이가 생겨나는 것이다.

철학자와 거리의 평범한 짐꾼은 재능이 엄청 다르지만 이

러한 차이도 타고난 것이라기보다는 버릇, 습관, 교육의 결과다. 출생해서 6~8살까지 이 두 사람은 너무 똑같아 부모나 친구들이 별로 큰 차이를 발견하지 못할 것이다. 하지만 그들이 서로 다른 직업에 종사하게 되면 재능의 차이가 두드러지게 된다. 이렇게 되면 철학자는 허영심 때문에 짐꾼과의 어떠한 유사점도 인정하지 않으려고 한다.*

거래하고 교환하려는 성향이 없었다면 모든 사람은 자신이 원하는 필수품과 편의품을 모두 스스로 생산해야만 했을 것이다. 모든 사람 똑같은 의무를 수행하고 똑같은 일을 하므로 다른 재능들을 개발하는 직업의 차이는 일어날 수 없었을 것이다. 교환 성향이 다른 직업에 종사하는 사람들 사이에서 서로

---

* 즉, 철학자는 날 때부터 자신이 짐꾼과 큰 차이가 있는 다른 종류의 인간인 것처럼 생각한다.

다른 재능을 개발하도록 만든다면, 서로 다른 재능들이 유용하게 사용되도록 하는 것도 바로 교환 성향이다.

인간에 비해 동물들은 선천적으로 매우 다른 재능을 타고난다. 사냥개와 애완용 개와 양을 지키는 개 사이의 선천적 재능의 차이는 철학자와 짐꾼의 선천적 차이보다 배 이상으로 더 크다. 하지만 이들은 같은 개이지만 서로에게 거의 도움을 주지 못한다. 교환 성향이 없기 때문에 개들 사이의 이러한 선천적인 다른 재능들은 개 무리의 공동재산을 늘리고 생활을 향상시키는 데 전혀 기여하지 못한다. 개를 예로 들었지만 다른 동물들도 마찬가지다.

이에 반해 인간들 사이의 서로 다른 재능들은 상호 간에 유용하다. 각 사람의 재능에 의한 생산된 물건들은 거래하고 교환하는 인간의 일반적인 성향에 의해 공동재산이 된다. 그리고 모든 사람은 이 공동재산으로부터 다른 사람의 재능에 의해 생산된 물건들 중 자기가 필요로 하는 부분을 살 수 있다.

3장

분업은 시장의
크기에 의해 제한된다

분업을 일으키는 것은 교환하는 힘이기 때문에 분업의 정도는 언제나 교환하는 힘의 크기, 다른 말로 표현하면 시장의 크기에 의해 제한되게 마련이다. 시장이 아주 작을 때에는 한 가지 일만을 할 형편이 못된다. 왜냐하면 자신의 노동생산물 중 자신이 소비하고 남은 부분을 타인의 노동생산물 중 자기가 필요로 하는 부분과 교환할 수 없기 때문이다.

인구가 많지 않는 시골에서는 분업이 일어나지 않는다. 농민은 스스로 고기를 장만하고, 빵을 굽고, 맥주를 만들어야 한다. 그리고 대장장이, 목수, 벽돌공 등을 발견하기 어렵기 때문에 각 가정은 자질구레한 일들을 스스로 해야 한다.

해안과 강 연안에는 육상 운송과 더불어 수상 운송에 의해 더 넓은 시장이 만들어지기 때문에 각종 산업이 자연적으로 여러 분야로 나누어져 발전하기 시작한다. 이러한 발전은 머지않아 내륙 지방까지 확대된다. 두 사람의 마부와 여덟 마리의 말에 의해 움직이는 마차는 4톤의 물건을 싣고 6주에 한 번 런던과 에든버러를 왕복한다. 6~8명의 선원으로 운항하는 배는 거의 같은 시간에 200톤의 물건을 싣고 런던과 리스 사이를 왕복한다. 200톤의 물건을 육상으로 운반하려면 같은 시간에 100명의 마부와 400마리의 말이 끄는 50대의 마차가 필요하다. 이럴 경우 런던에서 에든버러로 가는 3주 동안에도 200명의 생활비, 400마리의 말과 50대 마차의 유지비와 마멸비^{감가상각비}가 들어간다. 하지만 수상 운송의 경우, 6~8명의 생활비, 200톤을 실은 배의 마멸비, 늘어난 위험부담비, 육상

이랴~
달려라 달려~!

운송과 수상 운송 사이의 보험료 차이만 들어가면 된다.

수상 운송이 이처럼 유리하기 때문에 해안 지방과 강 연안 지방이 세계의 각종 노동생산물 시장으로 개방된다. 따라서 이런 곳에서 먼저 기술과 산업의 진보가 이루어지고, 시간이 많이 지난 다음에야 그것이 한 나라의 내륙 지방으로 퍼져 나가는 것은 자연스러운 일이다. 내륙 지방은 해안과 운항 가능한 큰 강에서 분리되어 있어서 오랫동안 주변 지방 이외에는 상품의 대부분을 팔 수 있는 시장을 가질 수 없었다. 그러므로 내륙 지방의 시장 크기는 오랫동안 주변 지방의 부와 인구 밀도에 의해 제한되었고, 그 결과 내륙 지방의 향상은 항상 주변 지방의 향상보다 더디게 일어난다. 북아메리카 식민지에서 농장은 해안이나 운항이 가능한 강 연안을 따라 발전했으며, 연안에서 멀리 떨어진 곳까지는 확대되지 못했다.

가장 믿을 만한 역사에 따르면, 지중해 연안에 살았던 나라들이 가장 먼저 문명화된 것으로 보인다. 지중해는 세계에서 가장 큰 내해이고, 조수가 없으며 바람에 의한 파도 외에는 어떤 파도도 없어 해면이 항상 고요하다. 그리고 수많은 섬들이 있고 해안이 가까이 있어 당시의 유치한 항해술로도 충분히 항해할 수 있었다. 그 당시의 사람들은 나침판이 없어서 해안선을 벗어나는 것을 두려워했으며, 조선 기술이 모자라 큰 바다의 거친 파도를 두려워했다.

지중해 연안의 나라들 중 이집트가 제일 먼저 농업이나 제조업에서 상당한 발전을 이루었던 것 같다. 북부 이집트는 나일 강에서 몇 마일밖에 떨어져 있지 않으며, 남부 이집트에는 나일 강이 아주 많은 수로로 나누어져 있다. 이 수로들로 인해 이집트 사람들은 약간의 기술만 가지고서도 대도시와 큰 촌락 그리고 심지어는 농가까지도 물건을 수송할 수 있었다. 이처럼 내륙까지 수상 수송이 쉽고 넓게 이루어졌다는 사실이 이집트가 일찍부터 발달한 원인들 중 하나일 것이다. 동인도의 벵골 지방과 중국의 동부 지방에서도 큰 강들이 이집트의 나일 강처럼 많은 수로를 제공했기 때문에 농업과 제조업이 발달했다. 반면에 아프리카에서는 큰 내해가 없고 큰 강들이 서로 멀리 떨어져 있어 수상 운송이 발달하지 못했다.

4장

화폐의 기원과 사용

일단 분업이 충분하게 일어나면 사람은 자신의 노동생산물만으로는 자신의 욕망을 다 충족시킬 수 없다. 자신의 노동생산물은 자신의 욕망 중 극히 일부만을 충족시킬 뿐이다. 사람은 자신의 노동생산물 중 자신이 직접 소비하고 남은 부분을 타인의 노동생산물 중 자신이 필요로 하는 부분과 교환함으로써 자기 욕망의 대부분을 만족시킨다. 이리하여 모든 사람은 어느 정도 상인이 되어 교환에 의해 생활하고, 그에 따라 사회는 점점 상업 사회로 변해간다.

그러나 분업이 처음 일어나기 시작했을 때, 교환의 힘은 때때로 크게 방해를 받고 곤란에 봉착해 제대로 작용하지 못했다. 한 사람은 어떤 상품을 자신의 필요보다 더 많이 가지고 있고, 다른 사람은 자신의 필요보다 더 적게 가지고 있다고 가정해보자. 앞사람은 소비하고 남은 것을 팔려고 할 것이고, 뒷사람은 그것 중 일부를 사려고 할 것이다. 그러나 앞사람이 필요로 하는 어떤 것을 뒷사람이 가지고 있지 않다면 그들 사이의 교환은 이루어질 수 없다.

정육점 주인은 자신이 소비할 수 있는 것보다 많은 고기를 갖고 있고, 맥주 만드는 사람과 빵 굽는 사람은 그 고기 일부를 사려고 한다. 맥주 만드는 사람과 빵 굽는 사람이 각각 맥주와 빵 외에는 교환할 다른 상품을 갖고 있지 않고, 정육점 주인은 이미 자기가 필요로 하는 맥주와 빵을 모두 가지고 있다면 그들 사이에는 교환이 일어날 수 없다. 정육점 주인은 그들에게 상인이 될 수 없고, 그들은 정육점 주인의 고객이 될 수 없다.

분업이 처음 자리를 잡은 후 이런 불편한 상황을 피하기 위해 모든 시대의 모든 현명한 사람들은 자기 업종에 고유한 생산물 외에 일정량의 어떤 상품 하나를 항상 확보하려고 열심히 노력했을 것이다. 당연히 그 상품은 타인들의 상품과 교환될 때 타인들이 거절하지 않으리라 생각되는 상품이었을 것이다. 많은 다른 상품들이 잇따라 이러한 목적에 사용된 것 같다. 원시 시대에는 가축이 일반적인 상업 수단이었다고 한다. 아비니시아옛 에티오피아에서는 소금이, 인도 해안의 어느 지역에서는 조개껍데기가, 뉴펀들랜드에서는 마른 대구가, 버지니아에서는 담배가, 서인도 식민지의 일부 지역에서는 설탕

이, 다른 지역에서는 짐승의 가죽이나 옷으로 만들어진 가죽이 상업과 교환의 일반적인 수단이라고 한다. 오늘날* 스코틀랜드의 어느 촌락에서는 빵집이나 선술집에 갈 때 돈 대신에 못을 들고 가는 일이 흔히 있다고 한다.

그러나 모든 나라에서 몇 가지 불가피한 이유 때문에 다른 상품보다 금속을 화폐로 사용하기로 결정한 것처럼 보인다. 금속은 썩지 않으므로 다른 어떤 상품보다 적은 손실로 보존될 수 있다. 또 금속은 아무 손실 없이 많은 부분들로 나누어질 수 있고 쉽게 다시 결합될 수 있다. 처음에 금속들은 가공하지 않은 채 덩어리로 사용되었다. 이것에는 두 개의 큰 불편이 따랐다. 첫째는 무게를 재는 일이었고, 둘째는 금속의

---

* 스미스가 살던 시대를 말함

품질을 정하는 일^{시금}이었다.

무게를 정확하게 재는 일에는 정밀한 추와 저울이 필요했다. 금속의 품질을 정하는 작업은 좀 더 어렵고 귀찮았다. 금속의 일부를 적당한 용해제와 함께 도가니에 넣고 실제로 녹여보지 않는 한 어떠한 감정도 결코 확신할 수 없다. 따라서 크게 속아 사기를 당하는 일이 자주 있었다. 이러한 폐해를 방지하여 교환을 촉진하고, 온갖 종류의 산업과 상업을 자극하기 위해 상당히 발달한 모든 나라에서는 상품의 구매에 널리 사용되는 특정 금속의 일정량에 정부의 각인^{품질을 보증하는 도장을 찍는 것}이 필요하게 되었다. 이리하여 주화와 조폐국이라는 정부 기관이 생겨난 것이다.

세계 모든 나라에서 왕과 정부는 국민의 신뢰를 악용해 주화에 원래 포함된 금속^{예를 들면, 은}의 실제량을 감소시키는 탐욕과 부정을 저질렀다. 여러 사례들을 살펴보면 원래 주화 가치의 1/24, 1/36, 1/66까지 금속의 실제량을 감소시키는 경우도 있었다. 이러한 조작을 통해 왕과 정부는 더 작은 금속의 양으로 그들의 빚을 갚을 수 있었다. 모든 다른 채무자들도 정부의 이 같은 부정행위에 편승하여 이전에 빌린 주화의 가치보다 훨씬 못한 새로운 주화로 빚을 갚을 수 있었다. 이러한 조작은 항상 채무자에게는 유리했고 채권자에게는 불리했다. 화폐조작은 때때로 국가적인 큰 재난보다 더 크고 광범위하게 개인의 재산에 변화를 일으켰다. 이런 식으로 화폐는 모든 문명화된 나라들에서 보편적인 상업 수단이 되었다. 사람들은 화폐를 사용해 온갖 종류의 재화들을 사고팔면서 서로 교환한다.

나는 지금부터 재화를 화폐 또는 다른 재화와 교환할 때 사람들이 자연적으로 지키는 규칙이 무엇인지를 살펴볼 것이다. 이 규칙이 재화의 상대적인 가치인 교환가치를 결정한다. 가치에는 '사용가치value in use'와 '교환가치value in exchange'가 있다. 사용가치는 물건의 유용성을 나타내고, 교환가치는 물건의 구매력*을 나타낸다. 가장 큰 사용가치를 가진 물건들이 때때로 교환가치를 거의 가지지 않거나 전혀 가지지 않으며, 반대로 가장 큰 교환가치를 가진 물건들이 때때로 사용가치를 거의 가지지 않거나 전혀 가지지 않는 경우가 있다. 물과 다이아몬드가 좋은 예다.

나는 다음과 같은 관점에서 상품의 교환가치를 규제하는 원리들을 밝히려고 한다.

첫째, 교환가치의 참된 척도는 무엇인가? 또는 모든 상품의 참된 가격은 어디에 있는가?

둘째, 참된 가격은 어떻게 이루어지는가?

끝으로, 어떤 이유로 가격이 자연적인 수준이나 보통 수준 위로 올라가기도 하고 그 수준 아래로 내려가기도 하는가?

＊ 구매력은 한 상품이 다른 상품과 교환되는 비율을 말한다. 예를 들어 쌀 1kg으로 보리 2kg을 살 수 있다면 쌀 1kg의 구매력은 보리 2kg이다. 이 구매력이 교환가치다.

다른 말로 표현하면, 상품의 시장가격, 즉 실제 가격이 상품의
자연가격과 정확하게 일치하지 않는 경우가 있는데, 그 이유
는 무엇인가?

지루할지 모르지만 나는 다음 세 장에서 이 문제들을 내가
할 수 있는 한 분명하게 설명하려고 한다. 독자의 인내와 주
의를 바란다.

5장

상품의 참된가격과 명목가격, 또는 상품의 노동가격과 화폐가격

사람이 부유하거나 가난한 것은 생활필수품, 편의품, 오락물을 즐길 수 있는 정도에 달려 있다. 그러나 일단 분업이 충분히 진행된 후에는 이것들 중 매우 적은 부분만이 자신의 노동에 의해 공급될 수 있고, 나머지 매우 큰 부분은 타인의 노동에 의해 공급되어야 한다. 따라서 타인의 노동량을 얼마나 구매할 수 있느냐에 따라 사람은 부유하거나 가난하게 된다.

상품을 소유하고 있지만 그것을 자신이 사용하거나 소비하려 하지 않고 다른 상품과 교환하려 하는 사람에게 그 상품의 가치는 그 상품으로 구매할 수 있는 노동량과 같다. 노동은 모든 상품의 교환가치를 결정하는 참된 척도다. 모든 물건의 참된 가격은 그것을 얻는데 들어간 노동의 수고와 고생이다.

갖고 있는 물건을 팔거나 다른 물건과 교환하려 하는 사람에게 그 물건의 참된 가치는 그 물건 때문에 자기는 아무 노동을 하지 않고 타인에게는 시킬 수 있는 노동의 수고와 고생이다. 화폐나 재화로 구매하는 물건은 노동에 의해 구매된다. 이것은 우리가 그 물건을 우리 몸의 수고에 의해 얻는 것과 마찬가지다. 화폐나 재화를 갖고 있는 만큼 우리는 노동을 안 해도 된다. 따라서 화폐나 재화는 일정한 노동량의 가치를 포함하고 있다. 우리는 그것들을 동등한 노동량의 가치를 포함한다고 생각되는 다른 물건과 교환한다.

노동은 모든 물건의 대가로 지불된 최초의 가격 또는 최초의 구매대금이었다. 세계의 모든 부는 노동에 의해 최초로 획득되었다. 부의 원천은 금과 은이 아니라 노동이다. 부의 가치는 그 부를 사용해 구매하거나 지배할 수 있는 노동량과 똑같다. 홉스Hobbes가 말한 것처럼, 부는 권력이다. 그러나 큰 재산을 획득하거나 상속한다고 해서 반드시 정치권력을 획득하거나 상속하는 것은 아니다. 재산은 정치권력을 획득하는 수단을 제공할지 모르지만, 재산의 소유가 정치권력을 반드시 가져다주는 것은 아니다.

재산을 소유함으로써 얻는 권력은 구매력이다. 구매력은 시장에 있는 모든 노동 또는 모든 노동생산물을 지배하는 힘이다. 모든 물건의 교환가치는 항상 그 물건의 구매력의 크기와 정확히 같음에 틀림없다.

이처럼 노동이 모든 상품의 교환가치를 나타내는 참된 척도임에도 불구하고, 상품의 가치는 보통 노동에 의해 정해지지 않는다. 서로 다른 두 노동량 사이의 비율을 확인하는 것은 어려운 일이다. 항상 서로 다른 종류의 두 작업에 소비된 시간만으로 이 비율을 결정할 수 있는 것은 아니다. 견디어 낸 고생의 정도와 발휘된 독창성의 정도도 동시에 고려되어야 한다. 2시간 걸린 쉬운 일보다 1시간 걸린 힘든 일이 있을 수 있다. 또 배우는 데 10년 걸리는 일에 1시간 일하는 것이 일상적인 일을 1개월 일하는 것보다 더 힘들 수 있다. 그러나 고난이나 독창성에 관한 정확한 척도를 발견하는 것은 쉽지 않다. 실제로 서로 다른 종류의 노동생산물들을 교환할 때는 보통 이 두 요소가 어느 정도 참작된다. 그러나 그것은 어떤 정확한 척도에 의해서가 아니라 시장에서의 흥정에 의해 조절된다. 시장에서 흥정할 때 우리는 정확하지는 않지만 대략적으로 노동의 시간과 질을 따진다.

게다가 우리는 한 상품을 노동과 비교하고 교환하기보다는 다른 상품과 훨씬 더 자주 비교하고 교환한다. 따라서 상품의 교환가치를 그 상품이 구매할 수 있는 노동량에 의해 평가하기보다는 그 상품이 구매할 수 있는 다른 상품의 양에 의해 평가하는 것이 좀 더 자연스럽다. 대부분의 사람들은 노동의 양보다는 특정한 상품의 양을 더 잘 이해한다. 노동의 양은 추상적 개념이다. 따라서 이해할 수는 있지만 상품의 양처럼 자연스럽거나 분명하지가 않다.

그러나 물물교환이 사라지고 화폐가 일반적인 상업 수단이 되면서 각각의 상품은 다른 상품들보다는 화폐와 더 자주 교환된다. 그러므로 모든 상품의 교환가치는 그것과 교환하여 획득할 수 있는 노동의 양이나 다른 상품의 양보다는 화폐의 양에 의해 더 자주 평가된다. 하지만 화폐로 사용되는 금과 은^{당시에는 금과 은이 화폐로 사용되었다}은 다른 상품들과 마찬가지로 때로는 보다 싸지고 때로는 보다 비싸지며 때로는 구매하기 쉽고 때로는 구매하기 어려운 등 자체의 가치가 변동한다. 가치가 끊임없이 변하는 상품은 다른 상품들의 가치를 재는 정확한 척도가 될 수 없다.

이에 비해 동일한 노동의 양은 때와 장소를 가리지 않고 노동자에게는 동일한 가치가 있다고 말할 수 있다. 건강과 체력과 정신 상태가 서로 비슷하고 또 숙련과 기교의 정도도 서로 비슷한 노동자들이 같은 시간 노동한다면 그 노동시간 동안 그들이 희생하는 안락과 자유와 행복의 양도 비슷하다. 노동자의 희생은 그가 대가로 받는 상품의 양이 많든 적든 항상 동일함에 틀림없다. 물론 노동자는 노동의 대가로 어떤 때는 보다 많은 상품을 구매할 수 있고, 어떤 때는 보다 적은 상품을 구매할 수 있다. 그렇지만 이 때 변동하는 것은 상품들의 가치이지 상품들을 구매하는 노동의 가치가 아니다.

보통 얻기 어려운 물건은 비싸며, 노동을 거의 들이지 않고 쉽게 얻을 수 있는 물건은 싸다. 그러므로 가치가 결코 변동하지 않는 노동만이 때와 장소에 관계없이 모든 상품들의 가치를 측정하고 비교할 수 있는 궁극적이고 참된 척도다. 노동이 모든 상품의 참된 가격이라면, 화폐는 모든 상품의 명목 가격일 뿐이다.

그러나 동일한 노동량이 노동자에게는 항상 같은 가치를 갖는다고 하더라도 그를 고용하는 고용주에게는 동일한 노동량이 어떤 때는 보다 큰 가치를 가지고 어떤 때는 보다 적은 가치를 가지는 것으로 나타난다. 고용주는 동일한 노동량을 때로는 보다 많은 양의 재화로 구매하고 때로는 보다 적은 양의 재화로 구매하기 때문에, 그에게는 노동의 가격이 다른 모든 물건 가격과 마찬가지로 변동하는 것처럼 보인다. 앞의 경우에는 노동가격이 비싼 것 같고, 뒤의 경우에는 노동가격이

싼 것 같다. 그러나 앞의 경우 실제로는 노동의 가격이 비싼 것이 아니라 재화가 싼 것이고, 뒤의 경우 실제로는 노동의 가격이 싼 것이 아니고 재화가 비싼 것이다. 노동은 모든 재화의 가치를 측정하는 참된 척도이므로 가치가 결코 변동하지 않는다.

대중적인 의미에서 노동은 다른 상품들과 마찬가지로 참된 가격과 명목 가격을 가진다고 말할 수 있을지 모른다. 노동의 참된 가격은 노동에 대해 주어지는 생활필수품과 편의품의 양이고, 노동의 명목 가격은 화폐의 양이라고 말할 수 있다. 노동자의 부유함과 가난함, 보수의 좋고 나쁨은 그의 노동의 참된 가격에 비례하는 것이며 명목 가격에 비례하는 것은 아니다. 노동만이 가치의 보편적이고도 정확한 척도이며, 모든 시기와 장소에서 서로 다른 상품들의 가치를 비교할 수 있는 유일한 표준이라는 것은 분명한 것 같다.

6장

상품가격의 구성 요소

초기의 원시사회에서는 자본이 축적되지도 않았고, 토지를 개인이 소유하지도 않았다. 이 시대에는 각종의 물품을 획득하는 데 필요한 노동량의 비율에 따라 물품들이 서로 교환되었다. 당시 노동량은 물품의 교환을 규정할 수 있는 유일한 요소였던 것 같다. 일반적으로 비버 1마리를 죽이는 일에 사슴 1마리를 죽이는 것보다 두 배의 노동이 든다면 비버 1마리는 사슴 2마리와 교환되거나 사슴 2마리와 같은 가치를 가질 것이다. 일반적으로 이틀이나 2시간 걸려 만들어진 물건이 하루나 1시간 걸려 만들어진 물건보다 2배의 가치를 갖는 것은 당연하다.

어떤 종류의 노동이 다른 종류의 노동보다 격렬하다면 그 고통이 고려의 대상이 되는 것은 당연하다. 또 어떤 종류의 노동에 비상한 기교와 창의성이 필요하다면 그 노동의 생산물은 그러한 재능에 대한 존경심 때문에 그것을 생산하는 데 들어간 시간보다 더 큰 가치를 당연히 가지게 될 것이다.

이러한 재능은 오랜 기간의 훈련에 의해서만 얻어질 수 있기 때문에, 그 생산물에 보다 큰 가치를 매기는 것은 그러한 재능을 얻는 데 지출된 시간과 노동에 대한 합리적인 보상일 것이다. 발전된 사회에서는 보다 큰 고통과 뛰어난 재능을 필요로 하는 노동을 높은 임금으로 참작해 주는데 이것은 원시사회에서도 마찬가지였음에 틀림없다. 초기의 원시사회에서는 노동생산물 전체가 노동자의 것이며, 보통 어떤 상품을 획득하거나 생산하는 데 소비된 노동량이 그 상품이 구매하고,

지배하고, 교환할 수 있는 노동량을 규정할 수 있는 유일한 요소다.

특정한 사람들이 자본을 축적하자마자 그들 중 일부는 근면한 사람들에게 원료와 생계수단을 제공하고 일을 시켜 그들이 만든 것을 판매해 이익을 보려고 하였는데, 이것은 자연스러운 것이다. 판매 가격은 원료의 가격에 노동이 추가된 것이다. 완제품을 화폐나 노동 또는 기타의 재화와 교환할 때, 사업가는 자기 자본을 이러한 모험에 투자했으므로 이윤을 얻으려고 한다. 사업가가 이윤을 얻기 위해서는 원료 가격과 노동자의 임금을 지불하고도 남는 어떤 것이 있어야만 한다.

그러므로 노동자가 원료에 추가한 가치는 두 부분으로 나누어져 지불된다. 한 부분은 노동자의 임금으로 지불되고, 다른 부분은 고용주가 원료와 노동자의 임금을 위해 투자한 자본 전체에 대한 이윤으로 지불된다. 고용주는 노동자들의 생산물을 판매해서 원래의 자본을 보충하는 것 이상을 기대하지 못한다면 노동자들을 고용하는 것에 관심을 가질 수 없을 것이다. 그리고 이윤이 투자한 자본의 크기와 비례해서 커지지 않는다면 고용주는 작은 자본보다도 큰 자본을 투자하는 데 관심을 가질 수 없을 것이다.

사람들은 자본의 이윤이 노동자들을 지휘하고 감독하는 노동에 대한 임금이라고 생각할지 모른다. 그러나 이윤은 임금과 전혀 다른 원리에 의해 규제된다. 이윤은 노동자들을 지휘하고 감독하는 노동의 양과 고통, 그리고 그러한 과정에서의 창의성과는 아무런 관계도 없다. 이윤은 전적으로 투자한 자본의 크기에 비례한다. 투자한 자본이 크면 이윤도 그에 비례해 커지고 작으면 이윤도 그에 비례해 작아진다. 큰 공장에서는 대체로 몇몇의 주요한 사무직원들이 노동자들을 지휘하고 감독하는 대부분의 노동을 맡고 있으며, 그들은 그 대가로 보수를 받는다. 그들의 임금은 일반적으로 그들의 노동 시간과 숙련도 그리고 그들에 대한 고용주의 신임에 의해 결정된다. 하지만 그들의 임금은 결코 그들이 지휘하고 감독하는 자본의 규모와 비례하지는 않는다.

자본의 소유자는 거의 아무런 노동도 하지 않지만 이윤이 자기가 투자한 자본에 정비례할 것을 기대하고 있다. 그러므로 상품가격에서 자본 이윤 부분은 노동임금과는 전혀 다른 원리에 의해 규제된다. 이러한 상황에서는 노동생산물 전체가 반드시 노동자에게 돌아가지는 않는다. 대부분의 경우 그는 자신을 고용하는 자본 소유자와 생산물을 나누어야 한다.

한 나라의 토지가 모두 사유지로 되면 토지 소유자는 씨를 뿌리지 않고서도 거두기를 원한다. 그는 일하지 않고 토지가 자연적으로 생산한 것들에게 대해서까지 지대를 요구한다. 토지가 공유지였을 때 노동자는 삼림의 목재, 들의 풀 그리고 땅의 모든 천연 열매를 수집하는 수고만 하면 되었지만 이제 노동자는 추가적인 가격을 물어야 한다. 노동자는 그들의 수

집을 허가받은 것에 대한 대가로 수집한 것의 일부를 토지 소유자에게 지불해야 한다. 이 부분 또는 이 부분에 해당하는 가격이 토지 지대를 구성한다.

모든 사회에서 상품가격은 결국 이 세 부분 중 하나 또는 모두로 분해된다. 모든 개량된 사회에서는 세 부분 모두가 상품가격을 구성하는 부분이 된다. 특정 상품의 제조 단계가 많아짐에 따라 가격 중 임금과 이윤으로 분해되는 부분이 지대로 분해되는 부분에 비해 점점 더 커진다. 제조 과정이 여러 단계로 늘어나면 이윤의 횟수가 증가할 뿐 아니라 다음 단계의 이윤이 앞 단계의 이윤보다 더 커진다. 왜냐하면 이윤을 얻는 자본은 항상 다음 단계에서 더 커지기 때문이다.

예를 들면 직포공_{직물을 짜는 사람}을 고용하는 자본은 방적공_{실을 뽑는 사람}을 고용하는 자본보다 클 수밖에 없다. 왜냐하면 직포공을 고용하는 자본은 방적공을 고용하는 자본과 그 이윤을 보상해야 할 뿐만 아니라 직포공의 임금까지도 지불해야 하기 때문이다. 이윤은 항상 자본과 어떤 비례 관계를 가지기 마련이다.

그러나 대부분의 개량된 사회에는 가격이 노동임금과 자본이윤 두 부분으로만 분해되는 상품들이 몇 개 있으며, 수는 적지만 노동임금으로만 구성되는 상품도 있다. 예를 들면, 바다고기의 가격은 어부의 노동임금과 어업에 투자한 자본 이윤으로 구성되어 있다. 지대는 이 가격에 들어있지 않다. 또 돌세공인이 돌을 수집해오는 사람들에게 주는 돌의 가격은 돌을 수집하는 사람들의 노동임금으로만 되어 있다.

이러한 예외를 제외하고는 개개의 상품가격이 위와 같은 세 부분으로 분해된다. 같은 이유로 한 나라의 한 해 노동생산물 전체를 이루는 모든 상품들의 가격도 마찬가지로 세 부분으로 분해된다. 임금, 이윤, 지대는 모든 교환가치뿐만 아니라 모든 수입의 세 가지 원천이다. 다른 모든 수입은 이 세 가지 중 하나로부터 파생되는 것이다.

노동을 해서 얻는 수입은 임금이라고 하고, 자본을 운영하거나 사용해서 얻는 수입은 이윤이라고 한다. 자본을 스스로 사용하지 않고 타인에게 대부해서 얻는 수입은 화폐 이자 또는 사용료라고 한다. 전적으로 토지에서 얻는 수입은 지대라고 하며 토지 소유자가 가져간다.

문명화된 나라에서는 교환가치가 노동으로부터만 생기는 상품은 거의 없으며, 지대와 이윤이 대부분의 상품 교환가치에 크게 기여한다. 그러므로 한해의 노동생산물은 그것을 만들어 시장에 가져오는 데 사용된 노동량보다 훨씬 큰 노동량을 항상 구매하고 지배할 수 있다. 그러나 부지런하게 일한 사람만이 한 해의 생산물 전체를 소비하는 나라는 없다. 모든 나라에서 게으른 사람도 그것의 큰 부분을 소비한다. 한 해의 생산물을 부지런한 사람들이 많이 가져가느냐 아니면 게으른 사람들이 많이 가져가느냐에 따라 한 해 생산물의 보통 가치 또는 평균 가치는 해마다 증가하거나 감소하거나 그대로일 것이다. 평균 가치는 부지런한 사람이 많이 가져가면 해마다 증가할 것이고, 게으른 사람이 많이 가져가면 해마다 감소할 것이다.

7장

상품의 자연가격과 시장가격

한 사회 또는 지역에는 노동과 자본의 각종 사용에 따른 평균 수준의 임금과 이윤이 존재한다. 평균 수준은 부분적으로는 그 사회의 일반적인 상황, 즉 그 사회가 부유한가, 가난한가, 진보하고 있는가, 정지하고 있는가, 또는 쇠퇴하고 있는가에 의해 규정되고, 부분적으로는 각 업종의 특수성에 의해 규정된다. 이러한 평균 수준은 그 사회 또는 지역의 일반적인 상황에서 임금과 이윤과 지대의 자연적인 수준이 될 것이다.

상품의 가격이 토지지대, 노동임금, 자본 이윤을 각각의 자연적인 수준에 따라 과부족 없이 지불한다면, 그 상품은 이른바 자연가격으로 판매되는 것이다. 자연가격은 상품이 정확히 자신의 가치대로 판매되는 것이다. 한 상품의 원가에는 이윤이 포함되어 있지 않다. 만약 평균 수준의 이윤을 얻을 수 없는 가격으로 상품을 판매하는 사람이 있다면 그는 분명히 그 거래에서 손실을 보게 된다. 그가 자신의 자본을 다른 방법으로 사용했다면 평균 수준의 이윤을 얻었을지도 모른다.

그의 이윤은 그의 수입이며, 생계를 위한 기금이다. 상품을 만들어 시장에 가져오는 동안 그는 노동자들에게 생계 수단을 미리 지급하고, 자신에게도 생계 수단을 미리 지급한다. 이 생계 수단은 그가 상품 판매에서 합리적으로 기대하는 이윤과 대체로 일치한다. 그러므로 상품에서 이윤을 얻지 못한다면 그는 그만큼 빚을 지는 셈이다.

평균 수준의 이윤을 낳는 가격은 자본가가 상당한 기간 동안 상품을 판매한다고 할 때 받기를 원하는 최저가격이다. 이 가격 아래로 팔면 그는 손해를 보아 사업을 계속할 수 없다. 이에 비해 한 상품이 보통 판매되는 실제의 가격은 그 상품의 시장가격이라고 불린다. 한 상품의 시장가격은 그 상품의 자연가격보다 높든지 낮든지 또는 그것과 똑같을 수 있다. 한 상품의 시장가격은 시장에 실제로 공급되는 상품의 양과 자연가격으로 그 상품을 사려고 하는 사람들의 수요 사이의 비율에 의해 결정된다. 상품을 사려고 하는 사람들은 유효수요자라고 불리며, 그들의 수요는 유효수요라고 불린다. 왜냐하면 그들의 수요는 상품이 시장에 나오도록 하는 데 충분한 효과를 갖고 있기 때문이다.

유효수요는 절대적 수요와는 다른 것이다. 매우 가난한 사람도 대형 마차를 가지고 싶기 때문에 어떤 의미에서 그것에 대한 수요를 가지고 있다고 말할 수 있다. 그러나 그의 수요는 유효수요가 아니다. 왜냐하면 그의 수요를 충족시키기 위해 대형 마차가 시장에 나오지는 않을 것이기 때문이다.

시장에 나오는 상품의 양이 유효수요보다 더 적으면 수요자들 사이에 경쟁이 일어날 것이고, 그러면 시장가격은 자연가격보다 다소 높을 것이다. 시장에 나오는 상품의 양이 유효수요보다 더 크다면, 시장가격은 자연가격보다 다소 낮을 것이다. 이 때 시장가격이 자연가격보다 얼마나 낮을 것인지는 다음의 두 가지 사정에 달려 있다. 하나는 초과 공급된 양이 판매자들의 경쟁을 증가시키는 정도이고, 다른 하나는 그 상품을 즉시 처분해야 하는 긴급성의 정도다. 이 둘은 서로 밀접히 연관되어 있다. 시장에 공급되는 상품의 양이 유효수요를 충족시키기에 꼭 맞는다면, 시장가격은 자연가격과 정확히 일치하게 되거나 아니면 거의 일치하게 된다. 시장에 공급되는 상품의 양은 자연스럽게 유효수요에 맞게 조절된다.

자연가격은 모든 상품들의 가격을 자신에게로 끊임없이 끌어들인다. 따라서 자연가격은 중심 가격^{central price}이다. 여러 가지 사정으로 상품들의 가격이 중심 가격보다 훨씬 높게 유지될 수도 있고, 또 그것보다 훨씬 낮게 유지될 수도 있다. 그러나 가격이 중심에 계속 머무는 것을 방해하는 장애물이 무엇이든 가격은 끊임없이 자연가격에 도달하려는 경향이 있다.

한 상품을 시장에 내놓기 위해 한 해 동안 가동되는 산업의 총량은 이러한 방식으로 자연스럽게 유효수요에 맞게 조절된다. 산업의 총량은 당연히 유효수요를 충족시키는 꼭 필요한 만큼의 상품량을 시장에 공급하는 것을 목표로 삼게 된다. 어떤 직종에서는 같은 규모의 산업이 해마다 매우 다른 양의 상품을 생산하며, 다른 직종에서는 같은 규모의 산업이 언제나 같거나 또는 거의 같은 양의 상품을 생산한다. 농업에서는 같은 수의 노동자들이 해마다 매우 다른 양의 밀과 포도주와 기름을 생산한다. 그러나 같은 수의 방적공과 직포공은 해마다 거의 같은 양의 아마포와 모직물을 생산한다. 따라서 농업에서는 유효수요가 항상 같다고 하더라도 상품의 시장가격은 크게 변동하여 때로는 자연가격보다 훨씬 낮게 되기도 하고 훨씬 높게 되기도 한다. 하지만 방적과 직포 산업에서는 생산물이 언제나 거의 같기 때문에 보다 정확하게 유효수요에 맞게 조절될 수 있다. 유효수요가 계속 같게 유지된다면 상품의 시장가격도 계속 그러할 것이고, 그러면 자연가격과도 거의 일치할 것이다. 한 상품의 시장가격이 이따금씩 일시적으로 변동하게 되면, 그 가격 중 임금과 이윤으로 분해되는 부분이 주로 영향을 받는다. 하지만 지대로 분해되는 부분은 비교적 적은 영향을 받는다. 왜냐하면 토지 소유자와 차지인은 생산물의 일시적이고 우연적인 가격이 아니라 평균적인 가격에 따라 지대를 정하기 때문이다.

각종 상품의 시장가격이 이처럼 자연가격 쪽으로 끊임없이 끌려가고 있음에도 불구하고 어떤 특수한 사건이나 자연적인 원인 또는 특수한 행정 규제 등으로 상품의 시장가격이 한동 안 자연가격보다 훨씬 높게 유지될 수 있다. 유효수요가 증가해 어떤 상품의 시장가격이 자연가격보다 더 오를 경우, 자기 자본으로 그 상품을 시장에 공급하는 사람들은 일반적으로 이러한 가격 변화를 가져온 비결을 숨기려고 조심한다. 만약 그들이 그러한 비결을 몇 년간 비밀로 할 수 있다면 그들은 그 기간 동안 새로운 경쟁자 없이 특별 이윤을 누릴 수 있을 것이다. 그러나 그러한 비밀은 오랫동안 숨겨질 수 없으며, 비밀이 밝혀지면 특별 이윤도 곧 사라져버린다. 일반적으로 제조업의 비밀이 상업의 비밀보다 오랫동안 유지될 수 있다.

어떤 자연적인 생산물은 아주 특별한 토양과 부지에서 생산되기 때문에 한 나라에서 그것의 생산에 적합한 토지를 모두 이용하더라도 유효수요를 충족시키지 못할 경우가 있다. 이렇게 되면 시장가격이 오르게 되고, 이 가격 중 지대로 분해되는 부분은 자연적인 수준 이상으로 지불된다. 시장가격이 이처럼 오르는 것은 분명히 자연적인 원인 때문이다. 자연적인 원인 때문에 유효수요가 완전히 충족되지 못하게 되면 이러한 상태가 영원히 계속 될지도 모른다.

개인이나 무역 회사에 허가된 독점은 상업과 제조업의 비법과 같은 효과를 가지고 있다. 독점자는 시장을 계속 공급 부족 상태로 유지하여 유효수요에 미치지 못하도록 하려고 한다. 그렇게 함으로써 그는 자기 상품을 자연가격보다 훨씬 비싸게 판매하여 자연적인 수준보다 더 큰 이득을 본다.

따라서 독점가격은 모든 경우에 얻을 수 있는 최고의 가격이다. 이와 반대로 자연가격 또는 자유경쟁가격은 모든 경우에 얻을 수 있는 최저가격이 아니다.* 자연가격은 오랜 기간에 걸쳐 얻을 수 있는 최저가격이다. 독점가격은 모든 경우에 구매자로부터 짜낼 수 있는 최고가격이고, 자연가격은 판매자가 자기의 사업을 계속할 수 있는 최저가격이다.

동업 조합에 배타적인 특권을 주는 것, 도제 제도에 대한 법령, 특정 업종에서 경쟁을 적은 수의 사람들로 제한하는 법률은 비록 정도는 낮지만 독점과 같은 의도를 가지고 있다. 그것들은 일종의 확대된 독점이다. 이러한 독점으로 시장가격이 오르는 것은 그것을 부추기는 행정 규제가 존재하는 한 계속될 것이다. 한 상품의 시장가격이 오랫동안 자연가격보다 높게 유지될 수 있지만 그것보다 낮게 유지될 수는 없다. 시장가격보다 오랫동안 낮게 유지되면 손해를 보기 때문이다. 어느 업종에서 노동임금이나 자본 이윤이 몇 세대 동안 자연

---

* 경쟁적인 판매자들은 일시적으로 짧은 기간 동안 손해를 보는 가격에 팔 수는 있지만 장기적으로 계속 그렇게 할 수는 없다는 의미다.

적인 수준보다 낮게 유지되기 위해서는 인도나 고대 이집트처럼 가혹한 법규로 강제로 억압해야 한다.

자연가격은 그것의 구성 부분인 임금, 이윤, 지대의 자연적인 수준과 함께 변동한다. 각각의 사회에서 이러한 자연적인 수준은 그 사회가 부유한가, 빈곤한가, 진보하고 있는가, 정지하고 있는가, 쇠퇴하고 있는가에 따라 변동한다. 다음 네 개의 장에서는 변동의 각종 원인들을 내가 할 수 있는 한 완전하고 분명하게 설명하려고 한다.

첫째, 나는 임금의 자연적인 수준을 결정하는 사정들은 무엇인지 그리고 이 사정들은 부유함과 가난함, 사회의 진보와 정지와 쇠퇴에 의해 어떤 영향을 받는지를 설명할 것이다.

둘째, 나는 이윤율을 자연적으로 결정하는 사정들이 무엇인지 그리고 이 사정들은 한 사회의 부유함과 가난함, 사회의 진보와 정지와 쇠퇴와 어떤 관계가 있는지를 설명할 것이다.

셋째, 돈으로 지불되는 임금과 이윤은 노동과 자본이 사용되는 곳에 따라 매우 다르다. 그럼에도 불구하고 노동을 사용하는 여러 곳의 임금과, 자본을 사용하는 여러 곳의 이윤 사이에는 보통 일정한 비례 관계가 있는 것처럼 보인다. 이 비례 관계는 부분적으로는 업종의 성질에 달려 있고, 부분적으로는 사회의 법률과 정책에 달려 있다. 따라서 나는 이 비례 관계를 규제하는 모든 사정들을 설명할 것이다.

넷째, 나는 토지에 대한 지대를 규제하는 사정들은 무엇인지 그리고 토지가 생산하는 각종 물질의 진정한 가격을 올리거나 내리는 사정들은 무엇인지를 보여줄 것이다.

8장

노동에 대한 임금

노동의 생산물은 노동에 대한 자연적인 보상 또는 임금을 만들어낸다. 토지를 개인이 소유하지 않고 자본이 축적되지 않은 원시 상태에서는 노동생산물 전체를 노동자가 가져간다. 그에게는 노동생산물을 함께 나누어 가져야 할 토지 소유자나 고용주가 없다.

이 상태가 계속되었다면, 노동에 대한 임금은 분업으로 인한 노동생산력의 증대와 함께 증가했을 것이다. 모든 물건의 값은 점점 싸게 되었을 것이고, 더 적은 노동으로 생산되었을 것이다. 같은 노동량에 의해 생산된 상품들이 서로 교환되었을 것이므로, 그 물건들은 당연히 더 적은 노동량을 들인 생산물에 의해 구매되었을 것이다. 그러나 노동자가 자기의 노동생산물을 모두 가져가는 이 원시 상태는 토지가 사유화되고 자본이 축적되자마자 더 이상 지속될 수 없었다. 이 원시 상태는 노동생산력이 크게 개선되기 오래 전에 종말을 고했다.

토지가 사유재산이 되자마자, 토지 소유자는 노동자가 토지로부터 만들어내거나 수집할 수 있는 거의 모든 생산물들에서 그 일부를 자기 몫으로 요구한다. 토지 소유자에게 지불하는 지대는 노동자가 노동을 해서 토지에서 생산한 생산물로부터 빠져 나가는 첫 번째 것이다.

토지를 경작하는 사람이 생산물을 수확할 때까지 자기의 생계 수단을 가지고 있는 경우는 거의 없다. 그의 생계 수단은 보통 그를 고용하는 차지 농업가가 자신의 자본에서 미리 지불한 것이다. 만약 차지 농업가가 노동자의 노동생산물 분배에 참여해서 자신의 자본과 함께 이윤을 보상받지 못한다면 그는 노동자를 고용하는 것에 아무런 관심을 갖지 않을 것이다. 이 이윤이 노동자의 노동생산물로부터 빠져 나가는 두 번째 것이다. 거의 모든 다른 노동생산물들에서도 이처럼 이윤이 빠져 나간다.

모든 수공업 노동자와 매뉴팩처에서 일하는 대부분의 노동자들은 생산물이 완성될 때까지 생산물의 원료와 자신들의 임금 및 생계 수단을 미리 지불해줄 고용주를 필요로 한다. 고용주는 노동자들의 노동생산물을 나누어 가지는데, 이 몫이 바로 고용주의 이윤이다.

노동의 임금이 얼마인가는 이해관계가 전혀 다른 두 당사자 사이에서 이루어지는 계약에 달려 있다. 노동자는 될 수 있는 한 많이 받으려고 하며, 고용주는 될 수 있는 한 적게 주려고 한다. 노동자는 임금을 올리기 위해 단결하는 경향이 있고, 고용주는 임금을 내리기 위해 단결하는 경향이 있다. 우리는 두 당사자 중 어느 쪽이 유리한지, 어느 쪽이 상대방을 자신의 조건에 굴복하도록 할 수 있는지를 쉽게 예상할 수 있다.

고용주들은 수가 적으므로 쉽게 단결할 수 있다. 또 고용주들의 단결은 법에 의해 인정되거나 적어도 금지되지는 않지만 노동자들의 단결은 금지되고 있다. 모든 분쟁에서 고용주들은 훨씬 오래 견딜 수 있다. 토지 소유자, 차지 농업가, 공장주, 상인은 노동자를 1명도 고용하지 않더라도 자신들이 갖고 있는 자본으로 보통 1~2년은 살아갈 수 있다. 그러나 고용되지 않으면, 많은 노동자가 1주일 동안도 살 수 없다. 1개월 동안 살아갈 수 있는 노동자는 거의 없고, 1년 동안 살아갈 노동자는 아주 없다. 장기적으로 보면 고용주가 노동자에게 필요한 것처럼 노동자가 고용주에게 필요할 것이다. 하지만 우선은 노동자가 더 고용주를 필요로 한다.

우리는 노동자들의 단체 행동에 관해서는 자주 듣지만 고용주들의 단체 행동에 관해서는 거의 듣지 못한다. 이 때문에 고용주들은 거의 단체 행동을 하지 않는다고 상상하는 사람이 있다면 그는 세상을 잘 모르는 사람이다. 고용주들은 임금 수준을 현재의 상태로 유지하기 위해 언제 어디서나 소리 없이 합심하여 계속 단체 행동을 한다. 단체 행동을 위반하는 것은 어디서나 이웃과 동료로부터 비난을 받게 되는 매우 인기가 없는 행동이다. 우리는 고용주들의 단체 행동에 대해 거의 듣지 못하는데, 그 이유는 이 단체 행동이 일상적이고 자연적인 상태라서 아무도 귀를 기울이지 않기 때문이다.

고용주들은 때때로 임금을 현재 수준 아래로 내리기 위해 특별한 단체 행동을 시작한다. 이러한 단체 행동은 실행에 옮겨질 때까지 매우 조용하고 비밀스럽게 진행된다. 노동자들은 고용주들의 단체 행동을 뼈저리게 느끼며 제대로 저항 한 번 못하고 항복하고 만다. 하지만 다른 사람들은 이에 대해 전혀 알지 못한다.

그러나 고용주들의 이 같은 단체 행동은 그것에 반대하는 노동자들의 방어적인 단체 행동에 의해 자주 저항을 받는다. 노동자들은 때때로 고용주들의 이러한 단체 행동이 없더라도 임금을 올리기 위해 자발적으로 단체 행동을 한다. 단체 행동을 하는 이유에 대해 노동자들은 보통 식료품 가격이 많이 올랐기 때문이라거나 고용주들이 노동자들의 노동에 의해 엄청난 이윤을 얻고 있기 때문이라고 말한다.

그들의 단체 행동은 공격적인 것이든 방어적인 것이든 항상 세상의 이목을 많이 끈다. 왜냐하면 노동자들은 문제를 빨리 해결하기 위해 항상 최대한 큰 소리로 소란을 피우고, 때로는 최대한 큰 충격을 불러일으키는 폭력과 불법행위를 수단으로 동원하기 때문이다. 그들은 절망에 빠져 자포자기한 사람처럼 어리석고 무모한 행동을 한다. 그 이유는 굶어죽든지 아니면 고용주에게 겁을 주어 자신들의 요구를 들어주도록 해야 하기 때문이다.

이런 경우 고용주들도 노동자들처럼 소란을 피우고, 행정 당국의 도움을 소리 높여 요구하면서, 노동자들의 단체 행동을 가혹하게 처벌할 것을 규정하고 있는 법률을 엄하게 집행하라고 떠들어댄다. 이리하여 노동자들은 이처럼 거칠고 폭력적인 단체 행동으로부터 거의 아무런 이익도 얻지 못한다. 노동자들의 단체 행동은 부분적으로는 행정 당국의 개입 때문에, 부분적으로는 고용주들의 확고한 태도 때문에 그리고 부분적으로는 대부분의 노동자가 당장의 생계를 위해 굴복할 수밖에 없는 현실 때문에 실패로 끝나고, 주모자는 처벌되거나 파멸하고 만다.

일반적으로 노동자와의 분쟁에서 고용주가 유리한 것은 틀림없지만 임금은 일정한 수준을 유지해야 한다. 임금을 이 수준보다 오랫동안 낮게 유지하는 것은 불가능하다. 사람이 자신의 노동에 의해 생계를 꾸려가야만 한다면, 임금은 적어도 자신을 유지하기에 충분해야 한다. 대부분의 경우 임금은 이보다 조금 더 많아야 한다. 그렇지 않으면 노동자는 자기 가족을 부양할 수 없게 되고, 그 집안은 대를 잇지 못할 것이다. 가족을 부양하기 위해 부부의 노동이 부부 자신의 생계유지에 필요한 것보다 더 많은 것을 벌 수 있어야 한다는 것은 확실하다.

그러나 때때로 노동자들이 생계유지 수준보다 훨씬 높은 임금을 받을 수 있는 사정들이 있다. 노동자들에 대한 수요가 계속 증가할 때 노동자들은 임금을 올리기 위해 단체 행동을 할 필요가 없다. 고용주들은 노동자를 얻기 위해 경쟁하면서 노동자들에게 높은 임금을 제시한다. 한 나라에서 노동자들에 대한 수요가 계속 증가해 매년 전년도에 고용된 노동자들보다 더 많은 노동자들이 필요할 때, 노동자들은 임금을 인상하기 위해 단결할 필요가 없다.

노동자들에 대한 수요는 임금 지불에 사용할 수 있는 기금이 증가해야 증가할 수 있다. 이 기금에는 두 가지 종류가 있다. 첫째는 사람들의 생계유지에 필요한 것보다 더 많은 수입이고, 둘째는 고용주의 기존 사업 유지에 필요한 것보다 더 많은 자본이다.

토지 소유자, 연금 수령자, 돈 많은 사람이 가족의 생계를 유지하는 데 충분한 것보다 더 많은 수입을 올린다면, 그들은 남은 부의 전부 또는 일부를 한 사람 이상의 하인을 두는 데 사용할 것이다. 남는 부가 많을수록 하인의 수는 자연스럽게 증가할 것이다. 또 구두 제조공과 같은 독립 노동자가 원료를 구입해 구두를 만들어 처분하는 동안 생계를 유지하는 것보다 더 많은 자본을 가졌다고 가정해보자. 그러면 그는 자연히 남은 부를 사용해 한 사람 이상의 직인을 고용하여 그들의 노동에 의해 이윤을 얻으려고 할 것이다.

한 나라에서 노동자에 대한 수요는 사람들의 수입과 고용주들의 자본이 증가할 때에만 증가한다. 수입과 자본이 증가하는 것은 국부가 증가하는 것이다. 그러므로 노동자에 대한 수요는 국부의 증가와 함께 자연히 증가하는 것으로 그렇지 않다면 도저히 증가할 수 없다.

임금을 올리는 것은 국부의 실제 크기가 아니라 국부의 계속적인 증가다. 따라서 임금이 가장 높은 나라는 가장 부유한 나라가 아니라 가장 번영하고 있는 나라 또는 가장 빨리 성장하고 있는 나라다. 한 나라의 부가 아무리 크더라도 그 나라가 오랫동안 정체 상태에 있었다면 높은 임금을 기대할 수 없다. 이런 나라에서 임금으로 지불할 수 있는 기금의 규모는 매우 클지 모른다. 그러나 몇 세기 동안 경제 규모에 거의 변화가 없었다면 해마다 고용되는 노동자의 수는 그 다음 해에 필요한 노동자의 수를 쉽게 공급할 수 있다. 따라서 노동자가 부족하지 않으므로 고용주들은 노동자를 얻기 위해 서로 경쟁하면서 임금을 높일 필요가 없다. 따라서 임금 수준은 보통 인간이 견딜 수 있는 최저 수준으로 낮아질 것이다.

중국은 토지가 가장 비옥하고, 가장 잘 경작되어 있으며, 가장 부지런하고 가장 인구가 많은 나라로서, 오랫동안 세계에서 가장 부유한 나라들 중 하나였다. 그러나 중국은 오랫동안

정체되어 있었던 것처럼 보인다. 중국을 500년 전[1275년]에 방문했던 마르코 폴로Marco Polo는 중국의 경작 상태, 국민의 근면성, 많은 인구에 대해 묘사한 적이 있다. 그런데 그것은 오늘날*의 여행자들이 묘사하고 있는 것과 거의 똑같다. 중국은 자신의 법과 제도 하에서 얻을 수 있는 모든 부를 마르코 폴로 이전에 이미 다 획득한 상태에 있었다. 모든 여행자들의 보고가 일치하는 것은 아니지만 임금이 낮아 가족을 부양하는 일에 어려움을 겪는다는 점에서는 일치했다. 그렇다고 중국이 후퇴하고 있는 것처럼 보이지는 않는다.

노동자의 생계에 충당할 기금이 크게 감소되고 있는 나라

---

* 애덤 스미스 시대를 말한다.

에서는 해마다 노동자에 대한 수요가 전년도보다 적을 것이다. 모든 직업에서 노동자가 넘쳐나 취업 경쟁이 치열하므로 임금은 가장 비참하고 궁핍한 수준으로 내려간다.

노동에 대한 보수가 후한 것은 증가하는 국부의 필연적인 결과임과 동시에 자연스런 징조다. 다른 한편 노동자가 생계 유지에 부족함을 겪는 것은 국부의 정체를 보여주는 자연스런 징조다. 그리고 노동자가 기아 상태에 있는 것은 국부의 급속한 감소를 보여주는 자연스런 징조다.

상품의 가격에 차이가 있다면 사람들은 가장 부피가 큰 상품까지도 한 지역에서 다른 지역으로 이동시킬 뿐만 아니라 영국의 한 끝에서 다른 한 끝으로, 그리고 세계의 한 끝에서 다른 한 끝으로 대규모로 이동시킨다. 따라서 상품의 가격 차이는 곧 사라지고 만다. 그러나 임금에 차이가 있다고 해서 사람들이 한 지역에서 다른 지역으로 쉽게 이동하지는 않는다. 인간이란 원래 경솔하고 변덕스러운 존재라고 말들 하지만, 경험에 비추어 보면, 인간은 분명 모든 종류의 화물들 중 가장 운반하기 어려운 화물이다. 그러므로 임금이 가장 낮은 지방의 노동자가 가족을 겨우 부양할 수 있다면 임금이 가장 높은 지방의 노동자는 풍족하게 지낼 것임에 틀림없다.

하층 계급의 상태가 개선되는 것이 사회에 좋다고 보아야 하는가 아니면 나쁘다고 보아야 하는가? 대답은 매우 분명하다. 하인들, 노동자들, 직공들 같은 하층 계급의 사람들은 한 나라 인구의 더 큰 부분을 이루고 있다. 그러므로 그들의 상태를 개선시키는 것은 결코 전체에 나쁘다고 볼 수 없다. 어떤 사회든 구성원의 더 큰 부분이 가난하고 비참하다면 결코 번영하는 행복한 사회일 수 없다. 게다가 전체 국민에게 식의주를 공급하는 노동자들이 꽤 괜찮은 의식주 생활을 하기 위해 자신의 노동생산물 중 필요한 부분을 가져가는 것은 공평하다.

가난은 분명 결혼을 억제하는 효과가 있지만 결혼을 막지는 못한다. 오히려 가난은 자손 번식에 유리한 것처럼 보인다. 반# 기아 상태에 있는 고지대의 부인은 20명 이상의 아이를 낳는 경우가 자주 있는데, 먹고 싶은 것을 실컷 먹는 귀부인은 보통 2~3명의 아이만 낳으며, 가끔은 아이를 낳을 수 없는 경우도 있다. 불임은 상류층 부인들 사이에 자주 있지만 하류층 부인들 사이에는 매우 드물다. 여성의 사치스런 삶은 향락에 대한 열정을 자극하지만 자손을 번식시키는 힘을 약화시키게 마련이며, 때로는 완전히 파괴시키기도 한다.

가난이 많은 자식을 낳는 데는 유리할지 모르지만 자식의 양육에는 매우 불리하다. 약한 식물은 싹을 내긴 하지만 아주 춥고 혹독한 풍토에서는 곧 시들어 죽는다. 모든 종의 동물은 그들의 생계 수단에 비례해 번식한다. 그것은 자연스러운 것으로, 어떤 종도 그것을 넘어서 번식할 수는 없다. 그러나 문명사회에서는 생계 수단의 부족으로 자손 번식이 제한당하는 것은 하층 계급에서뿐이다. 하층 계급의 사람들은 결혼해서 많은 아이들을 낳지만 대부분 죽고 만다.

흔히들 노예가 쇠약하게 되는 것은 주인에게 손실이지만 자유 고용인이 쇠약하게 되는 것은 고용인 자신에게 손실이라고 말한다. 그러나 고용인이 쇠약하게 되는 것은 실제로 고용인 자신의 손실인 동시에 그를 고용한 주인의 손실이기도 한다. 각종의 직인과 고용인에게 지불되는 임금은 그들이 계속 사회의 수요에 응해서 공급될 수 있는 수준이어야 한다. 자유 고용인이 쇠약하게 되는 것은 그를 고용한 주인의 손실이기는 하지만, 일반적으로 노예가 쇠약하게 되는 것 보다 훨씬 적은 손실이다. 왜냐하면 쇠약한 노예를 건강하게 하는 데 필요한 돈은 노예의 주인이 부담하지만, 자유 고용인의 경우에는 고용인 자신이 부담하기 때문이다. 모든 시대와 국민의 경험에서 볼 때, 자유인의 노동이 결국 노예의 노동보다 돈이 덜 든다고 생각된다.

노동에 대한 보수를 많이 주는 것은 부가 증대된 결과이며, 인구 증가의 원인이다. 노동에 대한 많은 보수를 불평하는 것은 그 나라의 번영에 대해 한탄하는 것이다. 국민의 다수를 차지하는 가난한 노동자의 상태가 가장 행복하고 가장 안락하게 보이는 것은 사회가 획득할 수 있는 부를 모두 획득했을 때라기보다는 부를 더 많이 획득하기 위해 진보하고 있을 때라는 것을 알아야 한다. 노동자의 상태는 정체된 사회에서는 어렵고, 쇠퇴하고 있는 사회에서는 비참하다. 진보하고 있을 때에는 사실상 사회의 모든 계급이 즐겁고 활기차고, 정체하고 있을 때에는 무기력하며, 쇠퇴하고 있을 때에는 우울하다.

노동에 대한 보수가 후하면 인구가 증가하고 사람들이 근면하게 된다. 임금은 사람이 근면하도록 격려한다. 근면은 인간의 다른 모든 성질과 마찬가지로 격려에 비례해 증가한다. 생활이 풍요로우면 노동자의 체력은 좋아진다. 그러면 노동자는 자신의 생애를 안락하고 부유하게 마칠 수 있다는 유쾌한 희망을 갖고 자신의 상태를 개선하기 위해 힘을 다해 일하게 된다. 따라서 임금이 낮은 곳보다는 높은 곳에서 노동자가 더욱 활동적이고 부지런하고 신속하게 일한다.

나흘 동안 일해 한 주를 먹고 살 수 있다면 어떤 노동자들은 나머지 사흘을 일하지 않고 빈둥거릴지도 모른다. 그러나 대부분의 노동자들은 더 많이 일하고 더 많이 벌려고 할 것이다. 따라서 일한 만큼 임금을 후하게 받게 되면 노동자들은 돈을 더 벌기 위해 과로를 할 수도 있다. 그렇게 되면 몇 년 안에 건강과 몸을 망치기 쉽다.

며칠 동안 계속해서 정신적으로, 육체적으로 무리해서 노동을 하면 대부분의 사람들은 휴식하고 싶은 욕구가 저절로 생긴다. 폭력이나 어떤 강렬한 필요 외에는 이 욕구를 막을 수 없다. 휴식에 대한 욕구는 자연스런 것으로, 편안히 쉬거나 유흥과 오락을 함으로써 해소될 수 있다. 만약 휴식을 취하지 않는다면 위험하고 치명적인 상황에 이르러 얼마 안 가 직업병에 걸리게 된다.

고용주가 이성과 인간성의 명령에 귀를 기울인다면, 그는 다수의 노동자들에게 일을 열심히 하도록 다그치기보다는 자주 일을 경감시켜 줄 필요가 있다. 나는 사람들이 모든 직업에서 알맞게 꾸준히 계속 일하는 사람이 자신의 건강을 가장 오랫동안 보존할 뿐만 아니라 일 년 전체를 보면 가장 많은 양의 노동을 수행한다는 사실을 발견할 수 있으리라 믿는다.

물가가 싼 연도에는 노동자들이 일반적으로 게으르며, 물가가 비싼 연도에는 노동자들이 일반적으로 더 부지런하다고 흔히들 생각한다. 이에 근거해서 사람들은 생활 수단이 풍부하면 게을러지고 생활 수단이 부족해지면 부지런해진다고 결론짓는다. 생활 수단이 보통보다 조금 더 풍족하면 보통의 노동자들은 게으르게 될 수도 있을 것이다. 그러나 대부분의 노동자들이 그렇게 되지 않는다. 일반적으로 잘 먹을 때보다는 못 먹을 때, 기분 좋을 때보다는 기분 나쁠 때, 건강할 때보다는 아플 때 사람들이 일을 더 잘한다고 생각하는 것은 좀 억지스럽다.

풍년에는 고용인들이 고용주를 떠나 독자적으로 사업을 해보려는 경우가 자주 있다. 반대로 흉년에는 생계의 어려움과 불확실성 때문에 사람들은 모두 고용되고 싶어 한다. 그러므로 각종 직업의 고용주들은 물가가 싼 해보다는 비싼 해에 노

·

동자들이 보다 나긋하고 종속적인 성향을 보이므로 노동자들과 더 유리하게 흥정을 할 수 있다는 것을 알게 된다. 그러므로 고용주들은 물가가 비싼 해에 노동자들이 더 부지런하다고 생각하기 마련이다.

우리는 흔히 사람들이 일반적으로 타인을 위해 일할 때보다 자신을 위해 일할 때 더 게으르다고 생각하는데, 이것은 매우 어리석은 생각이다. 가난한 독립 수공업자는 일한 만큼 받는 직인보다 일반적으로 더욱 부지런하다. 왜냐하면 독립 수공업자는 자기가 노력해서 만든 생산물 전체를 다 가지지만, 직인은 고용주와 나누어 가져야 하기 때문이다. 독립 수공업자는 한 달 또는 일 년 단위로 고용되어 노동을 많이 하든 적게 하든 임금이 동일한 노동자들보다 훨씬 더 우수하다.

노동의 화폐가격은 노동에 대한 수요와 생활필수품과 편의품의 가격에 의해 결정된다. 노동에 대한 수요가 일정하다면 생활필수품의 가격이 높은 경우 노동의 화폐가격도 더 높아질 것이다. 그러나 생활필수품의 가격이 높은 해에는 생활필수품이 부족해 노동에 대한 수요가 감소하므로 노동가격이 내려가는 경향이 있다. 이와 반대로 생활필수품의 가격이 낮은 경우 노동가격도 내려가는 경향이 있다. 그러나 생활필수품의 가격이 낮은 연도에는 생활필수품이 풍족해 노동에 대한 수요가 늘어남으로써 노동가격이 올라가는 경향이 있다. 이 두 개의 상반되는 경향들은 서로를 상쇄하는 것 같다. 아마 이러한 이유가 부분적으로 작용하여 노동임금은 어디서나 생활필수품 가격보다 더 안정적인 상태를 유지한다.

노동임금이 오르면 상품가격 중 임금으로 분해되는 부분이 증가되어 많은 상품의 가격이 필연적으로 올라간다. 그러면 그만큼 국내외에서 그 상품들에 대한 소비는 감소되는 경향이 있다. 그러나 노동임금을 오르게 한 원인인 자본의 증가가 노동의 생산력을 증가시켜 더 적은 양의 노동으로 더 많은 양을 생산하게 된다.

많은 노동자를 고용하는 자본 소유자는 자신의 이익을 위해 작업을 적절하게 나누어 각 노동자에게 맡김으로써 그들이 가능한 한 최대의 양을 생산할 수 있도록 반드시 노력하게 한다. 또한 같은 이유로 자본 소유자는 노동자들에게 가장 좋은 기계를 제공하려고 한다. 그 결과 노동자의 업무는 더 자세하게 분할되고, 그렇게 될수록 더 많은 사람이 새로운 기계를 발명하려고 해 기계의 발명 가능성은 더 커진다. 이러한 개량으로 상품은 이전보다 훨씬 적은 노동에 의해 생산된다. 그렇게 되면 노동량의 감소가 노동가격의 상승을 상쇄해 상품 한 개의 가격은 상승하지 않게 된다.

9장

자본에 대한 이윤

　　　　　　자본 이윤이 오르거나 내리는 것은 노동
임금이 오르거나 내리는 것과 마찬가지로 부의 증가와 감소
에 달려 있다. 그렇지만 부의 증가와 감소가 노동임금이 오르
거나 내리는 것에 미치는 영향은 자본 이윤이 오르거나 내리
는 것에 미치는 영향과는 매우 다르다.

　자본의 증가는 임금을 올리지만 이윤은 떨어뜨리는 경향이
있다. 많은 부유한 상인들이 같은 사업에 자본을 투자하면 그
들은 서로 경쟁하게 된다. 그러면 그 사업의 이윤은 반드시
하락하는 경향이 있다. 이윤은 변동이 아주 심하기 때문에 특
정 사업에 종사하는 사람도 자신의 한 해 평균 이윤이 얼마인
지를 항상 알 수는 없다. 이윤은 자신이 거래하는 상품들의
온갖 가격 변동, 경쟁자와 고객의 행운과 불운, 상품이 바다나

육지로 운송되거나 창고에 보관되어 있을 때 입을 수 있는 수천 가지의 사고 등에 의해 영향을 받는다. 따라서 이윤은 해마다 변동할 뿐만 아니라 매일 매시간 변동한다.

자본의 평균 이윤이 현재에 얼마이고, 과거에 얼마였는지를 어느 정도라도 정확하게 결정하는 것은 불가능하다. 하지만 그렇다 하더라도 우리는 화폐의 이자에서 어느 정도는 알 수 있을 것이다. 화폐를 사용함으로써 생기는 이득이 큰 경우에는 일반적으로 화폐의 사용 대가를 많이 지불할 것이고, 반대로 화폐를 사용함으로써 생기는 이득이 적은 경우에는 화폐의 사용 대가를 적게 지불할 것이라는 사실이 하나의 원리로 제시될 수 있다. 이 원리로부터 우리는 한 나라에서 보통의 시장 이자율이 변동함에 따라 자본의 보통 이윤도 함께 변동한다는 것을 확신할 수 있을 것이다. 이윤이 내려가면 이자도 내려가고 이윤이 올라가면 이자도 올라간다. 이자의 추세는 이윤의 추세에 관해 우리에게 약간의 정보를 제공할 수 있다.

큰 자본을 가진 사람들이 투자를 많이 하는 곳에서는 자본가들이 노동자를 서로 얻기 위해 경쟁하게 되는데, 이 때문에 노동의 임금은 올라가고 자본의 이윤은 감소한다. 노동임금은 자본 이윤과 함께 내려가지 않는다. 자본 이윤과는 관계없이 자본의 증가는 노동에 대한 수요를 증가시킨다.

이윤이 감소할 때 상인들은 상업이 쇠퇴한다고 불평하는

경향이 있지만 이윤의 감소는 상업의 번영에 따른 자연스러운 결과이거나 아니면 이전보다 많은 자본이 상업에 투자된 결과다. 자본 이윤이 감소한 후에도 자본은 계속 증가할 수 있을 뿐 아니라 이전보다 더 빠르게 증가할 수도 있다. 일반적으로 이윤율이 낮은 큰 자본은 이윤율이 높은 작은 자본보다 더 빠르게 증가한다. 돈이 돈을 만든다는 속담이 있듯이, 돈을 조금 벌면 더 많이 버는 것은 쉽다. 가장 어려운 것은 처음에 돈을 조금 버는 것이다.

사회의 자본량이 감소하면, 노동임금은 내려가고, 자본 이윤은 올라가며 이와 함께 화폐 이자도 올라간다. 노동임금이 내려가면 자본 소유자는 이전보다 적은 비용으로 상품을 시장에 내놓을 수 있다. 게다가 시장에 상품을 공급하는 자본이 이전보다 적어서 상품 공급이 감소하므로 자본 소유자는 상품을 이전보다 더 비싸게 팔 수 있다. 즉 상품들은 더 적은 비용을 들여 더 비싸게 팔리는 것이다. 이처럼 이윤이 양쪽에서 더 많이 생기기 때문에 높은 이자를 감당하기에 충분하다.

얻을 수 있는 부를 이미 모두 얻은 나라, 그리하여 퇴보하지는 않지만 더 이상 진보할 수 없는 나라에서는 노동임금과 자본 이윤이 아마 매우 낮을 것이다. 영토에 비해 많은 인구를 가진 나라에서는 취직 경쟁이 매우 심해 노동자들이 겨우 먹고살 만한 수준까지 노동임금이 낮아질 것이다. 모든 사업에 비해 많은 자본을 가진 나라에서는 자본 사이의 경쟁이 심해 보통 이윤이 최대한 낮게 내려갈 것이다. 그러나 이 정도로 부유한 나라는 아직 없다. 중국은 오랫동안 정체되어 있는 것 같으며, 기존의 법률과 제도로 얻을 수 있는 부를 이미 오래전에 모두 얻은 것 같다.* 그러나 중국의 토양, 기후, 위치를 고려해 볼 때, 중국이 보다 개방적인 법률과 제도를 갖춘다면 지금의 부보다 훨씬 많은 부를 얻을 수 있다. 외국과의 무역을 무시하거나 경멸하고, 한두 개의 항구만 외국 선박에 개방하는 폐쇄적인 나라는 보다 개방적인 법과 제도를 가진 나라만큼 많은 양의 사업을 벌일 수 없다.

또한 중국에서 부자나 대자본 소유자는 상당히 안전하지만, 가난한 사람이나 소자본 소유자는 무능한 관리에 의해 시도 때도 없이 법의 이름으로 강탈당하기 때문에 안전을 거의 보장받지 못한다. 따라서 각종 사업 분야에 투자되는 자본량은 각 사업의 잠재력을 최대한 실현할 정도까지 이를 수 없다. 각 사업에서 부자들은 가난한 사람들을 억압하고 독점을 형성해 큰 이윤을 얻는다.

잘못된 법률 때문에 이자율은 때때로 필요 이상으로 높게 올라갈 수 있다. 계약을 지키도록 법으로 강제하지 않는다면 빌려준 돈을 돌려받는 것이 불확실하기 때문에 대출자는 보통 이상의 고리대 이자를 받으려고 한다. 고대에 이자율이 높았던

---

* 그 당시 스미스가 중국에 대해 관찰한 것이다.

이유는 부분적으로 이 때문이었을 것이다. 법이 이자를 완전히 금지하더라도 실제로 이자를 막을 수는 없다. 돈을 빌리려고 하는 사람이 많으면 돈을 빌려주려는 사람은 돈을 사용한 대가뿐만 아니라 법을 어기고 위험을 감수하는 자신의 행동에 대한 대가까지 받지 않고서는 돈을 빌려주지 않을 것이다.

보통 이윤율은 적어도 자본을 투자할 때 우연히 발생하는 손실들을 보상하고도 남을 정도로 높아야 한다. 이 초과분만이 순이윤이다. 돈을 빌리는 사람이 지불할 수 있는 이자는 순이윤에 비례한다. 보통 이자율의 하한선은 돈을 빌려주는 사람이 조심을 하더라도 피하기 어려운 우연한 손실을 보상하는 데 충분한 것보다 더 높아야 한다. 이자율이 이것보다 높지 않은데도 돈을 빌려주는 사람이 있다면 그는 자선이나 우정 때문에 그렇게 하는 것일 것이다.

기존의 법과 제도 아래서 얻을 수 있는 부의 전량을 이미 얻은 나라, 각 사업 분야마다 최대한의 자본량이 이미 투자된 나라에서는 보통의 순이윤율이 매우 낮을 뿐만 아니라 그것으로부터 지불될 수 있는 보통의 시장 이자율도 매우 낮다. 그러므로 아주 부유한 사람들을 제외하고는 화폐 이자로 살아가는 것이 불가능하다. 중소 규모의 재산을 가진 사람은 모두 스스로 자기 자본을 운용하고 관리해야 한다. 거의 모든 사람이 사업가가 되든지 어떤 사업에 종사하든지 해야 한다.

높은 이윤은 높은 임금보다 생산물 가격을 더 많이 올리는

경향이 있다. 예를 들면, 아마포의 제조에서 아마손질공, 방적공, 직포공의 임금이 하루에 2펜스씩 오른다면 아마포 가격은 2펜스×취업자 수×노동 일수의 금액만큼 오를 것이다. 그러나 이들 노동자를 고용하는 고용주들의 이윤이 5% 오른다면, 아마손질공의 고용주는 그가 투자한 원료와 아마손질공 임금에 5%를 덧붙여 아마를 판매할 것이고, 방적공의 고용주는 아마의 구매가격과 방적공 임금에 5%를 덧붙일 것이고, 직포공의 고용주는 아마사의 구입가격과 직포공 임금에 5%를 덧붙일 것이기 때문이다. 상인과 제조업자는 높은 임금이 상품 가격을 올려 국내와 국외의 판매량을 감소시킨다고 보고 불평하면서도 높은 이윤이 상품 가격을 올리는 것에 대해서는 아무 이야기도 하지 않는다.

10장

사용하는 곳에 따라 달라지는 노동임금과 자본 이윤

　　　　노동과 자본은 사용하는 곳에 따라서 유리[많은 보상]할 수도 있고 불리[적은 보상]할 수도 있다. 그러나 전체적으로 보면 같은 지역 내에서는 이러한 차이가 없어져 완전히 똑같아지든지 아니면 계속 똑같아지려는 경향을 가질 것이 틀림없다. 같은 지역 내에서 어떤 사업이 다른 사업보다 유리한 것이 분명할 경우 많은 사람들이 그 사업에 모여들 것이고, 반대로 불리할 경우 많은 사람들이 그 사업을 떠날 것이다. 그리하여 그 사업의 유리함 또는 불리함은 곧 다른 사업 수준으로 되고 말 것이다. 적어도 완전히 자유로워서 사태가 자연스럽게 진행되도록 방임되는 사회, 모든 사람이 자신의 직업을 스스로의 생각에 따라 완전히 자유롭게 선택하거나 바꿀 수 있는 사회에서는 그렇게 될 것이다. 모든 사람은 자신의 이익에 따라 신속하게 불리한 곳을 빠져나와 유리한 곳을 찾아 갈 것이다.

금전상의 임금과 이윤은 유럽의 모든 곳에서 노동과 자본이 어떻게 사용되느냐에 따라 매우 다르다. 이처럼 다른 이유는 부분적으로는 사업 자체의 어떤 사정들 때문이고, 부분적으로는 정책 때문이다.

1절 사업 자체의 성질로부터 생기는 임금과 이윤의 불평등

다음 다섯 가지는 금전상의 이득을 불평등하게 만드는 주요 사정들이다. 첫째, 일이 쾌적한가 불쾌한가, 둘째, 일의 습득이 쉽고 비용이 적게 드는가 어렵고 비용이 많이 드는가, 셋째, 일이 항구적인 것인가 일시적인 것인가, 넷째, 일을 수행하는 사람에 의존하는 정도가 큰가 작은가, 다섯째, 일에서의 성공 가능성이 높은가 낮은가다.

첫째로, 노동임금은 일이 쉬운가 어려운가, 깨끗한가 더러운가, 명예스러운가 불명예스러운가에 따라 차이가 난다. 쉬운 일은 보수가 적고 어려운 일은 보수가 많다. 깨끗한 일은 보수가 적고, 더러운 일은 보수가 많다. 명예스러운 일은 보수가 적고, 불명예스러운 일은 보수가 많다. 명예는 그 자체가 큰 보수다. 문명사회에서는 타인이 오락으로 추구하는 것을 직업으로 삼는 사람은 수입이 형편없다. 사냥과 낚시가 그러하다. 불쾌함과 불명예는 자본 이윤에도 똑같은 영향을 미친다. 불쾌하고 불명예스런 사업은 이윤이 많고, 쾌적하고 명예스런 사업은 이윤이 적다.

둘째로, 노동임금은 일을 습득하는 것이 쉬운가 어려운가, 비용이 많이 드는가 적게 드는가에 따라 다르다. 비싼 기계를 설치할 때, 사람들은 그것에 투자된 자본과 그 자본에 대한 보통의 이윤을 얻을 수 있을 것으로 기대하기 마련이다. 특별한 기교와 숙련을 필요로 하는 일을 많은 노동과 시간을 들여 배운 사람은 비싼 기계에 비유될 수 있다. 그 일을 배운 사람은 교육에 들어간 자본과 그 자본에 따르는 보통의 이윤을 보상받을 수 있기를 기대하기 마련이다. 인간의 수명이 매우 불확실하기 때문에 이러한 보상은 알맞은 기간 안에 이루어져야 한다.

숙련 노동의 임금과 보통 노동의 임금 사이에 차이가 나는 것은 이러한 원리에 근거하고 있다. 유럽은 기계공, 수공업자, 제조업 노동을 숙련 노동으로, 시골의 모든 노동을 보통 노동으로 간주하는 정책을 펴고 있다. 그러므로 유럽에서는 기계공, 수공업자, 제조업의 임금이 시골 노동자의 임금보다 좀 더 높다.

독창적인 예술과 자유 전문직의 일을 배우는 것은 훨씬 더 괴롭고 비용도 많이 든다. 그러므로 화가, 조각가, 변호사, 의

사에 대한 금전상의 보수는 훨씬 더 후해야 하며, 실제로도 그렇다. 자본 이윤은 자본이 투자되는 사업을 배우는 것이 쉬운가 어려운가에 별로 영향을 받지 않는 것 같다.

셋째로, 노동임금은 일의 항구성과 일시성에 따라 다르다. 일마다 고용의 안정성이 다르다. 대부분의 제조업 노동자는 한 해 내내 일을 할 수 있다. 그러나 벽돌공과 석공은 매우 추운 날이나 매우 나쁜 날씨에는 일을 할 수 없고, 또 고객이 주문할 때에만 일할 수 있으므로 일을 못하고 쉬는 날이 자주 있다. 따라서 그들이 일을 할 때 버는 임금은 쉴 때의 생활을 유지해야 할 뿐만 아니라 불확실한 상태로 인한 불안과 초조에 대해서도 어느 정도 보상되어야 한다.

넷째로, 노동임금은 노동자에 의지해야 하는 정도에 따라 다르다. 금세공공과 보석공의 임금은 같은 재능의 다른 노동자 임금보다 어디서나 더 높다. 왜냐하면 그들은 귀금속을 위임받고 있기 때문이다. 우리는 건강을 의사에게 맡기며, 재산과 생명과 명예를 변호사와 검사에게 맡긴다. 그러므로 그들의 보수는 이러한 막중한 사회적 지위에 적합한 것이어야 한다.

다섯째로, 노동임금은 그 일에서의 성공 가능성에 따라 다르다. 배우고 있는 일에서 적합한 자격을 얻을 가능성은 일에 따라 아주 다르다. 대부분의 기계공의 일에서는 성공이 거의 확실하지만 자유 전문직 일에서는 성공이 불확실하다. 법률

공부를 해 법률가가 되기 위해서는 20대 1의 경쟁을 치러야 한다.* 이처럼 20명이 실패하고 1명이 성공하는 직업에서는 실패한 20명이 모두 성공했을 경우 얻을 수 있는 20명분의 수입 전체를 성공한 1명이 가져가야 한다.

　대부분의 사람들이 자신의 능력에 대해 과도한 자부심을 가지고 있다. 이것은 모든 시대의 철학자들과 도덕가들에 의해 지적된 오래된 악덕이다. 그러나 자신의 행운에 대해 어리석을 정도로 주제넘은 낙관은 별로 주목을 받지 않았다. 대부분의 사람은 이득의 기회를 과대평가하고, 손실의 기회를 과소평가한다. 이득의 기회가 과대평가되는 것은 복권 사업이

---

*　이것은 일반적인 것이 아니고 당시 영국의 상황에 대한 것이다.

어디서나 성공하는 것을 보면 알 수 있다. 수학적으로 볼 때 복권을 많이 살수록 손해볼 확률이 높아진다는 것보다 더 확실한 명제는 없다. 사람들은 살다가 손해를 입을 위험성을 과소평가한다. 보험업자의 이윤이 매우 낮은 것을 보면 이를 알 수 있다. 보험료가 싼데도 불구하고 그 보험료가 아까워 보험을 들지 않고 위험을 방치하는 사람들이 많다. 젊은이들은 대체로 직업을 선택할 때 위험에 빠질 가능성은 별로 고려하지 않고 성공할 가능성에 터무니없이 큰 기대를 갖는다. 일반 병사는 목숨을 잃을 가능성이 크다. 그러나 젊은 지원병들은 새로운 전쟁이 터지면 위험을 고려하지 않고 즉시 입대한다.

투자한 분야에서 자본 이윤은 투자 수익의 확실성과 불확실성에 따라 다소 다르다. 항상 위험이 높을수록 보통 이윤율은 다소 올라간다. 그러나 이윤율은 위험에 비례해 올라가는 것도 아니며 위험을 완전히 보상할 만큼 올라가는 것 같지도 않다. 파산은 가장 위험한 사업에서 가장 자주 일어난다. 밀수는 모든 사업 중에서 가장 위험하다. 모험이 성공하면 이득은 매우 크지만 반드시 파산하게 된다. 성공에 대한 터무니없는 희망이 작용해 이 위험한 사업에 많은 모험가들을 끌어들인다. 그러나 그들 사이의 경쟁 때문에 이윤은 위험을 보상하는 데 충분한 수준 이하로 내려간다.

이상에서 살펴본 다섯 가지 사정들은 노동임금과 자본 이윤에 큰 차이를 일으킨다. 그럼에도 불구하고 전체적으로 보면 노동과 자본의 자유로운 이동에 의해 이러한 차이가 없어져 노동임금과 자본 이윤은 서로 똑같아진다. 그러나 이렇게 되기 위해서는 완전히 자유로운 상태에서도 세 가지 조건이 더 필요하다.

첫째, 노동임금과 자본 이윤이 똑같아지는 현상은 그 지역에서 잘 알려져 있고 오랫동안 정착되어 있는 사업들에서만 일어날 수 있다. 새로운 사업은 항상 일종의 투기이므로 창업자는 그것을 통해 특별한 이윤을 기대한다. 만약 그 사업이 성공하면, 처음에는 이윤이 아주 높기 마련이다. 그러나 그 사업이 완전히 정착되어 잘 알려지면 경쟁에 의해 이윤은 다른 사업 수준으로 내려간다.

둘째, 노동임금과 자본 이윤이 똑같아지는 현상은 자연 상태에서만 일어날 수 있다. 농업노동자에 대한 수요가 크게 증가하는 수확기에는 노동자의 임금이 예외적으로 올라가며, 많은 선원들이 징집되는 전쟁 시에는 선원들의 임금이 크게 올라간다. 또 해마다 생산량이 크게 차이가 나는 밀, 포도주, 사탕, 담배 등은 가격의 변동이 큰데, 상인들의 이윤도 이에 따라 크게 변동할 것이다. 이런 것들은 모두 자연 상태를 벗어난 사례들이다.

셋째, 노동임금과 자본 이윤이 똑같아지는 현상은 노동자가 하나의 직업에만 종사하고 자본가가 하나의 사업을 주된 사업으로 삼을 때만 일어날 수 있다. 노동자가 한 가지 일을 하면서 시간이 남아 다른 일들을 한다든지 자본가가 여러 가지 사업을 겸하게 되면 그런 현상이 방해를 받게 된다.

2절 유럽 정책이 야기하는 불평등

이처럼 세 가지 조건 중 하나라도 충족되지 않는다면 노동임금과 자본 이윤은 전체적으로 차이를 보일 수밖에 없다. 그러나 노동임금과 자본 이윤의 차이를 훨씬 더 크게 만드는 것은 유럽의 정책이다. 정책은 사물들의 완전한 자유 상태를 방해한다.

유럽의 정책은 다음과 같은 세 가지 방법으로 완전한 자유 상태를 방해한다. 첫째는 참여자 수를 줄여 경쟁을 제한하는 것이고, 둘째는 참여자 수를 늘여 경쟁을 강화하는 것이고, 셋째는 한 사업에서 다른 사업으로, 한 장소에서 다른 장소로 노동과 자본이 자유롭게 이동하는 것을 방해하는 것이다.

첫째, 유럽의 정책은 어떤 분야에서 경쟁을 제한하거나 거기에 참여하려고 하는 수보다 적은 수만 허용하는 방법으로 전체적으로 노동임금과 자본 이윤의 차이를 매우 크게 만들고 있다. 동업조합에 배타적 특권을 허용하는 것이 이러한 목적에 주로 사용되는 수단이다. 동업조합에 배타적 특권을 허용하면 조합이 설립된 도시에서는 사람들이 자유롭게 영업을 할 수 없어 필연적으로 경쟁이 제한된다.

그 도시에서 자유롭게 영업을 할 수 있기 위해서는 적절한 자격을 가진 장인 밑에서 도제 노릇을 해야 한다. 동업조합은 규약에서 장인이 거느릴 수 있는 도제의 수와 도제의 복무연한을 규정하고 있다. 이 두 규정의 목적은 경쟁을 소수의 사람들로 제한하여 다수의 경쟁자를 배제하는 것이다. 전 유럽에서 동업조합을 가진 업종은 도제 기간을 대부분 7년으로 하고 있었던 것 같다.

옛날에는 이러한 동업조합이 모두 유니버서티^university라고 불렸다. 유니버서티라는 용어는 모든 동업조합을 일컫는 라틴어 이름이었다. 특히 오늘날의 유니버서티*라고 불리는 특별한 동업조합이 처음 설립되었을 때, 문학 석사^master of arts 학위를 얻기 위한 연구 기간을 7년으로 했는데, 이는 일반적인 동업조합의 도제 기간을 흉내 낸 것으로 보인다. 자격 있는 장인 밑에서 7년간 일하고 나면 스스로 장인이 되어 도제를 거느릴 수 있었던 것처럼, 자격 있는 선생 밑에서 7년간 연구하고 나면 스스로 교양 과목의 선생, 교사, 박사^옛날에는 모두 동의어였다가 되어 자기 밑에서 연구하는 학생과 문하생^옛날에는 두 개가 동의어였다을 거느릴 수 있었다. 엘리자베스 1세 제5년^1562년에 도제 조례라고 불리는 법령이 시행되었는데, 여기에는 적어도 7년간

---

* 유니버서티가 원래는 동업조합을 의미하는 라틴어였는데, 여기서 유니버서티(대학교)가 생겨났다고 설명하고 있다.

도제로 봉사하지 않으면 어떤 사람도 당시 영국에서 수행되던 직업과 수공업 기술을 수행할 수 없도록 되어 있었다.

사람이 자신의 노동을 소유하는 것은 모든 다른 소유의 근본 토대이며, 그러한 만큼 가장 신성불가침의 것이다. 가난한 사람의 손의 힘과 기교는 그의 세습 재산이다. 누구든지 이웃 사람에게 해를 끼치지 않고 자신의 힘과 기교를 자유롭게 사용할 수 있어야 한다. 이를 방해한다면 그것은 가장 신성한 소유물을 모독하는 행위다. 이것은 노동자와 그를 고용하려고 하는 고용주 모두의 정당한 자유를 명백히 침해하는 것이다. 이것은 자유롭게 직업을 선택할 노동자의 권리와 자유롭게 노동자를 고용할 고용주의 권리 둘 다를 방해하는 것이다. 노동자가 적임자인가 아닌가를 판단하는 것은 그것에 큰 이해관계를 가진 고용주가 알아서 할 일이다. 고용주가 혹시 부적격자를 고용하지나 않을까 입법자가 걱정해주는 것은 주제넘은 짓이기도 하고 압제적인 것이기도 하다.

장기간의 도제 제도 때문에 필연적으로 노동자의 기량이 충분히 발휘되지 못할 때가 자주 있다. 이것은 일반적으로 노동자가 무능하기 때문이 아니라 사기 행위를 하기 때문이다. 도제 기간을 아무리 길게 해도 이러한 사기 행위를 방지할 수는 없다. 장기간의 도제 제도는 젊은 사람이 근면하게 되도록 훈련시키지 못하는 경향이 있다. 일한 만큼 돈을 받는 직인은 노력에 따라 이득을 얻기 때문에 근면하다. 도제는 게으르기 쉬운데 대개 실제로 게으르다. 그 이유는 부지런해도 아무런 직접적 이득이 생기지 않기 때문이다. 수준이 낮은 직업에서 노동의 단맛은 대체로 노동의 보수에 있다. 노동의 단맛을 가장 먼저 맛볼 수 있는 상태에 있는 사람들이 가장 먼저 노동의 맛을 알고 일찍부터 근면의 습성을 얻는 것 같다. 오랫동안 노동으로부터 이득을 얻지 못하는 사람은 자연히 노동을 싫어하게 된다.

공공 자선 사업에 도제로 불려 나간 소년들은 보통의 도제 기간 이상 붙잡혀 있는데, 그들은 일반적으로 매우 게으르고 쓸모없는 사람이 된다. 옛날에는 도제 제도가 없었다. 하지만 모든 근대적인 법전에는 장인과 도제의 상호 의무가 중요한 조항으로 들어가 있다. 장기간의 도제 제도는 전혀 필요 없다.

동업조합 및 그와 관련된 많은 법들이 생겨난 것은 자유 경쟁을 제한하여 물건의 가격이 내려가는 것을 막기 위해서였다. 물건의 가격이 내려가면 임금과 이윤이 내려가기 때문이다. 영국에서는 동업조합을 설립할 때에 왕의 특허장이 필요했다. 그러나 왕이 특허권을 행사한 것은 억압적인 독점에 대항해 백성의 자유를 옹호하기 위한 것이 아니라 백성으로부터 돈을 갈취하기 위한 것이었다. 동업조합 및 동업조합법에 대한 직접적인 감독권은 조합이 설립된 자치 도시가 갖고 있었다. 그리고 조합에 대한 처벌은 동업조합을 구성원으로 하는 더 큰 동업조합에 의해 행사되었다.

자치 시의 운영은 대체로 수공업자와 상인의 손안에 있었다. 그들은 자신들의 이익을 위하여 각종 상품이 과잉 공급되지 않도록 규제해 항상 공급 부족의 상태에 있게 하였다. 이러한 규제 때문에 각 집단은 그 도시 안의 다른 집단으로부터 더 비싼 가격으로 상품을 구매할 수밖에 없었다. 그러나 각 집단은 비싼 값으로 산 만큼 자신의 상품을 비싸게 팔 수 있었으므로 그들 상호간에는 이익도 손실도 없었다. 그러나 그들은 농촌과의 거래에서 모두 큰 이익을 보았다.

도시의 주민들은 한 장소에 모여 있으므로 쉽게 단결할 수 있다. 따라서 도시에서는 가장 보잘것없는 직업이라도 동업조합을 만든다. 동업조합이 결성되지 않은 직업에까지도 일반적으로 동업조합 기질이 만연해 있어서 외부인을 질투하고 도제를 받아들이거나 직업상의 비법을 전수하는 것을 혐오하고 있다. 이러한 동업조합 기질은 별도의 규약 없이도 구성원들 간의 자발적인 동의와 제휴를 통해서 자유 경쟁을 막는 방법을 가르쳐준다. 도시 주민들과 달리 농촌 주민들은 널리 퍼져 있으므로 쉽게 단결할 수 없다. 그들은 동업조합을 만들어 본 적도 없고, 동업조합 기질도 갖고 있지 않다.

동업조합법 때문에 도시 주민들은 도시 내부 사람들과의 경쟁에서 보호될 뿐만 아니라 도시 외부 사람들과의 경쟁으로부터도 보호된다. 따라서 자신의 상품을 비싼 가격에 팔 수 있다. 사회의 부차적인 부분에 불과한 상인들과 제조업자들이 자신들의 사적인 이익을 마치 사회 전체의 일반 이익인 것처럼 목소리를 높여 궤변을 늘어놓으면, 농촌 주민들은 이에 쉽게 설득당하고 만다. 같은 업종에 종사하는 사람들은 만나기만 하면 국민 대중의 이익에 반대되는 음모로 꾸미거나 가격을 올리기 위한 술책을 짜낸다. 이러한 모임을 실제 집행할 수 있는 자유롭고 정의로운 법률로 저지하는 것은 불가능하다. 하지만 법률이 이들의 모임을 저지할 수는 없다고 하더라도 법률이 그러한 모임을 조장해서는 안 되며, 더구나 그러한 모임을 필요한 것으로 만들어주어서도 안 된다.

둘째, 유럽 정책은 어떤 업종들에서 자연적으로 가능한 것 이상으로 경쟁을 가열시킴으로써 전체적으로 노동임금과 자본 이윤의 차이를 매우 크게 만든다. 알맞은 수의 젊은 사람들이 일정한 전문 직업을 위해 교육을 받는 것은 매우 중요한 것으로 인식되어 왔다. 따라서 때로는 공공기관이 이 일을 지원하기도 하고 때로는 신앙심이 깊은 개인이 부조금, 장학금, 장려금 등을 많이 기부해 이 일을 지원하기도 했다. 이런 제도 덕분에 실제로 종사할 수 있는 사람보다 더 많은 사람들이 전문 직업에 종사한다.

모든 기독교 국가에서 많은 교회 종사자들이 이런 방식으로 교육을 받았다. 그 때문에 교회 종사자들이 너무 많이 공급되어 그들의 임금은 매우 낮다. 하급 교회 종사자들의 초라

한 생활 형편에도 불구하고 상급 종사자들의 많은 수입과 성직자다운 품위가 교회의 명예를 지탱한다. 성직에 대한 존경은 하급 교회 종사자들에게도 초라한 금전적 보수에 대한 보상을 제공한다.

문인들도 일반적으로 공공의 경비로 교육을 받았다. 그래서 그들의 수가 너무 많아져 그들의 노동가격은 매우 낮은 수준으로 내려갔다. 인쇄술이 발명되기 전, 문인들이 자신의 재능으로 무엇인가 할 수 유일한 일은 공립기관의 교사가 되거나 개인 교사가 되는 것이었다. 이 일은 스스로 얻은 유용하고 색다른 지식을 남에게 전달하는 것이다. 인쇄술이 발명되기 전에 학자scholar와 거지beggar는 사람들에게 거의 동일한 의미를 가진 단어였다. 이처럼 문인에 대한 형편없는 대우가 공립기관의 교사들을 약간 볼품없게 만들었을지 모르지만 싼값으로 학문을 할 수 있는 이득을 제공함으로써 이러한 불편을 크게 보상하고도 남았다.

셋째, 유럽의 정책은 한 업종에서 다른 업종으로, 한 장소에서 다른 장소로 노동과 자본이 자유롭게 이동하는 것을 방해함으로써 전체적으로 노동임금과 자본 이윤의 차이를 매우크게 만든다. 도제에 관한 법령은 같은 장소에서조차 한 업종에서 다른 업종으로 자유롭게 이동하는 것을 막는다. 또 동업조합의 배타적 특권은 같은 업종에서조차 한 장소에서 다른 장소로 노동이 자유롭게 이동하는 것을 막는다. 동업조합법이 노동의 자유로운 이동을 막는 것은 전 유럽에 공통적인 것이다. 그러나 영국에서는 구빈법도 이러한 이동을 막는다. 구빈법은 빈민이 자기 교구 밖에서 거주하거나 노동하는 것 어렵게 만든다.

노동임금과 자본 이윤에서의 차이는 사회의 부함과 가난함, 사회의 진보, 정체, 퇴보에 의해서는 큰 영향을 받지 않는다. 이러한 사회 상태는 임금과 이윤의 일반적인 수준에 영향을 주기는 하지만 모든 업종에 고르게 영향을 미치기 때문에 전체적으로 볼 때 자본 이윤과 노동임금의 차이를 만들어내지는 않는다.

11장

토지의 지대

지대는 토지 사용에 대한 대가로 지불하는 가격이다. 지대는 차지인^{땅을 빌려 사업을 하는 사람}이 토지의 실제 상태에서 지불할 수 있는 최고가격이다. 차지인은 지주에게서 토지를 빌려 자신의 자본을 투자해 사업을 한다. 만약 농사를 짓는다면 종자를 마련하고, 노동임금을 지불하고, 가축과 다른 농사짓는 기구를 구입할 것이다. 차지계약을 맺을 때 지주는 토지의 생산물에서 차지인의 자본과 보통 이윤을 합한 것보다 더 큰 몫을 차지인에게 주려고는 하지 않는다. 지주가 토지의 생산물 중 이 몫을 지불하고 남는 모든 것을 지대로 가져가려는 것은 당연하다. 이 크기가 토지의 자연적 지대다.

토지 지대는 지주가 토지를 개량하는 데 투자한 자본에 대한 합리적인 이윤이라고 생각할 수도 있다. 이것은 타당하다.

하지만 지주는 개량되지 않은 토지에 대해서까지 지대를 요구한다. 개량비용에 대한 이윤은 일반적으로 이러한 원래의 지대에 덧붙여진 것이다. 때때로 지주는 인간이 전혀 개량할 수 없는 것에 대해서도 지대를 요구한다.

토지생산물의 시장가격은 그 생산물을 시장에 들여올 때까지 사용된 자본과 그것의 보통 이윤을 모두 보상할 수 있어야 한다. 만약 시장가격이 그 이상이 되지 못하면 지주는 지대를 받을 수 없다. 시장가격이 그 이상인지 아닌지는 시장의 수요에 달려 있다. 따라서 지대는 임금이나 이윤과는 다른 방법으로 상품의 가격을 구성한다. 임금과 이윤의 높고 낮음은 가격의 높고 낮음의 원인이지만 지대의 높고 낮음은 가격의 높고 낮음의 결과다.

1절 항상 지대를 낳는 토지생산물

어떤 생산물이 생산되든 토지 지대는 비옥도에 따라 다르다. 또 비옥도가 어떠하든 토지 지대는 위치에 따라 다르다. 도시 부근에 있는 토지는 비옥도가 똑같은 시골 벽지의 토지보다 더 많은 지대를 낳는다. 도시 부근의 토지를 경작하는 것이 시골의 토지를 경작하는 것보다 더 많은 노동이 들어가는 것은 아니다. 하지만 먼 곳의 생산물을 시장으로 운반하는 데에는 항상 더 많은 노동이 들어간다. 그러므로 시골 토지의 생산물은 이익이 줄어든다. 이익이 줄어들면 지대도 줄어든다.

좋은 도로, 운하, 배가 다닐 수 있는 강이 있으면 운송비가 줄어 시골 벽지의 토지도 도시 근교만큼 이익을 낼 수 있다. 따라서 좋은 도로를 만들고, 운하를 뚫는 것은 모든 개량 중에서 가장 중요하다. 이렇게 개량이 되면 도시 근교는 독점력을 잃게 된다. 이것은 도시의 시장에 새로운 경쟁 상품을 들여와 도시에 이익이 되고, 도시 근교의 생산물에는 새로운 시장을 제공해 도시 근교에도 이익이 된다. 독점은 경쟁의 커다란 적이다. 경쟁이 있으면, 사람들은 자기 방어를 위해 훌륭한 경영 방식을 도입하기 마련이다. 따라서 자유롭고 보편적인 경쟁은 훌륭한 경영을 위한 보편적인 조건이다.

인간의 식량을 생산하는 경작지의 지대는 대부분의 다른 경작지의 지대를 규제한다. 어떤 생산물도 식량 경작지의 지대보다 낮은 상태에서 오랫동안 생산될 수 없다. 왜냐하면 그 생산물을 생산하는 경작지는 곧 다른 용도로 바뀔 것이기 때문이다. 만약 어떤 생산물이 식량 경작지의 지대보다 더 많은 지대를 산출한다면 그것은 그 생산물에 적합한 토지가 너무 부족해 그 생산물이 유효수요만큼 공급되지 못하기 때문이다.

유럽에서는 밀이 주요한 인간의 식량이다. 따라서 유럽에서는 특별한 상황을 제외하고는 밀밭의 지대가 모든 다른 경작지의 지대를 규제한다. 그러나 쌀을 생산하는 논은 그렇지 못하다. 좋은 논은 사계절 동안 습지의 상태로 있고, 한 계절 동안은 물로 차 있다. 따라서 논은 밀, 목초, 포도 또는 인간에게 유용한 다른 어떤 식물의 생산에도 적합하지 않다. 마찬가지로 밀, 목초, 포도 또는 다른 식물의 생산에 적합한 토지는 쌀 생산에 적합하지 않다. 그러므로 다른 경작지는 쌀을 생산하는 논으로 결코 바뀔 수 없다. 이 때문에 쌀을 생산하는 나라에서는 논의 지대가 다른 경작지의 지대를 규제할 수 없다.

2절 때로는 지대를 낳기도 하고 때로는 낳지 않기도 하는 토지생산물

인간의 식량은 항상 반드시 지주에게 얼마간의 지대를 산출하는 유일한 토지생산물이다. 다른 생산물은 사정에 따라 어떤 때는 산출하기도 하고 어떤 때는 산출하지 않기도 한다. 식량 다음으로 인간은 옷과 집을 원한다. 한 나라의 인구는 그 나라가 생산하는 옷과 집에 비례하는 것이 아니고 식량에 비례한다.

미개하고 야만적인 나라들에서는 한 해 노동의 1% 정도만으로도 충분히 인구 전체의 옷과 집을 마련할 수 있다. 나머지 99%는 대개 식량을 마련하는 데 쓰인다. 그러나 토지의 개간과 경작으로 한 가족이 일해서 두 가족에게 식량을 마련할

수 있게 된다면, 그 사회의 절반만 일해도 전체 사람들에게 식량을 충분히 공급할 수 있다. 그러므로 나머지 반은 인간의 다른 욕망과 기호를 만족시키는 일에 종사할 수 있다. 옷, 집, 가구, 마차는 이러한 욕망과 기호의 주요 대상들이다.

부자라고 해서 가난한 사람보다 더 많은 음식을 먹지는 못한다. 음식의 질에서 큰 차이가 있고 그 음식을 고르고 마련하는 데 더 많은 노동과 기술art이 필요하겠지만, 먹는 음식의 양은 거의 같다. 그러나 부자의 대저택과 큰 옷장을 가난한 사람의 오두막집과 몇 벌 안 되는 누더기 옷과 비교해 보면, 옷과 집과 가구 사이에는 질과 양 모두에서 엄청난 차이가 있다.

음식에 대한 욕구는 사람들의 좁은 위장 용량에 국한되지만, 건물, 옷, 마차, 가구 등의 편의품과 장식품에 대한 욕구는 한계가 없는 것 같다. 따라서 다 먹어 치울 수 없을 만큼 많은 식량을 갖고 있는 사람들은 언제나 남는 부분을 다른 종류의 욕망을 만족시키는 것과 기꺼이 교환하려고 한다. 제한된 욕망을 만족시키고 남는 것은 결코 만족될 수 없는 무한한 욕망을 충족시키는 역할을 한다. 가난한 사람들은 식량을 얻기 위해 부자들의 기호를 만족시켜 주려고 노력한다. 식량을 더 확실하게 손에 넣기 위해 가난한 사람들은 노동을 더 싸고 완전하게 제공하려고 서로 경쟁한다.

노동자의 수는 식량이 증가함에 따라, 즉 토지가 개간되고 경작됨에 따라 증가한다. 그들의 직무는 성질상 최고도의 분업을 허용하므로 노동자들이 가공할 수 있는 재료의 양은 그들의 수보다 훨씬 더 큰 비율로 증가한다. 그리하여 모든 종류의 재료를 사용하여 건물, 옷, 마차, 가구에 필요하거나 장식용으로 사용될 수 있는 것들이 발명되고, 이 때문에 땅속 깊이 매장된 화석, 광물, 귀금속, 보석에 대한 수요가 일어난다. 이처럼 식량은 지대의 최초의 원천일 뿐만 아니라 지대를 제공하는 식량 이외의 모든 다른 토지생산물들의 가치 중 일부도 토지의 개간과 경작에 의해 식량을 생산하는 노동력의 향상으로부터 나온다.

그러나 식량 이외의 모든 다른 토지생산물들이 항상 지대를 낳는 것은 아니다. 토지가 개간되고 경작된 나라에서도 그런 생산물들에 대한 수요가 그 생산물들을 생산하는 데 필요한 노동임금과 자본 이윤을 보상하고도 남을 만큼 클지 어떨지는 알 수 없다. 그것은 여러 가지 사정에 달려 있다.

예를 들면, 어떤 탄광이 지대를 낳을 수 있을지 없을지는 매장량과 위치 둘 다에 의존한다. 위치가 좋지만 매장량이 빈약한 탄광은 지대를 낳을 수 없다. 반대로 매장량이 풍부하지만 위치가 좋지 않아 지대를 낳지 못하는 탄광도 있다. 탄광에 비해 금속 광산의 가치는 매장량에 훨씬 더 크게 의존한다. 금속은 광석에서 분리되면 매우 큰 가치를 가지므로 먼 거리의 육상 운송과 해상 운송에 필요한 경비를 보상하고 지대를 낳을 수 있다.

귀금속일 경우는 더욱 그러하다. 귀금속의 가격은 귀금속이 희소한지 풍부한지에 의해서만 결정된다. 사람들은 부분적으로는 효용 때문에, 부분적으로는 아름다움 때문에 귀금속을 원한다. 귀금속은 쉽게 녹슬지 않고 잘 더럽혀지지 않아서 깨끗하게 보관하기 쉽다. 그러나 귀금속의 주요 장점은 아름다움에 있다. 이 아름다움 때문에 귀금속은 의복과 가구의 장식에 특히 알맞다. 귀금속의 아름다움은 희소성 때문에 크게 높아진다. 대부분의 부자들이 부에서 느끼는 최고의 기쁨은 그 부를 과시하는 데 있다. 이러한 과시욕은 자신만이 그 정도의 부를 가지고 있다는 표시를 지닐 수 있을 때 최고조에 달한다. 효용, 아름다움, 희소성이라는 성질은 귀금속의 가격이 높은 근본적인 이유다.

3절 항상 지대를 낳는 생산물의 가치와 때로는 지대를 낳고 때로는 지대를 낳지 않는 생산물의 가치 사이의 비율 변동

앞에서 살펴 본 것처럼, 식량은 항상 지대를 낳는 생산물이고, 식량 이외의 모든 다른 토지 생산물은 때로는 지대를 낳고 때로는 지대를 낳지 않는 생산물이다. 토지가 개간되고 경작됨에 따라 식량이 점점 더 풍부해지면 식량 이외의 모든 다른 토지생산물에 대한 수요가 필연적으로 증가한다. 따라서 토지가 개간되고 경작됨에 따라 식량과 다른 모든 토지생산물 사이의 상대적인 가치 사이에는 오직 하나의 변동만이 있을 수밖에 없다. 그것은 식량 이외의 모든 다른 토지생산물의 가치가 식량의 가치에 비해 끊임없이 올라가게 된다는 것이다.

기술과 산업이 발전함에 따라 옷과 집의 재료, 땅 속에 묻혀 있는 유용한 화석, 금속, 귀금속, 보석에 대한 수요가 서서히 증가하면서 점점 더 많은 양의 식량과 교환된다. 점점 더 많은 양의 식량과 교환된다는 것은 점점 더 값이 비싸진다는 것을 의미한다. 이것은 유럽에서 부의 증가와 함께 은의 가치가 증가한다는 사실에서 잘 나타나고 있다.

또 사회가 발전함에 따라 세 가지 종류의 미가공생산물 가치도 올라간다. 세 가지 종류의 미가공생산물에는 다음과 같은 것들이 포함된다. 첫 번째 종류의 미가공생산물은 인간의 노력에 의해 더 이상 늘릴 수 없는 것들이다. 이 생산물들은 자연에 의해 일정한 양만 생산되고, 아주 잘 썩기 때문에 여러 계절 모아둘 수 없다. 진귀한 새와 물고기, 여러 종류의 사냥 감, 거의 모든 야생의 새들이 이러한 부류의 미가공생산물에 속한다. 부가 축적되어 사치가 증가하면 이러한 것들에 대한 수요는 증가하지만 인간의 노력으로는 더 많은 양을 공급할 수 없다.

두 번째 종류의 미가공생산물은 인간의 노력으로 증가하는 수요에 대처할 수 있는 것들이다. 여기에 속하는 것은 경작되지 않는 나라에서는 자연에 의해 매우 풍부하게 생산되므로 거의 가치가 없지만 경작되어감에 따라 더 많은 이익을 남길 수 있는 다른 생산물로 대체될 수밖에 없는 유용한 동물들과 식물들이다. 사회가 발전하는 긴 기간 동안 이들 동식물의 양은 줄어드는 반면, 이들에 대한 수요는 계속 늘어간다. 소, 사슴, 돼지, 닭 등이 이에 속한다.

세 번째 종류의 미가공생산물은 노력의 효과가 제한되어 있거나 불확실한 것들이다. 이런 미가공생산물들의 가격은 사회의 발전에 따라 자연스럽게 올라가는 경향이 있다. 그러나 그 양을 늘리려는 인간의 노력이 얼마나 성공하느냐에 따라 가격이 때로는 내려가기도 하고, 때로는 그대로 유지되기도 하고, 또 때로는 올라가기도 한다. 양털, 날가죽, 땅 속에서 채취하는 다양한 광물과 금속 등이 여기에 속한다.

사회가 발전함에 따라 거의 모든 공산품의 참된 가격은 자연스럽게 서서히 내려간다. 제조업 노동의 진정한 가격이 제조업 생산품 가격에서 차지하는 비율은 모든 품목에 걸쳐 예외 없이 내려간다. 사회가 발전함에 따라 자연스럽게 기계와 노동의 기교가 발전하고 분업이 더욱 진행된다. 이 때문에 특정 작업량을 수행하는 것에 필요한 노동량은 점점 작아진다. 따라서 사회가 번영해 노동의 참된 가격이 많이 오른다 할지라도, 상품 생산에 들어가는 노동량이 더 크게 줄어들어 결과적으로 상품가격에서 차지하는 노동가격은 내려간다.

4절 지대에 대한 결론

사회가 발전하면 직접적으로든 간접적으로든 토지의 참된 지대는 올라간다. 그러면 타인의 노동과 노동생산물을 살 수 있는 힘이 더 커져 지주의 참된 부가 늘어나는 경향이 있다. 나는 이러한 사실을 지적하면서 지대에 대한 논의에 결론을 맺고 싶다.

지대로 먹고 사는 사람들, 임금으로 먹고 사는 사람들, 이윤으로 먹고 사는 사람들, 이 세 계급은 모든 문명사회를 구성하는 3대 기본 계급이다. 다른 모든 계급의 수입은 궁극적으로 이 세 계급의 수입으로부터 2차적으로 생겨난다. 이 세 계급 중 지주 계급의 이익은 그 사회의 일반 이익과 매우 밀접하게 연결되어 있어 결코 분리할 수 없다. 지주 계급의 이익을 촉진하거나 방해하는 것은 반드시 사회의 일반 이익을 촉진하거나 방해한다.*

국가가 상업에 관한 규제나 정책을 논의할 때, 토지 소유자가 최소한 자신의 이해관계에 관한 적절한 지식을 갖고 있다면, 그는 자기 계급의 특수 이익을 촉진시키려는 시도를 결코 포기하지 않을 것이다. 지주 계급은 주의도 기울이지 않고 노동도 하지 않으면서 자신의 의도나 계획과 무관하게 수입을 얻고 있는 유일한 계급이다. 그들은 편안하고 안전한 상태에서 살고 있기 때문에 자연히 게으르게 된다. 그 결과 그들은 어떤 국가 정책의 결과를 예견하고 이해하는 데 필요한 정신의 능력을 가질 수도 없고 사용할 수도 없다.

임금에 의해 살아가는 제2계급의 이익도 제1계급의 이익과 마찬가지로 사회의 이익과 매우 밀접하게 연결되어 있다. 이미 살펴본 것처럼, 노동에 대한 수요가 지속적으로 올라서 해마다 고용되는 양이 크게 증가할 때, 노동자의 임금은 가장 높다. 사회의 부가 정체될 때, 노동자의 임금은 가족을 겨우 부양할 수 있는 수준 또는 노동자 종족을 겨우 유지할 수 있는 수준으로 내려간다. 사회가 쇠퇴할 때는 노동자의 임금은 그 이하로 내려간다.

---

* 스미스는 사회의 발전이 필연적으로 지대의 상승을 가져와 지주의 부를 증대시킨다고 보고 이렇게 말하고 있다.

사회가 번영할 때는 노동자 계급도 이익을 얻지만 소유자[지주] 계급이 노동자 계급보다 더 큰 이익을 얻는다. 하지만 사회가 쇠퇴할 때는 노동자 계급이 가장 큰 고통을 당한다. 그러나 노동자의 이익이 사회의 이익과 매우 밀접하게 연결되어 있음에도 불구하고, 노동자들은 사회의 이익을 파악할 수도 없고, 자신의 이익과 사회의 이익이 어떻게 연결되어 있는지 인식할 수도 없다. 노동자의 생활 상태에서는 그러한 것을 아는 데 필요한 정보를 접할 여유가 없다. 비록 노동자가 충분한 정보를 가지고 있다고 하더라도 그는 보통 그것을 바르게 판단할 수 있는 지적 능력과 습관을 갖고 있지 않다. 이러한 까닭에 정부 정책에 대한 논의에서 노동자의 목소리는 특별한 경우 외에는 거의 무시된다.

　제3계급에 해당하는 노동자의 고용주들은 이윤으로 생활한다. 모든 사회의 가용노동 대부분을 움직이는 것은 이윤을 얻기 위해 투자되는 자본이다. 자본 투자가의 의도와 계획이 노동의 가장 중요한 모든 작업을 규제하고 감독한다. 모든 의도와 계획은 궁극적으로 이윤을 지향한다. 이윤율은 지대나 임금처럼 사회의 번영과 쇠퇴에 따라 오르고 내리는 것이 아니다. 이와 반대로 이윤율은 부유한 나라에서는 낮고, 빈곤한 나라에서는 높으며, 가장 빠르게 쇠퇴하는 나라에서는 항상 가장 높다. 그러므로 제3계급의 이익과 사회의 일반 이익 사이의 관계는 앞의 두 계급의 경우와는 다르다.

보통 최대의 자본을 투자하는 상인과 제조업자들은 그들의 부 때문에 정부로부터 가장 큰 고려의 대상이 된다. 그들은 일생 동안 여러 가지 계획에 관계하므로 자신의 이익에 대해 대부분의 대지주country gentleman보다 더 잘 이해하는 경우가 많다. 하지만 그들은 공공의 이익보다도 자신들의 특수한 사업상의 이익에 더 많은 관심을 가지므로, 최고로 공정한 경우에도 그들의 판단은 공공의 이익보다 자신들의 계급 이익에 더 많이 종속된다.

그들은 자신의 이익에 대해 대지주보다 훨씬 더 밝다. 이 점에서만 그들은 대지주보다 우월하다. 이처럼 자신의 이익에 관한 우월한 지식을 바탕으로 제3계급은 종종 지주의 관대함에 편승해 지주가 자신의 이익과 공공의 공익을 모두 포기하도록 설득해왔다. 그들은 자신들의 이익이 곧 사회적 이익이라는 매우 단순하지만 정직한 확신을 갖고 이런 짓을 일삼았다.

그러나 어떤 특정 분야의 상업과 제조업에서 상인과 제조업자의 이익은 어떤 점에서 항상 공공의 이익과 다르며, 심지어는 상반되기조차 한다. 시장을 확대하고 경쟁을 제한하는 것은 항상 상인과 제조업자의 이익이다. 시장을 확대하는 것은 종종 공공의 이익에 부합할 수 있지만, 경쟁을 제한하는 것은 항상 공공의 이익과 충돌한다. 왜냐하면 경쟁을 제한하면 상품의 가격이 오르기 때문이다. 이것은 상인과 제조업자가 자신의 이익을 위해 동료 시민들에게 불합리한 세금을 거두는 것과 같다. 그 결과 상인과 제조업자의 이윤은 자연적인 수준 이상으로 올라간다.

상인들과 제조업자들의 이익은 결코 공공의 이익과 일치하지 않는다. 오히려 사회를 기만하고 심지어는 억압하는 것이 그들에게는 이익이 된다. 따라서 그들은 수없이 많이 사회를 기만하고 억압한 적이 있다. 따라서 우리는 그들이 제안하는 모든 법률과 규제에 대해서 항상 큰 경계심을 가지고 매우 진지하고 주의 깊게 오랫동안 신중하게 검토한 뒤에 채택해야 한다.

| 제 2 편 |

기금의 성질,
축적, 사용

서론

　　　　　　분업이 존재하지 않고 교환이 거의 이루
어지지 않아서 모든 사람이 각자 모든 물건을 마련해야 하는
원시 사회에서는 사업을 하기 위해 어떠한 기금^{stock}도 미리 축
적하거나 저축할 필요가 없다. 모든 사람은 욕망이 일어날 때
마다 자신의 노력으로 그것을 채우려고 노력한다. 배가 고프
면 숲에 가서 사냥을 하고, 코트가 해어지면 잡은 짐승의 가죽
으로 코트를 만들어 입고, 오두막이 무너지면 가까운 곳에 있
는 나무와 띠를 가져다가 수선한다.

　그러나 일단 분업이 충분히 일어나면 자신의 노동생산물로
는 자기 욕망의 매우 작은 부분만을 채울 수 있을 뿐이다. 욕
망의 더 큰 부분은 자기의 노동생산물로 구입한 타인의 노동
생산물로 채워진다. 하지만 자신의 노동생산물이 다 완성되

어 판매될 때에만 이러한 구매가 이루어질 수 있다. 따라서 자신의 노동생산물이 다 완성될 때까지 먹고살고 일하는 데 필요한 원료와 도구를 마련하기에 충분한 양의 기금이 어디엔가 저축되어 있어야 한다. 이러한 기금이 미리 축적되어 있지 않다면 사람들은 자신의 특수한 일에 오랫동안 열심히 매달릴 수 없다.

일의 진행상 분업이 일어나기 전에 먼저 기금이 축적되어 있어야 한다. 미리 축적된 기금이 많을수록 그것에 비례해 노동은 더욱 더 분화된다. 분업이 진행됨에 따라, 노동자를 고용하기 위해서는 노동자들이 먹을 만큼의 식량과 노동자들이 일을 할 수 있는 양의 원료와 도구가 미리 축적되어 있어야 한다. 보통 모든 분야에서 분업이 진행됨에 따라 그 분야에 필요한 노동자의 수는 많아지게 된다. 또는 반대로 노동자의 수가 많아짐에 따라 노동자들의 일이 더 세부적으로 나누어지게 된다.

노동생산력이 크게 개선되기 위해서는 기금이 먼저 축적되어야 한다. 따라서 기금이 축적되면 자연히 노동생산력이 개선된다. 노동자를 고용하는 데 기금을 사용하는 사람은 당연히 가능한 많은 양을 생산하도록 그것을 사용하려고 한다. 그는 노동자들에게 일을 가장 적절하게 나누어주고 또 가장 훌륭한 기계를 공급하려고 노력한다.

그러므로 어느 나라에서나 기금이 많아질수록 노동자를 많이 고용할 수 있을 뿐 아니라, 같은 수의 노동자로 훨씬 더 많은 양을 생산할 수 있다. 기금의 증가는 이런 식으로 노동과 노동생산력에 영향을 준다.

이 편에서 나는 기금의 성질, 축적된 기금이 다른 종류의 자본들capitals로 나누어지는 효과들, 그리고 그런 자본들이 여러 가지 용도로 쓰이는 효과들을 설명하려고 한다. 1장에서는 한 개인이나 사회의 축적된 기금이 어떻게 여러 부문들로 나누어지는가를 보여주려고 한다. 2장에서는 총기금의 특수한 부문에 해당되는 화폐의 성질과 작용을 설명하려고 한다. 기금은 그것을 소유하는 사람에 의해 사용될 수 있고 다른 사람에게 대부될 수도 있다. 3장과 4장에서는 기금이 이러한 두 가지 상황에서 작용하는 방식을 검토한다. 5장에서는 기금을 사용하는 방식에 따라 국가 산업과 한 해의 토지와 노동생산량이 직접적으로 어떻게 영향을 받는지를 다룬다.

1장

기금의 분할

어떤 사람이 가지고 있는 기금이 몇 날 또는 몇 주 먹고살 정도밖에 안 된다면 그는 그 기금을 이용해 어떤 수입을 올리려고는 생각하지 않는다. 그는 가능한 한 그것을 아껴서 소비하고, 그것이 모두 소비되기 전에 그것을 보충할 무엇인가를 얻기 위해 일을 한다. 이러한 경우에 그의 수입은 오직 그의 노동으로부터만 나온다. 모든 나라에서 대부분의 노동 빈민은 이러한 상태에 처해 있다.

그러나 어떤 사람이 몇 달 또는 몇 년을 먹고살 수 있을 정도의 기금을 갖고 있다면 그는 당연히 그것을 이용해 수입을 올리려고 노력할 것이다. 그는 기금의 수입이 들어오기 시작할 때까지 생활에 소요되는 경비를 남겨두고 나머지는 모두 투자할 것이다. 기금은 두 부분으로 나누어진다. 기금 중 수입을 가져올 것으로 기대되는 부분은 자본이라 불린다.

자본을 제외한 나머지 부분은 바로 소비하기 위한 것이다. 소비 기금은 다음의 세 가지로 이루어져 있다. 첫째 전체 기금 중 처음부터 소비할 목적으로 따로 떼어 두었던 것, 둘째 여러 원천으로부터 생기는 수입, 셋째 이전에 구입되었지만 아직 다 소비되지 않은 물건들, 예를 들면 옷, 가구 등과 같은 내구재들이다.

자본을 사용해 수입이나 이윤을 얻는 방식에는 두 가지가 있다. 첫째, 자본은 재화를 만들거나 구입하거나 판매하는 일에 사용될 수 있다. 똑같은 형태로 사용자의 손안에 그대로 있는 한 이러한 자본은 수입이나 이윤을 낳지 못한다. 그것은 계속 교환되면서 유통될 때에만 이윤을 낳을 수 있다. 그러므로 이와 같은 자본은 유동자본circulating capital이라 불리는 것이 적절할 것이다.

둘째, 자본은 토지를 개간하거나 사업에 유용한 기계와 도구를 구매하는 것에 사용되든지 아니면 주인을 바꾸지 않고 수입이나 이윤을 낳는 그러한 용도로 사용될 수 있다. 그러므로 이와 같은 자본은 고정자본fixed capital이라 불리는 것이 적절할 것이다.

업종에 따라 고정자본과 유동자본의 사용 비율은 매우 다르다. 예를 들면, 상인의 자본은 대체로 유동자본이다. 그는 사업을 하면서 기계나 도구를 사용할 경우가 거의 없다. 그러나 수공업자나 제조업자는 자본의 일부를 사업을 위한 도구에 고정시켜야 한다. 재봉사의 바늘꾸러미, 구두제조업자의 제작 도구, 방직공의 작업 도구 등이 그러한 예다. 대규모 제철공장의 용광로는 엄청난 비용이 드는 작업도구다.

한 나라의 총기금은 그 나라 모든 주민의 기금을 다 합한 것과 같다. 따라서 한 나라의 총기금도 자연스럽게 위와 마찬가지로 세 부분<small>소비 기금, 유동자본, 고정자본</small>으로 나누어진다. 각각은 서로 다른 기능 또는 임무를 갖고 있다.

첫째는 바로 소비하는 부분이다. 이의 특징은 수입이나 이윤을 낳지 않는다는 것이다. 이 부분은 소비자들이 구입했으나 아직 완전히 소비하지 않은 식료품, 의류, 가구 등으로 이루어져 있다. 한 나라에서 어느 한 시점에 존재하고 있는 주거용 주택 전체가 이 부분에 속한다. 만약 어떤 사람이 집을 소유하고 그 집에 들어가 산다면, 그 집은 자본의 기능을 잃게 되고 아무런 수입이나 이윤을 낳지 않는다. 만약 누군가가 세를 내고 주택을 빌린다면 주택 그 자체는 아무것도 생산할 수 없으므로 그는 노동, 자본, 토지로부터 얻는 다른 수입에서 세를 내야 한다. 따라서 그 주택이 소유자에게는 수입을 가져다주면서 자본으로 기능한다고 하더라도 사회 전체에 대해서는 아무 수입도 가져다주지 않으므로 자본으로 기능하지 않는다.

둘째는 고정자본이다. 이의 특징은 유통되지 않고 수입이

나 이윤을 낳는다는 것이다. 이것은 다시 다음의 네 종류로
이루어져 있다.

①노동을 쉽게 하거나 줄여주는 모든 유용한 기계와 작업
도구.

②세를 받고 빌려주는 사람과 세를 주고 빌려 쓰는 사람 모
두에게 수입 획득의 수단이 되는 모든 건물. 예를 들면, 점포, 창고, 공장, 농장
그리고 이것들에 부수하는 모든 필요한 건물, 외양간, 곡물창고 등

③토지의 개량. 이것은 경작과 재배에 가장 적절한 상태로
만들어 수익을 올리기 위해 토지를 개간하고, 배수 시설을 만
들고, 울타리를 치고, 거름을 주고, 정리하는 데 투자하는 활
동이다. 개량된 농장은 노동을 쉽게 하거나 줄여주는 유용한
기계와 같은 것으로 간주될 수 있다.

④모든 주민들이 습득한 유용한 능력들. 이러한 재능을 습
득하기 위해서는 교육과 학습이 필요하다. 그리고 이 기간 동
안 학습자의 생계유지를 위한 비용이 들어가는데, 이 비용은
말하자면 그 사람 속에 고정된 자본이다. 이러한 재능은 그 사
람의 재산일 뿐만 아니라 그가 속하는 사회의 재산이기도 하
다. 노동자의 숙련도가 향상되는 것 또한 노동을 쉽게 하거나
줄여주는 모든 유용한 기계와 작업도구와 같은 것으로 간주될
수 있다.

마지막 세 번째는 유동자본이다. 이것은 소유자가 바뀌고
유통됨으로써 수입을 낳는다. 유동자본도 네 부분으로 되어

있다.

① 화폐. 화폐는 나머지 세 종류의 유동자본을 유통시키고 소비자에게 분배한다.

② 정육점주인, 목축업자, 농장주인, 곡물상인, 양조업자 등이 창고에 보관하고 있는 식료품. 이들은 이윤을 기대하고 이 식료품들을 시장에 내다 판다.

③ 가공되지 않았거나 또는 다소 가공된 원료들. 이 원료들로 의류와 가구와 건물을 만든다. 농부, 제조업자, 포목상, 목재상, 목수와 가구장이, 벽돌제조업자 등이 이러한 원료들을 갖고 있다.

④ 다 만들어졌으나 아직 소비자에게 판매되지 않고 상인과 제조업자의 수중에 있는 완제품.

이 네 부분 중 식료품, 원료, 완제품은 1년마다 또는 1년보다 더 길거나 짧은 기간에 규칙적으로 유동자본에서 빠져나와 고정자본에 배치되거나 아니면 바로 소비되기 위한 재고품이 된다.

모든 고정자본은 본래 유동자본으로부터 나오며, 계속적으로 유동자본에 의해 뒷받침되어야 한다. 고정자본은 유동자본에 의하지 않고서는 어떠한 수입도 낳을 수 없다.

바로 소비하기 위한 기금을 유지하고 늘리는 것은 고정자본과 유동자본 둘 다의 유일한 목표이자 목적이다. 이 기금을 통해 국민은 식량과 옷과 주거를 얻는다. 한 나라의 국민이 부유한지 가난한지는 이 두 종류의 자본이 바로 소비할 수 있는 기금을 풍부하게 공급할 수 있는가 아닌가에 달려 있다.

국민들의 안전이 어느 정도 보장되는 모든 나라에서는 보통의 이해력을 가진 사람이라면 현재의 즐거움이나 장래의 이윤을 얻기 위해 자기가 이용할 수 있는 모든 기금을 이용하려고 노력할 것이다.

만일 그가 그 기금을 현재의 즐거움을 위해 사용한다면, 그는 그것을 바로 소비할 것이다. 만약 그가 그 기금을 장래의 이윤을 위해 사용한다면, 그는 그 기금을 가지고 있든지 아니면 다른 곳에 융통할 것이다. 기금을 가지고 있는 경우는 고정자본이 되고, 다른 곳에 융통하는 경우는 유동자본이 된다.

윗사람의 수탈을 늘 두려워하는 불행한 나라에서는 사람들이 자신의 기금을 대부분 묻어두거나 감추어둔다. 그 이유는

불안해서 살겠나
이거….

여차하면 그것을 가지고 안전한 곳으로 도망가기 위해 항상
자기 가까이 두기 위해서다.

2장

사회총기금의특수부문으로간주되는 화폐또는국민자본의유지비용

한 나라 주민 전체의 총수입은 그들의 토지와 노동의 한 해 생산물 전체를 포함한다. 순수입은 고정자본과 유동자본을 유지하는 비용을 뺀 후 남는 부분이다. 즉, 자본을 축내지 않고 바로 소비하기 위한 기금으로 충당할 수 있는 부분으로, 생활 수단, 편의품, 향락품 등의 구입에 사용된다. 참된 부는 총수입이 아닌 순수입에 비례한다.

고정자본을 유지하는 총비용은 사회의 순수입에 포함되어서는 안 된다. 고정자본의 목적은 노동생산력을 증가시켜 같은 수의 노동자가 훨씬 더 많은 작업량을 생산하도록 하는 것이다. 기계의 도움을 받는 제조업 노동자들은 불완전한 작업 도구를 갖춘 공장보다 훨씬 더 많은 양을 생산한다. 기계 등의 고정자본을 개량하는 데 드는 비용은 그 비용보다 훨씬 더 큰 가치를 갖는 생산물을 만들어낸다. 그러므로 모든 종류의 고정자본에 적절하게 지출되는 비용은 언제나 많은 이윤을 낳는다. 기계 공업이 발전하면 할수록 같은 수의 노동자들은 이전보다 더 싸고 단순한 기계로 더 많은 작업을 할 수 있다. 따라서 기계 공업의 발전은 항상 사회에 유익하다. 그러나 고정자본의 총 유지비는 사회의 순수입에 포함되지 않는다.

하지만 유동자본의 유지비는 사회의 순수입에 포함된다. 유동자본 중 식료품, 원료, 완제품은 규칙적으로 유동자본에서 빠져나와 사회의 고정자본에 배치되거나 바로 소비하기 위한 재고품이 된다. 고정자본에 배치되는 것^{이것은 고정자본 유지비가 된다} 말고 소비용 재고품을 생산하는 데 사용되는 비용이 바로 사회의 순수입의 일부가 된다.*

이 점에서 사회의 유동자본은 개인의 유동자본과 다르다. 개인의 유동자본은 그의 순수입에 전혀 포함되지 않는다. 개인의 이윤만이 개인의 순수입에 포함될 뿐이다. 모든 개인의 유동자본은 그가 속한 사회의 유동자본의 한 부분을 이룬다. 하지만 그것은 개인의 순수입의 한 부분을 이루지는 못한다.

예를 들어, 한 상인의 상점에 있는 모든 상품은 상인 자신의 유동자본이면서 사회 전체 유동자본의 한 부분이다. 그러나 이 상품들은 상인 자신이 직접 소비하기 위한 것이 아니라 다

---

* 유동자본의 유지비는 소비된 상품을 충당하기 위해 계속 새로운 상품을 생산하는 데 사용된다. 새로운 상품이 생산되는 것은 사회 전체로 볼 때는 순수입이 증가하는 셈이 된다.

른 사람들이 소비하기 위한 것이다. 따라서 이 상품들은 상인의 순수입에는 전혀 포함되지 않는다. 이 물건들을 팔아 이익이 남는다면 그 이익이 상인의 순수입이 된다.

상점의 상품들을 사 쓰는 사람들은 다른 원천에서 얻은 수입으로 그렇게 한다. 그들은 상품을 살 때 상인의 자본이나 자신들의 자본을 조금도 감소시키지 않고 물건의 가치에다 이윤을 포함시켜 상인에게 상품값으로 지불한다.

사회의 순수입을 증가시키는 사회의 다른 유동자본들^{식료품, 원료, 완제품}과 달리 화폐는 사회의 순수입을 감소시킬 수 있다.*

고정자본과 화폐로 이루어진 유동자본은 사회의 수입에 다음과 같은 영향을 준다는 점에서 서로 매우 유사하다. 첫째, 기계와 작업 도구 등을 설치하고 유지하는 데에는 비용이 들어간다. 이 비용은 사회의 총수입의 일부이지만 순수입에는 포함되지 않는다. 마찬가지로 한 나라에서 유통되는 화폐를 모으고 유지하는 데에도 비용이 들어가며, 이 비용도 사회의 총수입의 일부지만 순수입에는 포함되지 않는다. 화폐는 생활필수품, 편의품, 향락품을 모든 개인에게 규칙적으로 분배하는 수단이다.

둘째, 개인이나 사회의 고정자본을 구성하고 있는 기계, 작

---

* 스미스가 살던 당시에는 금화와 은화가 화폐로 사용되었다. 따라서 금화와 은화를 만들고 유지하거나 닳은 부분을 보완하는 데에는 많은 비용이 들었다. 이 비용은 사회의 순수입을 감소시킨다. 지폐를 사용하는 오늘날에도 기존의 헌 돈을 버리고 새 돈을 찍어내는 데 많은 비용이 들어간다. 하지만 비용이 드는 정도는 큰 차이가 난다. 이것은 뒤에 설명되고 있다.

업 도구 등은 총수입의 일부도 아니고 순수입의 일부도 아니다. 마찬가지로 화폐도 사회의 수입 전체를 규칙적으로 모든 구성원들에게 분배하지만 그 자체는 수입의 일부가 아니다. 유통 바퀴[수단]인 화폐는 그것에 의해 유통되는 재화와는 다르다. 사회의 수입은 재화들로 구성되어 있지 이것들을 유통시키는 화폐로 구성되어 있는 것은 아니다.[*]

셋째, 고정자본을 구성하는 기계와 작업 도구 등은 화폐 유동자본과 다음과 같은 점에서 더더욱 유사하다. 즉 노동생산력을 감소시키지 않는 한에서 기계와 작업 도구를 설치하고 유지하는 비용을 절약하려는 모든 노력이 사회의 순수입을 증가시키는 것처럼, 화폐 유동자본을 모으고 유지하는 비용을 절약하려는 모든 노력 또한 똑같이 사회의 순수입을 증가시킨다.[**]

따라서 금화나 은화 대신 지폐를 사용하는 것은 매우 비싼 상업 수단 대신 훨씬 더 싸지만 똑같이 편리한 상업 수단을 사용하는 것이다. 지폐는 금화나 은화보다 설치비와 유지비가 덜 드는 새로운 유통의 수레바퀴다.

어떤 사람이 한 은행가로부터 언제든지 금화나 은화로 교환 가능한 10만 파운드어치의 약속어음을 빌려 유통시켰다고 생

---

[*] 이것은 금과 은 등의 화폐가 부의 원천이 아니라 노동에 의해 생산된 재화가 부의 원천이라는 스미스의 주장과 같은 맥락에 있는 것이다.

[**] 쉽게 말해, 비용을 줄이면 순수입이 증가된다는 의미다.

오우~
쌩유베리 감사!

자, 받으세요.

각해보자. 2만 파운드의 금과 은을 갖고 있으면 그는 때때로 약
속어음을 금과 은으로 지불해주기를 요구하는 사람들에게 충
분히 지급할 수 있다.* 이처럼 10만 파운드의 약속어음이 10만
파운드의 금화와 은화와 동일한 역할을 수행하게 되면 8만 파
운드의 금과 은이 유통 과정에서 절약될 수 있다.

　이러한 논리를 확대·적용해보자. 예를 들어, 어떤 나라에서
특정 시기의 화폐 총액이 100만 파운드에 달하며, 이 금액으
로 그 나라의 모든 한 해 생산물을 유통시키기에 충분하다고
가정해보자. 그리고 이 나라의 은행들과 은행가들이 100만 파

---

*　10파운드어치의 약속어음을 발행했다고 해서 10만 파운드어치의 금과 은을 항상 준비하고
　있을 필요는 없다. 은행이 파산한다는 소문이 나지 않는 한 10만 파운드의 약속어음이 한꺼
　번에 몰려들 가능성은 거의 없다. 따라서 은행업자는 2만 파운드어치의 금과 은만 갖고 있어
　도 때때로 교환을 요구하는 약속어음에 대해 충분히 지불할 수 있다. 따라서 금과 은 8만 파
　운드를 유통수단으로 사용할 수 있다.

운드의 약속어음을 발행하고, 때때로 있을 지불 요구를 위해 20만 파운드의 금과 은은 준비해둔다고 가정해보자. 그러면 100만 파운드의 약속어음과 80만 파운드의 금은을 합한 180만 파운드의 화폐가 유통되게 된다. 그러나 이 나라에서는 100만 파운드의 화폐만 필요하므로 80만 파운드가 남게 된다. 이 남는 돈은 이 나라에서는 사용될 수 없지만 그렇다고 놀릴 수는 없는 노릇이다. 따라서 유리한 용처를 찾아 해외로 나갈 것이다.

이 돈은 그냥 공짜로 해외에 나가는 것이 아니라 자기 나라나 제3국의 소비를 위해 각종의 외국 재화와 교환될 것이다. 만약 이 돈으로 A국에서 상품을 사 그것을 B국의 소비자들에게 판다면, 이 중개무역을 통해 그 돈은 이윤을 남겨 자기 나라의 순수입을 증가시킬 것이다. 이 이윤은 새로운 사업을 위한 자금이 되어 새로운 중개무역에 사용될 것이다.

만약 이 돈이 국내 소비를 위해 외국의 재화를 구입하는 일에 사용된다고 생각해보자. 이 때 이 돈은 첫째, 아무것도 하지 않는 게으름뱅이에 의해 소비될 외제 포도주와 외제 비단 등의 구입에 사용될 수 있을 것이다. 이렇게 되면 이 돈은 낭비를 조장하고 소비와 지출을 증가시키므로 모든 면에서 해롭다.

그러나 두 번째로 이 돈이 원료, 도구, 식료품을 구입해 근면한 사람들을 추가로 고용하는 일에 사용된다면 이 돈은 산업을 장려하게 된다. 비록 이 돈이 사회의 소비를 증가시키기는 하지만 그것은 소비를 위한 지속적인 기금을 공급한다. 왜냐하면 소비하는 사람들은 한 해 총소비액을 이윤과 함께 재생산하기 때문이다.

이처럼 은행의 약속어음 발행으로 해외에 나가 국내 소비용 외국 재화를 구입하는 데 사용되는 금은은 대부분 두 번째 종류의 재화를 구입하는 데 사용될 가능성이 크다. 일부 사람들은 수입이 전혀 증가하지 않는데도 불구하고 지출을 늘릴지 모르지만 대부분의 사람들은 그렇게 할 수 없다. 모든 개인이 상식적인 분별력에 따라 행동하는 것은 아니지만 대다수의 사람들은 상식적인 분별력에 따라 행동한다.

3장

자본의 축적 또는
생산적 노동과 비생산적 노동

노동에는 노동 대상의 가치를 증가시키는 것과 증가시키지 않는 것이 있다. 노동 대상의 가치를 증가시키는 노동은 생산적 노동이고, 증가시키지 않는 노동은 비생산적 노동이다. 제조공의 노동은 일반적으로 노동 대상인 원료의 가치에다 자신의 생활비에 해당하는 가치와 고용주의 이윤 가치를 덧붙인다. 반대로 하인의 노동은 아무런 가치도 덧붙이지 않는다.

고용주는 제조공에게 임금을 미리 지급하지만, 임금의 가치는 노동생산물의 가치 속에서 이윤과 함께 회수되므로 사실 고용주는 아무런 비용도 들이지 않는 셈이다. 하지만 하인에게 지급된 생계유지비는 결코 회수되지 않는다. 따라서 많은 제조공을 고용하면 부자가 되지만 많은 하인을 부리면 가난해진다.

그러나 하인의 노동도 가치를 가지며, 제조공의 노동과 마찬가지로 보수를 받을 만하다. 그렇지만 제조공의 노동은 어떤 특정 대상이나 판매 가능한 상품에 고정되어 나타나며, 그 상품은 노동이 끝난 뒤 적어도 얼마 동안은 계속 남아있다. 말하자면 그 상품은 필요한 경우에 사용되도록 비축되고 저장되어 있는 일정량의 노동이다. 그 상품은 나중에 필요하면 그것을 처음 생산했던 것과 같은 양의 노동을 부릴 수 있다.

반대로 하인의 노동^{서비스}은 어떤 특정 대상이나 판매 가능한 상품 속에 고정되어 나타나지 않는다. 그것은 일반적으로 수행되는 그 순간 바로 사라지며, 아무런 흔적이나 가치를 남기지 않는다. 그러므로 나중에 같은 양의 서비스를 획득할 수 없다.

사회에서 가장 존경받는 신분의 노동은 하인의 노동과 마찬가지로 어떤 가치도 생산하지 않으므로 어떤 내구성 있는 물건이나 판매 가능한 상품으로 고정되어 나타나지 않는다. 예를 들어, 군주는 비생산적 노동자다. 군주 밑에서 일하는 문관, 무관, 육해군도 마찬가지다. 그들의 서비스가 아무리 고귀하고, 유용하고, 필요한 것이라고 해도 아무것도 생산하지 못하므로 나중에 같은 양의 서비스를 얻을 수 없다. 성직자, 변호사, 의사, 문필가처럼 가장 근엄하고 중요한 일부 직업과 배우, 광대, 음악가, 오페라 가수, 오페라 무용수 등과

같은 가장 시시한 일부 직업도 같은 부류에 속한다고 할 수 있다.[*]

생산적 노동자와 비생산적 노동자, 그리고 아무 노동도 하지 않는 사람 모두 똑같이 한 나라의 토지와 노동의 한 해 생산물에 의해 생계를 유지한다. 이 생산물이 아무리 크더라도 결코 무한할 수는 없다. 그것은 불가피하게 일정한 한계를 갖는다. 땅에서 나오는 자연발생적 생산물을 제외한다면 한 해의 총생산물은 생산적 노동의 결과다.

한 해 동안 한 나라의 토지와 노동의 총생산물은 자연스럽게 두 부분으로 나누어진다. 하나는 자본을 원상회복하거나 또는 자본에서 빠져나온 식료품, 원료, 완제품을 새로 만들어 공급하기 위한 것이다. 다른 하나는 자본 소유자에게는 자본에 대한 이윤의 형태로, 지주에게는 토지에 대한 지대의 형태로 수입을 제공하기 위한 것이다.

한 나라의 토지와 노동의 한 해 생산물 중 투자 자본의 회수에 사용되는 부분은 생산적 노동자의 생계유지에 직접적으로 기여한다. 그것은 오직 생산적 노동자의 임금을 지불하는 데에만 쓰인다. 이윤이나 지대로 수입을 이루는 부분은 생산적 노동자와 비생산적 노동자의 생계유지에 똑같이 쓰일 수 있다.

어떤 사람이 자신의 기금 중 얼마를 자본으로 사용하든 그

---

[*] 당시에는 일반적으로 배우, 광대, 음악가, 오페라 가수, 오페라 무용수 등의 직업이 낮게 평가되었다.

는 그것이 이윤과 함께 원상회복될 것을 항상 기대한다. 그러므로 그는 그 자본을 생산적 노동자를 유지하는 데만 사용하며, 그 자본은 생산적 노동자들의 수입을 이룬다.

비생산적 노동자와 아무 노동을 하지 않는 사람들도 모두 수입에 의해 생계를 유지한다. 그 수입은 두 가지 원천으로부터 나온다. 첫째로, 그것은 한 해 생산물 중 지대나 이윤의 형태로 특정인의 수입을 이루도록 처음부터 정해져 있는 부분에서 나온 것이다. 둘째로, 그것은 원래는 투자 자본의 회수와 생산적 노동자의 부양에 사용될 부분이었지만 각각의 수중에 들어가서 생계유지를 하고 남는 부분에 나온 것이다. 이 두 원천에서 나온 수입은 생산적 노동자와 비생산적 노동자를 차별 없이 부양하는 일에 사용된다.

따라서 대지주나 부유한 상인들뿐만 아니라 보통의 노동자도 임금이 상당하다면 하인을 부릴 수 있다. 또 보통의 노동자도 때때로 연극이나 인형극을 보러 감으로써 비생산적 노동자들의 생계유지에 기여할 수 있고, 세금을 냄으로써 비생산적 사람들의 생계유지에 도움을 줄 수 있다.

지대와 이윤은 어디서나 비생산적 노동자들이 생계비를 버는 주요한 원천이다. 지대와 이윤을 수입으로 가져가는 사람들은 일반적으로 아주 많은 삶의 여유를 즐길 수 있다. 이처럼 여유를 즐기면서 쓰는 돈은 생산적 노동자와 비생산적 노동자 모두의 생계유지에 기여하지만 비생산적 노동자의 생계유지에 더 크게 기여하는 듯하다. 대지주가 쓰는 돈은 대개 부지런한 사람보다는 게으른 사람을 먹여 살린다. 부유한 상인이 쓰는 돈은 주로 근면한 사람의 생계유지에 기여하지만 대지주와 마찬가지로 게으른 사람을 먹여 살린다.

한 해 생산물 중 투자 자본의 회수에 사용되는 부분은 가난한 나라에서보다 부유한 나라에서 훨씬 더 크다.* 따라서 지대와 이윤의 지불에 사용되는 부분보다 훨씬 더 높은 비율을 차지한다.

생산적 노동을 유지하기 위한 재원은 가난한 나라보다 부유한 나라에서 훨씬 더 크다. 한 해 생산물에서 차지하는 각 부분의 비율은 필연적으로 주민들의 부지런함과 게으름을 결정한다. 우리는 우리의 선조들보다 더 부지런하다. 왜냐하면 우리 시대는 우리 선조 시대보다 부지런한 사람들을 유지하기 위한 재원이 게으른 사람들을 부양하기 위한 재원에 비해 훨씬 더 높은 비율을 차지하기 때문이다. 우리의 선조들은 부지런함을 자극할 재원이 부족했다. 무료로 일하는 것보다 그냥 노는 것이 낫다는 속담이 있다. 하층 사람들이 주로 자본에 고용되어 생계를 유지하는 상공업 도시는 주민들이 일반적으로 근면하고 성실하게 일하기 때문에 번영한다. 반면에 하층 사람들이 주로 고수입 계층의 지출에 의지해 생계를 유지하고 있는 도

---

* 왜냐하면 부유한 나라의 자본 투자 규모가 가난한 나라의 자본 투자 규모보다 훨씬 크기 때문이다.

시는 주민들이 대체로 게으르고 무절제하기 때문에 가난하다. 고수입 계층의 지출에 의지해 살아가는 게으른 사람들이 인구의 더 큰 부분을 차지한다면 그들은 자본에 고용되어 생계를 유지해야 하는 사람들의 부지런함을 타락시키게 되고, 그런 곳에는 자본이 투자하기를 꺼린다.

따라서 모든 곳에서 자본과 수입의 비율, 즉 한 해 생산물 중 투자 자본의 회수에 사용되는 부분과 이윤과 지대를 지불하는 것에 사용되는 부분 사이의 비율이 부지런함과 게으름의 비율을 조절하는 것처럼 보인다. 자본이 지배적인 곳에서는 사람들이 부지런하고, 수입이 지배적인 곳에서는 사람들이 게으르다. 자본은 절약에 의해 늘어나고, 낭비와 잘못된 행동에 의해 줄어든다.

수입에서 저축되는 부분은 자본에 추가되며, 그것은 생산적 노동자를 추가로 고용하거나 다른 사람에게 이자를 받고 빌려주는 데 사용된다. 한 개인의 자본이나 한 사회의 자본이나 모두 저축에 의해서만 증가될 수 있다. 자본을 증가시키는 직접적인 원인은 부지런함이 아니라 절약이다. 부지런함은 절약에 의해 저축되는 부를 제공한다. 그러나 절약을 통해 저축하지 않으면 자본은 증가할 수 없다.

절약은 생산적 노동자의 생계유지에 기여하는 자본을 증가시킴으로써 생산적 노동자의 수를 증가시키는 경향이 있다. 생산적 노동자의 노동은 노동이 가해지는 대상의 가치를 증가시킨다. 비생산적 노동자들이 소비하는 음식과 옷은 그냥 소비될 뿐이다. 그러나 이것을 생산적 노동자들이 소비한다면 그들은 소비한 만큼 재생산할 뿐만 아니라 이윤까지 덧붙여 재생산할 것이다. 절약은 노동량을 추가로 가동시키고, 추가로 가동된 노동량은 한 해 생산물의 가치를 증가시킨다. 검소한 사람이 하는 저축은 그 해나 그다음 해에 생산적 노동자를 추가로 부양할 수 있는 영구기금을 설립하는 셈이다.

그러나 낭비자는 다음과 같은 방식으로 그 기금을 훼손한다. 그는 수입 규모를 초과해 지출함으로써 자신의 자본을 갉아먹는다. 그는 종교 재단의 수입을 세속적인 목적에 악용하는 사람과 같다. 그는 부지런한 사람들의 생계유지에 써야 할 돈을 게으른 사람들의 생활비로 허비하는 셈이다. 낭비는 부지런한 사람이 먹을 빵을 게으른 사람들에게 먹이는 것이다. 낭비는 낭비하는 사람 자신뿐만 아니라 나라 전체를 가난하게 만드는 경향이 있다. 따라서 모든 낭비자는 공공의 적으로, 모든 검소한 사람은 공공의 은인으로 나타난다.

방만한 관리는 종종 낭비와 같은 결과를 가져온다. 농업, 광업, 어업, 상업, 제조업에서 사업을 무분별하게 운영해 실패하게 되면 그것은 생산적 노동의 생계유지를 위한 기금을 감소시키는 것과 같다. 비록 자본이 생산적 노동자에 의해 소비되었다 하더라도 자본이 무분별하게 사용되어 원래의 자본금이 완전히 보상되지 못한다면 생산적 기금을 감소시킬 수밖에 없다.

큰 나라는 개인들의 낭비와 방만한 관리에 별로 영향을 받지 않는다. 왜냐하면 대다수 사람들은 검소하고 회사를 잘 관리하므로 일부 사람들의 낭비와 무절제를 항상 상쇄하고도 남기 때문이다. 낭비에 관해 말하자면, 소비를 자극하는 원리는 현재의 즐거움에 대한 열망이다. 그 열망은 때때로 격렬해 자제하기 어렵지만 보통 일시적이고 이따금씩 일어나는 현상이다.

그러나 저축을 촉진하는 원리는 우리의 상태를 개선하려는 욕망이다. 이 욕망은 보통 조용하고 냉정하지만 태내에서부터 무덤 속에 들어갈 때까지 우리 곁을 떠나지 않는다. 태어나서 죽을 때까지 일생 사람들이 어떤 변화나 개선을 바라지

난 부자가 될 거야.

만날 동전만
모아서 언제?

않을 정도로 완전히 만족하는 순간은 아마 한 번도 없을 것이다. 부의 증식은 대부분의 사람들이 자신의 처지를 개선시키고 싶을 때 추구하는 수단이다. 그것은 가장 대중적이고도 분명한 수단이다.

부를 증식시키는 가장 확실한 방법은 손에 넣은 부의 일부를 저축해 모으는 것이다. 그러므로 소비의 원리가 특정 시기의 거의 모든 사람들에게, 그리고 거의 모든 시기의 일부 사람들에게 우세하게 나타난다고 하더라도, 생애 전체를 평균해보면 대부분의 사람들에게는 절약의 원리가 매우 압도적으로 두드러지게 나타난다.

방만한 관리에 대해 말하자면, 어디에서나 신중하게 성공적으로 운영되는 사업의 수가 무분별하게 운영되어 실패하는 사업의 수보다 훨씬 더 많다. 파산은 아마 범죄를 저지르지 않은 사람에게 닥칠 수 있는 가장 치욕스러운 최대의 재난일 것이다. 따라서 대부분의 사람들은 파산을 피하기 위해 매우 조심한다.

큰 나라들은 때때로 정부의 낭비와 방만한 운영에 의해 가난해지는 경우가 있지만 개인의 낭비와 방만한 생활에 의해 가난해지는 경우는 결코 없다. 대부분의 나라에서 거의 모든 정부세입은 비생산적 노동자의 생계유지에 사용된다. 많은 화려한 궁전들, 거대한 교회 기구들, 평화 시에는 아무것도 생산하지 않고 전시에도 자신들의 생계비를 보상할 아무것도 마련하지 못하는 육군과 해군의 군인들이 이러한 비생산적 노동자들이다. 이들의 수가 필요 이상으로 많아지면 생산물의 큰 부분을 소비해버려 생산적 노동자의 생계유지에 필요한 것까지 거덜날지 모른다. 개인들이 아무리 절약하고 신중하게 처신한다고 해도 난폭하고 무리하게 자본을 까먹는 정부의 행동에 의해 발생하는 생산물의 낭비를 메울 수 없을지도 모른다.

그러나 경험으로부터 분명히 알 수 있는 것이지만, 개인들의 절약과 신중한 행동은 대부분의 경우 개인들의 사적인 낭비와 방만한 생활뿐만 아니라 정부의 공공연한 사치를 상쇄하기에 충분하다. 자신의 처지를 개선시키려는 모든 사람들의 꾸준하고 부단한 노력은 종종 매우 강력한 것이어서, 정부의 사치와 그릇된 행정에도 불구하고 개선을 향한 사물의 자연적 진행을 유지하기에 충분하다. 자신의 처지를 개선시키려는 사람들의 노력은 개인의 풍요와 공공의 풍요 둘 다가 시작되는 원리다.

정부의 온갖 가렴주구에도 불구하고, 개인의 절약과 신중한 행동에 의해, 그리고 자신의 처지를 개선하려는 지속적이고 부단한 보편적인 노력에 의해 자본은 소리 없이 서서히 축적되어 왔다. 이러한 노력은 앞으로도 계속 그러할 것이라고 생각된다. 자신에게 가장 유리한 방법으로 힘을 쏟는 것은 법에 의해 보호되고 있고 자유에 의해 허락되는 것이다.

사치 금지법이나 외국 사치품 수입 금지에 의해 개인의 경제생활을 감시하고 개인의 지출을 억제하려고 한 것은 왕과 각료들의 가장 뻔뻔스럽고 주제넘은 짓이었다. 오히려 왕과 각료들이야말로 항상 예외 없이 사회 최대의 낭비자였다. 따라서 백성들의 사치가 아니라 그들의 사치가 국가를 파멸시키고 말 것이다.

개인은 자신의 수입을 일회용 소비재를 사는 데 지출할 수도 있고, 내구재를 사는 데 지출할 수도 있다. 일회용 소비재는 매일 매일 필요하므로 오늘 그것을 사기 위해 돈을 지출해도 다음 날 또 그것을 사기 위해 다시 돈을 지출해야 한다. 그러나 내구재는 한 번 사면 오랫동안 쓸 수 있으므로 오늘 그것을 사기 위해 돈을 지출했다면 당분간은 그것을 사기 위해 돈을 지출할 필요가 없다.

예를 들어, 한 재산가는 사치스럽고 호화스런 테이블을 사고, 많은 하인들을 거느리고 개와 말을 먹이는 일에 돈을 쓸지도 모른다. 이와 대조적으로 다른 재산가는 검소한 테이블과 몇몇의 하인에 만족하고 집이나 시골 빌라를 장식하는 데나 그리고 실용적 가치나 장식용 가치가 있는 건물과 가구를 구입하는 일에 또는 책, 조각, 그림 등을 수집하는 것에 돈을 쓸지도 모른다.

같은 정도의 재산을 갖고 있는 두 사람이 그들의 수입을 이처럼 서로 다른 방식으로 지출한다고 생각해보자. 주로 내구 소비재에 지출하는 사람은 오늘의 지출이 내일의 지출 효과를 보충하고 강화하는 방식으로 돈을 쓰면서 자신의 위엄과 품위를 계속 증가시켜 갈 것이다. 반대로 일회용 소비재에 지출하는 사람은 자신의 장엄함을 계속 증가시켜 갈 수 없을 것이다. 일정한 기간이 지나면 내구소비재에 돈을 사용한 사람이 일회용 소비재에 돈을 사용한 사람보다 더 부자가 되어 있을 것이다. 이러한 현상은 개인에 대해서 뿐만 아니라 나라에 대해서도 타당하다.

내구소비재에 쓰는 경비는 축적에도 유리하고 절약에도 유리하다. 만약 어떤 사람이 어떤 때에 내구소비재에 돈을 지나치게 많이 썼다고 하더라도 그는 사람들의 비난을 받지 않고 쉽게 수습할 수 있다. 그가 이전에 큰돈을 들여 건물, 가구, 서적, 그림 등을 샀다가 행동을 바꾸어 이것들을 판다고 하더라도 사람들은 그를 무분별하다고 비난하지 않을 것이다. 사람들은 이 같은 변화를 재산의 탕진이 아니라 기호의 변화로 간주할 것이다.

그러나 어떤 사람이 많은 하인들을 거느리고 있다가 그 수를 크게 줄인다거나 테이블을 매우 호화스러운 것에서 검소한 것으로 바꾼다면 이것은 이전의 행동이 나빴다는 것을 인정하는 것처럼 보이게 된다. 따라서 이런 일회용 소비재에 빠진 불행한 사람들은 파산으로 망해 어쩔 수 없는 지경에 이르기 전에는 이전의 낭비벽을 고칠 용기를 내지 못한다.

게다가 내구소비재에 돈을 쓰는 것은 보통 매우 사치스러운 환대에 돈을 쓰는 것보다 더 많은 사람들을 부양할 수 있다. 큰 잔치에 나오는 200~300파운드의 음식들은 절반 정도가 버려질 것이다. 그러나 이러한 경비가 석공, 목수, 실내장식가, 기계공 등에게 일자리를 주는 데 사용된다면 같은 가치의 음식이 훨씬 더 많은 사람들에게 분배될 것이다.

그러나 이러한 논의들로부터 내구소비재에 대한 지출이 일회용 소비재에 대한 지출보다 항상 너그럽고 후한 기질을 나타낸다고 보아서는 안 될 것이다. 어떤 재산가가 자신의 수입을 주로 후한 대접에 쓴다면 그는 수입의 대부분을 친구나 동료들과 나누는 것이 된다. 그러나 그가 내구소비재를 사는 데 자신의 수입을 쓴다면 그것은 수입 전부를 자신만을 위해 사용하고 아무에게도 나누어주지 않는 것이 된다. 만약 그가 옷, 가구의 작은 장식물, 보석, 하찮은 물건, 싸구려 장식물 등에 자신의 수입을 쓴다면 그것은 그가 천박하고 이기적인 품성의 소유자임을 나타내는 것이 된다.

결론적으로 말하면, 내구재를 사는 일에 돈을 쓰는 것이 일회용 소비재를 사는 데 돈을 지출하는 것보다 국부의 성장에 더 크게 기여한다. 내구재를 사는 데 돈을 쓰는 것은 개인의 관점에서는 검약 생활에 도움이 되고, 사회의 관점에서는 가치 있는 상품 축적에 도움이 된다. 그것은 공공의 자본을 증대시켜 비생산적 노동자보다 생산적 노동자의 생계유지에 도움을 준다.

4장

이자를 받고
빌려주는 기금

이자를 받고 빌려주는 기금은 빌려주는
사람에게 항상 자본으로 간주된다. 돈을 빌려주는 사람은 지
급기일이 되면 그 돈이 자기에게 돌아올 것이고, 그 동안에 그
돈을 빌려쓰는 사람이 기금의 사용에 대해 이자를 줄 것이라
고 기대한다. 빌려쓰는 사람은 그 기금을 자본으로도 사용할
수 있고, 바로 소비할 수도 있다.

만약 그가 그 돈을 자본으로 사용해 생산적 노동자를 고용
한다면 노동자들은 원래의 자본을 이윤과 재생산할 것이다.
만약 그가 그 돈을 바로 소비한다면 그는 낭비자가 되어, 부지
런한 사람을 부양하기로 되어 있던 것을 게으른 사람의 생계
유지에 써버리는 셈이 된다. 빌린 돈은 두 가지 모두의 방식
으로 사용되지만 소비용으로 사용되기보다는 투자 자본으로

사용되는 경우가 더 많다. 소비하기 위해 돈을 빌리는 사람은 곧 파산할 것이며, 그에게 돈을 빌려준 사람은 대체로 자신의 어리석음을 후회하게 될 것이다. 따라서 소비용으로 돈을 빌리거나 빌려주는 일은 고약한 고리대의 문제를 차치하더라도, 양쪽 모두의 이익에 해로운 것이다.

이자를 받는 대부는 거의 모두 화폐로 이루어진다. 그러나 빌리는 사람이 진짜 원하는 것, 그리고 빌려주는 사람이 진짜로 빌리는 사람에게 제공하는 것은 화폐가 아니라 화폐의 가치 또는 화폐로 살 수 있는 재화다.

사람들 중에는 자기 수중에 자본을 갖고 있지만 그것을 자신이 직접 사용하기 싫어하는 사람들이 있다. 이러한 사람들이 갖고 있는 화폐의 가치가 바로 한 나라에서 이자를 받고 빌려줄 수 있는 기금이나 화폐의 양이다. 이러한 자본은 대개 화폐로 대부되고 회수되면서 이자라는 금전상의 이익을 가져다준다.

이자를 받고 대부되는 자본의 양이 늘어남에 따라 당연히 이자는 줄어든다. 이것이 상품의 양이 많아지면 시장가격이 내려간다는 일반적인 이유 때문이기도 하지만, 다른 이유도 있다. 한 나라에서 자본의 양이 늘어나면 그것을 투자해서 얻을 수 있는 이윤은 반드시 줄어든다. 왜냐하면 그 나라에서 새로운 자본을 유리하게 사용하는 기회를 찾기가 어려워져 자본들 사이에 경쟁이 일어나기 때문이다. 자본가들 사이의 경쟁은 노동임금을 올리고 자본 이윤을 끌어내린다. 이처럼 자본의 사용으로 생기는 이윤이 줄어들면 그 자본의 사용 대가로 지불할 수 있는 이자도 함께 줄어든다.

은화폐에 의해 유통되는 상품의 양은 그대로인데 은의 양이 많아진다면 은의 가치가 줄어들게 된다. 모든 상품의 명목 가치는 더 커지지만 그들의 참된 가치는 이전과 똑같을 것이다. 반대로 화폐의 양이 그대로인데 상품의 양이 증가한다면 화폐의 가치가 늘어나며 이외에도 많은 다른 결과들이 생겨난다. 자본의 명목 가치는 그대로이지만 참된 가치는 늘어날 것이다. 그것의 가치는 이전과 같은 액수로 표시되지만 보다 많은 노동자를 고용할 수 있을 것이다. 그렇게 되면 생산적 노동자에 대한 수요도 많아질 것이며 수요가 많아지면 당연히 생산적 노동자의 임금도 올라갈 것이다. 물론 이전보다 적은 양의 화폐를 받기 때문에 임금이 내려가는 것처럼 보일 수도 있다. 그러나 적은 양의 화폐로 더 많은 양의 상품을 살 수 있으므로 임금은 올라가는 셈이 된다. 그러나 자본의 이윤은 줄어들 것이다. 자본이 증가하면서 그들 간의 경쟁이 치열해질 것이기 때문이다. 그리고 이에 보조를 맞추어 화폐에 대한 이자도 줄어들 것이다.

어떤 나라에서는 이자가 법으로 금지되고 있다. 그러나 어디서나 화폐를 사용해 뭔가를 얻을 수 있으므로 화폐 사용의 대가로 뭔가를 지불해야 한다. 따라서 경험에 의하면, 이러한 규제는 고리대의 해악을 막는 것이 아니라 오히려 증대시킨다. 왜냐하면 채무자는 화폐 사용의 대가뿐만 아니라 법을 어기면서까지 돈을 빌려주는 채권자의 위험에 대한 대가도 지불해야 하기 때문이다.

5장

자본의 각종 용도

모든 자본은 생산적 노동의 유지에만 사용하도록 되어 있지만 그것이 가동시킬 수 있는 생산적 노동의 양은 자본의 사용 방식에 따라 매우 달라진다. 자본은 네가지 방법으로 사용될 수 있다.

첫째, 자본은 해마다 사용하고 소비하는 데 필요한 미가공생산물을 조달하기 위해 사용될 수 있다. 토지, 광산, 어장 등을 개량하고 개발하는 데 사용되는 자본이 이에 속한다.

둘째, 자본은 이러한 미가공생산물을 바로 사용하고 소비하기 위해 가공하고 제조하는 데 사용될 수 있다. 제조업자의 자본이 이에 속한다.

셋째, 자본은 미가공생산물 또는 제조품을 풍부한 지역에서 부족한 지역으로 운송하는 일에 사용될 수 있다. 도매상의 자본이 이에 속한다.

마지막으로, 자본은 대규모의 도매 상품들을 사람들의 수요에 맞추어 소규모 상품으로 나누는 데 사용될 수 있다. 소매상의 자본이 여기에 속한다.

자본을 이 네 가지 방식 중 하나에 따라 사용하는 사람들은 모두 생산적 노동자다.[*] 그러나 이들 네 가지 방식의 각각에 같은 규모의 자본이 투자된다고 해도 각 자본은 매우 다른 양의 생산적 노동을 가동시키며, 따라서 매우 다른 비율로 토지와 노동의 한 해 생산물 가치를 증가시킨다.

소매상의 자본은 그에게 상품을 파는 도매상의 자본을 이윤과 함께 보상한다. 그렇게 해야 도매상이 사업을 계속할 수 있다. 소매상은 자신만을 생산적 노동자로 고용한다. 따라서 소매상의 투자는 토지와 노동의 한 해 생산물에 자신의 이윤만을 추가할 뿐이다.

도매상의 자본은 그에게 미가공생산물과 제조품을 판매하는 농업자본가와 제조업자의 자본을 이윤과 함께 보상한다. 그렇게 해야 농업자본가와 제조업자가 자신의 사업을 계속할 수 있다. 도매상은 자신의 상품을 한 지역에서 다른 지역으로 옮기기 위해 선원과 운수업자를 고용해야 한다. 그러므로 그

---

[*] 자본을 사용하는 사람을 생산적 노동자로 부르는 것이 좀 의아하게 여겨질지 모르겠다. 스미스는 이윤을 산출하는 모든 활동을 생산적 노동에 포함시키고 있다. 자본을 투자해서 사람들을 고용해 처음 자본보다 더 많은 자본을 만드는 자본가는 생산적 노동을 가동시키는 사람이다.

의 자본은 자신의 이윤과 자신이 고용한 사람들의 임금 가치만큼 상품가격을 증가시킨다. 그는 이 가치만큼 생산적 노동을 한 것이며, 이 가치만큼 한 해 생산물의 가치에 기여하게 된다. 이러한 측면에서 도매상의 자본은 소매상의 자본보다 훨씬 더 생산적으로 작용한다.

제조업자의 자본 중 일부는 고정자본의 형태로 작업도구에 투자되며, 그에게 그것을 판매하는 수공업자의 자본을 이윤과 함께 보상한다. 또 그의 자본 중 일부는 유동자본의 형태로 원료 구입에 투자되며 그에게 그것을 판매하는 농업자본가와 광부의 자본을 이윤과 함께 보상한다. 그러나 대부분의 유동자본은 그가 고용하는 노동자들의 임금으로 분배된다. 제조업자의 자본은 그가 고용한 노동자들의 임금과 사업에 투자한 총자본^{임금과 원료와 작업도구 등}에 대한 자신의 이윤만큼 상품의 가치를 증가시킨다. 그러므로 제조업자의 자본은 도매상의 손에 있는 같은 양의 자본보다 훨씬 더 많은 양의 생산적 노동을 가동시키며, 그 결과 토지와 노동의 한 해 생산물에 훨씬 더 큰 가치를 추가한다.

같은 규모의 자본을 사용한다고 할 때 농업 자본이 가장 많은 생산적 노동을 가동시킨다.

그가 고용한 일꾼뿐만 아니라 그가 부리는 가축도 생산적 노동자다. 농업에서는 자연도 인간과 함께 노동한다. 자연의 노동은 아무 비용도 들지 않지만 그 생산물은 가장 비싼 일꾼의 생산물과 같은 정도의 가치를 갖는다. 농업이 해야 할 가장 중요한 작업은 자연의 비옥도를 증가시키는 것[이러한 일도 하기는 하지만]이 아니라 비옥한 자연을 인간에게 가장 이익이 되는 작물을 생산하는 데 이용하는 일일 것이다. 인간들의 노동이 다 끝난 뒤에도 자연은 항상 훨씬 더 많은 일을 한다.

제조업에서 자연은 아무 일도 하지 않고 인간이 모든 것을 다 한다. 따라서 재생산은 언제나 그것을 행하는 인간들의 힘에 비례한다. 이러한 이유로 농업에 투자된 자본은 제조업에 투자된 같은 규모의 자본보다 더 많은 양의 생산적 노동을 가동시킬 뿐만 아니라, 제조업이 고용하는 생산적 노동의 양보다 훨씬 더 큰 가치를 토지와 노동의 한 해 생산물에 추가한다. 농업에 대한 투자는 사회에 가장 유리한 자본 운용 방식이다.

어느 사회에서나 농업과 소매업에 투자된 자본은 반드시 그 사회 안에 머물러 있어야 한다. 제조업자의 자본도 반드시 제조업이 운영되는 곳에 머물러야 한다. 이에 반해 도매상의 자본은 싸게 사고 비싸게 팔 수 있는 곳을 찾아 여기저기 떠돌아다닐 수 있다.

한 사회의 잉여생산물을 수출하는 자본의 소유자가 본국 사람인지 외국 사람인지는 전혀 중요하지 않다. 그가 외국 사람이라면 본국 사람일 경우보다 생산적 노동자를 한 사람 덜 고용하는 것에 불과하다. 훨씬 더 중요한 것은 제조업자의 자본이 국내에 정착해야 한다는 것이다.

제조업자의 자본은 필연적으로 보다 많은 양의 생산적 노동을 가동시키며, 이로 인해 사회의 토지와 노동의 한 해 생산물에 더 큰 가치를 추가한다. 그러나 제조업의 자본이 국내에 머무르지 않아도 그 나라에 매우 유용할 수 있다. 발트 해안에서 해마다 아마와 대마를 수입해 가공하는 영국 제조업자의 자본은 그것들을 생산하는 나라들에게는 매우 유용하다. 영국의 제조업자는 아마와 대마를 수출하는 상인에게 이익을 줄 것이고, 또 상인은 그것들을 생산하는 사람들에게 이익을 줄 것이다.

한 개인의 경우와 마찬가지로 한 나라도 충분한 양의 자본을 갖지 못하는 경우가 자주 있다. 한 나라 안에 있는 모든 토지를 개량하고 경작하며, 모든 미가공생산물을 바로 사용하고 소비할 수 있도록 제조·가공하며, 미가공생산물과 제조품의 잉여분을 멀리 해외에 있는 시장으로 운반해 그곳에서 국내에 필요한 물건과 교환하기 위해서는 많은 자본이 필요하다.

한 나라의 자본이 부족해 이 세 가지 목적을 한꺼번에 달성하기 어려울 때는 자본을 농업에 투자하는 것이 생산적 노동의 양을 더 크게 만들며, 따라서 그 나라의 토지와 노동의 한해 생산물에 추가되는 가치도 더 커진다. 제조업에 투자된 자본은 농업 다음으로 많은 양의 생산적 노동을 가동시키고 한

해 생산물에 그 만큼의 가치를 추가한다. 해외 무역에 투자된 자본은 가장 적은 효과를 일으킨다.

세 가지 목적 모두를 위한 자본을 충분히 갖고 있지 못한 나라는 자연적으로 반드시 도달하게 되어있는 것처럼 보이는 풍요의 수준에 아직 이르지 못했다. 그러나 불충분한 자본으로 세 가지 목적을 한꺼번에 달성하려고 조급하게 서두르는 것이 반드시 가장 빠른 길은 아니다. 이것은 개인의 경우에도 마찬가지다.

아메리카 식민지가 그렇게 빨리 부강하게 되었던 주요한 원인은 그들의 총자본이 지금까지 거의 모두 농업에 투자되었기 때문이다. 아메리카에서 대부분의 수출 무역과 연안 무역은 영국에 거주하는 상인들의 자본에 의해 수행되고 있다. 만약 아메리카인들이 단체 행동이나 어떤 종류의 폭력을 통해 유럽산 제조업 상품의 수입을 중단시키고 자신의 국민들에게 그것들과 유사한 상품을 생산할 수 있는 독점권을 줌으로써 자본의 상당 부분을 제조업 투자에 돌린다면 어떻게 될까? 결과는 아메리카에서 한 해 생산물의 가치 증가 속도가 더 빨라지는 것이 아니라 오히려 더 늦어질 것이며, 따라서 부강한 나라로 나아가는 것이 촉진되는 것이 아니라 저지되고 말 것이다. 그들이 같은 방식으로 모든 수출 무역을 독점한다면 더 그렇게 될 것이다. 인류가 번영 과정에 들어선 역사가 그렇게 길지 않으므로 어떠한 큰 나라도 이 세 가지 목적을 한꺼번에 달성할 정도로 충분한 자본을 축적하지는 못한 것 같다.

같은 자본이 농업, 제조업, 도매업에 투자되는 비율에 따라 가동되는 생산적 노동의 양이 달라지고, 그 결과 토지와 노동의 한 해 생산물에 추가되는 가치의 양이 달라진다. 이와 마찬가지로 같은 자본이 어떤 도매업에 투자되는가에 따라서 동일한 현상이 일어난다.

모든 도매업은 국내 상업, 국내 소비용 외국무역, 중개무역의 세 종류로 나누어질 수 있다. 국내 상업은 한 나라의 생산물을 그 나라의 한 지역에서 사서 다른 지역에서 파는 일을 한다. 국내 소비용 외국무역은 국내 소비를 위해 외국에서 상품을 사오는 일을 한다. 중개무역은 어떤 다른 나라의 상품을 사서 또 다른 나라에 파는 일을 한다.

첫째로, 국내 상업자본은 그 나라의 농업에 투자된 자본과 제조업에 투자된 자본 둘 다를 보상함으로써 이 두 자본이 투자를 계속할 수 있도록 한다.

둘째로, 국내 소비용 외국무역 자본은 그 나라의 상품을 외국으로 보내고 외국의 상품을 그 나라로 가져온다. 이 자본 역시 농업에 투자된 자본과 제조업에 투자된 자본 둘 다를 보상하지만 이 중 하나^{그 나라의 상품을 외국으로 보내는 자본}만이 국내 산업을 가동하는 데 투자된 자본이다. 따라서 국내 소비용 외국무역의 자본이 국내 상업만큼 빠르다고 해도 거기에 투자된 자본은 절반만이 그 나라의 산업과 생산적 노동을 촉진한다. 그러나 국내 소비용 외국무역의 자본 회전이 국내 상업만큼 빠른 경우는 거의 없다. 따라서 자본의 양이 같다면 국내 상업자본은 국내 소비용 외국무역 자본보다 그 나라의 산업을 더 많이 촉진하고 지원할 것이다.

마지막으로, 중개무역 자본은 자기 나라의 생산적 노동을 유지하는 것에서 빠져나가 외국의 생산적 노동을 유지하는 데 사용된다.

모든 나라의 부와 힘은 항상 한 해 생산물의 가치와 반드시 비례한다. 생산물의 가치는 모든 세금의 궁극적인 원천이다. 모든 나라의 정치경제학의 큰 목적은 자기 나라의 부와 힘을 증가시키는 것이다. 그러므로 모든 나라는 국내 상업보다 국내 소비용 외국무역을 더 장려하는 경제 정책을 펴서는 안 되며, 또 국내 상업과 국내 소비용 외국무역보다 중개무역을 더 장려하는 정책을 펴서는 더욱 더 안 된다.

그러나 이러한 흐름이 아무런 강제 없이 사물의 자연스런 진행에 따라 일어나는 것이라면 그것은 불가피할 뿐만 아니라 유리하기도 하다. 특정 산업 분야의 생산물이 그 나라의 수요보다 많을 때 남는 부분은 외국에 수출되고 국내에서 필요한 물건을 수입해야 한다. 이러한 수출이 없다면 그 나라의 일부 생산적 노동은 멈추게 되어 한 해 생산물의 가치는 줄어들 것이다. 또 한 나라의 자본이 너무 많아 그 나라의 소비를 충족시키고, 생산적 노동을 유지하는 데 모두 사용될 수 없을 때 남는 자본은 자연스럽게 중개무역으로 흘러들어가 다른 나라에서 같은 임무를 수행하는 데 사용된다. 중개무역은 국가의 부가 매우 커진 것 때문에 생겨난 결과이지 중개무역이 국가의 부를 크게 하는 것은 아니다.

자본 소유자가 자신의 자본을 농업, 제조업, 도매업 중 어디에 투자할 것인지를 결정하는 동기는 오직 자신의 개인적 이익이다. 그는 자신의 자본을 어디에 투자하는 것이 사회의 생산적 노동과 한 해 생산물의 가치를 증대시킬 것인지에 대해 결코 생각하지 않는다.

거의 모든 곳에서 농업은 지금까지 사용된 것보다 더 많은 자본을 빨아들일 수 있다. 하지만 유럽은 농촌에서 운영되는 상업보다 도시에서 운영되는 상업을 우대하는 정책을 폈다. 이러한 정책 때문에 유럽 사람들은 종종 자신의 근처에 있는 가장 비옥한 토지를 개간하고 경작하는 것보다는 아시아와 아메리카의 원거리 중개무역에 자신의 자본을 사용하는 것이 더 이익이 된다는 것을 알게 되었다. 다음의 두 편에서는 왜 유럽이 이러한 정책을 폈는지를 자세히 설명하려고 한다.

| 제 3 편 |

나라마다 부유하게
되는 과정이 다르다

1장

부유하게 되는
자연적인 과정

　　모든 문명사회의 대규모 상업은 도시 주
민들과 농촌 주민들 사이에서 행해진다. 상업은 화폐를 수단
으로 해서 농촌의 미가공생산물과 도시의 제조품을 교환하는
방식으로 이루어진다. 도시는 물질을 결코 재생산할 수 없다.
그러므로 도시는 모든 부와 생계수단을 농촌으로부터 얻는다
고 말하는 것이 올바른 표현이다. 그러나 그렇다고 해서 도시
가 이익을 보고 농촌이 손해를 본다고 생각해서는 안 된다.
도시와 농촌은 서로 이익을 본다.

　도시 주민의 수가 많고 수입이 클수록 도시는 농촌 주민에
게 더 큰 시장을 제공하게 된다. 시장이 보다 클수록 많은 사
람들에게 더 유리해진다. 사물의 본성상, 생필품이 편의품과
사치품보다 먼저이듯이, 생필품 산업은 편의품 산업과 사치

품 산업보다 먼저 발전해야 한다. 그러므로 생필품을 공급하는 농촌의 개량과 경작이 편의품과 사치품만을 공급하는 도시의 성장보다 반드시 우선되어야 한다.

도시는 모든 생필품을 꼭 인근의 농촌이나 국내에서 가져오는 것은 아니며 매우 먼 나라로부터 가져올 수도 있다. 일반적으로 필연성에 의해 강요되는 사물의 질서는 어느 나라에서나 인간의 자연적 성향에 의해 촉진된다. 인위적인 제도가 이러한 자연적 성향을 방해하지 않았다면 어떤 곳에서도 도시는 주변 지역의 개량과 경작이 뒷받침해줄 수 있는 것 이상으로 성장하지는 못했을 것이다.

같은 이윤을 얻는다면, 대부분의 사람들은 자신의 자본을 제조업이나 외국무역보다 토지의 개량과 경작에 투자할 것이다. 자본을 토지에 투자한 사람은 자신의 자본을 쉽게 감시할 수 있다. 토지에 투자된 자본은 다른 자본보다 여러 가지 사고를 당할 위험이 훨씬 더 적다. 따라서 토지의 개량에 고정되어 있는 지주의 자본은 가장 안전한 것처럼 보인다. 게다가 모든 사람은 시골의 아름다움, 시골생활의 즐거움, 시골생활이 주는 마음의 평온함, 그리고 시골이 제공하는 해방감에 다소간의 매력을 느낀다.

땅을 경작하는 것이 인간 최초의 운명이었으므로, 인간 역사의 모든 단계에서 인간은 이 원시적 작업을 선망하는 경향을 가지고 있는 것처럼 보인다.

그러나 수공업자의 도움이 없다면 토지 경작은 큰 불편을 겪으면서 계속 중단될 수밖에 없다. 농사짓는 사람들은 대장장이, 목수, 바퀴 만드는 사람, 석공, 벽돌공, 구두수선공, 양복 만드는 사람의 서비스를 자주 필요로 한다. 도시 주민이 농촌 주민들에게 파는 완성품의 양은 도시 주민이 사는 원료와 식료품의 양을 규제한다. 그러므로 도시 주민의 일거리와 생계수단은 완성품에 대한 농촌의 수요 증가에 비례해서만 증가할 수 있다. 따라서 인위적인 제도가 사물의 자연적 과정을 방해하지 않는다면 도시의 성장과 부의 증가는 어느 사회에서나 농촌의 개량과 경작의 결과이며 그것에 비례한다.

사물의 자연적 진행과정에 따르면, 성장하는 모든 사회의 보다 많은 자본은 제일 먼저 농업으로 향하며, 그 후 제조업으로 향하고, 마지막에 가서야 외국무역으로 향한다. 이러한 사물의 순서는 매우 자연스럽기 때문에 영토를 가지고 있는 모든 사회에서 어느 정도 언제나 관찰된다고 나는 믿는다.

그러나 이런 자연적 순서가 분명히 모든 사회에서 어느 정도는 일어났지만, 유럽의 모든 근대국가에서는 이 순서가 많은 측면에서 완전히 거꾸로 되었다. 먼저, 외국무역을 하는 도시가 제조업을 일으켰으며, 그 다음으로 제조업과 외국무역이 농업을 개량시켰다.

이처럼 사물의 자연스런 진행을 거스르는 현상이 일어난 것

은 이들 나라에 처음 들어선 정부가 도입했던 풍습과 관습이
그대로 유지되어 정부가 많이 바뀐 후에도 여전히 큰 영향을
끼쳤기 때문이다.

2장

로마제국 멸망 후의
옛 유럽 상황에 의한 농업의 억압

게르만 족과 스키타이 족이 로마제국의 서쪽 지방을 침략한 이후 수세기 동안 혼란이 지속되었다. 야만인들은 약탈과 폭력을 일삼으면서 도시와 농촌 사이의 상업을 방해하였다. 도시는 황폐하게 되었고, 농촌은 경작되지 않은 채로 남아 있었다. 그 결과 로마제국 아래서 상당한 정도의 풍요를 누렸던 유럽의 서쪽 지방은 최악의 빈곤과 야만 상태에 빠지게 되었다. 이런 혼란이 계속되는 동안 야만족의 우두머리들은 대부분의 토지를 독점하였다. 장자상속법은 독점된 토지가 상속에 의해 분할되는 것을 막았으며, 한사상속제^{entail, 상속인을 한정하는 제도}의 도입은 양도에 의해 그것이 작은 부분으로 나누어지는 것을 막았다.

토지가 동산처럼 생계와 향락의 수단으로만 여겨질 때는,

토지를 가족의 모든 자녀들 사이에 나누는 것이 자연스런 상속법이 된다. 이러한 자연법은 로마인들 사이에서 생겨났는데, 그들은 토지를 상속할 때 남녀노소에 어떠한 차별도 두지 않았다. 그러나 토지가 생존수단만이 아니라 권력과 보호의 수단으로 여겨졌을 때는 토지를 나누지 않고 한 사람에게 물려주는 것이 더 낫다고 생각되었다.

무질서한 시대에는 모든 대지주가 일종의 소군주였고, 그의 소작인은 그의 신하였다. 평화 시에 대지주는 그들의 재판관이었고, 어떤 면에서 그들의 입법자였으며, 전시에는 그들의 지도자였다. 토지의 소유자는 그 토지에 거주하는 사람들을 안전하게 보호해야 했는데, 소유지의 안전은 소유지의 크기에 의존했다. 소유지를 나누는 것은 각 부분을 이웃의 침입에 내놓는 것이었으며, 그것은 곧 파멸을 의미하는 것이었다. 시간이 감에 따라 장자상속법이 토지 재산을 상속하는 제도가 된 것은 이러한 이유 때문이었다. 이것은 왕위 상속이 처음에는 그렇지 않았지만 일반적으로 장자상속으로 된 것과 같은 이유다.

법률은 종종 그것이 처음 만들어진 온당한 상황이 사라진 후에도 오랫동안 계속된다. 모든 면에서 볼 때, 장자상속법은 한 사람을 부자로 만들기 위해 나머지 모든 자녀들을 거지로 만든다. 따라서 이 제도만큼 가족 구성원들에게 큰 손해를 끼치는 것은 없다. 한사상속제는 장자상속법의 자연스런 결과다. 공국의 군주*가 대소유지를 통치했던 시대에는 한사상속제가 불합리하지 않았을 수도 있다. 그러나 오늘날의 유럽처럼 큰 토지든 작은 토지든 모두 법에 의해 안전이 보장되고 있을 때는 한사상속제만큼 불합리한 것이 없다.

넓은 토지를 소유하고 있는 사람들은 자기 땅을 방어하거나 인근 땅을 정복하는 데만 관심을 갖기 때문에 토지의 개량과 경작에 주의를 기울이지 않는다. 그는 토지를 개량하거나 경작할 수 있는 마음도 없고 능력도 없다. 이들로부터 토지의 개량과 경작을 기대할 수 없다면 그들 밑에서 토지를 사용하는 사람들로부터는 더욱 그러하다. 옛 유럽에서 토지 사용자는 모두 땅주인이, 직접 경작을 하는 사람은 예고 없이 언제나 내보낼 수 있는 소작인이었다. 그들은 모두 거의 노예들이었다. 이들은 주인에 예속되어 있기보다는 땅에 예속되어 있었다. 따라서 그들은 토지와 함께 매매될 수는 있어도 그들만 따로 매매될 수는 없었다.**

노예 노동은 노예의 생계비만 드는 것처럼 보이기 때문에 비용이 가장 적게 드는 것처럼 보인다. 하지만 모든 시대와 모든 민족의 경험에 의하면, 노예 노동은 가장 비용이 많이 든다. 노예는 아무런 재산을 가질 수 없으므로 가능한 한 많이 먹고 가능한 한 적게 일하려고 한다. 따라서 오직 폭력만이

---

* 왕보다는 낮은 작위를 가진 군주다.

** 흔히 이들을 농노라고 불렀다.

노예로 하여금 자신의 생계에 필요한 것보다 더 많이 생산하도록 할 수 있다. 콜루멜라^{에스파냐 출신의 로마 작가}는 고대 이탈리아에서 곡물이 노예들에 의해 경작되었을 때 곡물경작이 크게 감소하여 주인에게 큰 손해를 주었다는 사실을 기록한 바 있다.

하지만 인간은 자존심 때문에 권세를 휘두르기 좋아한다. 따라서 아랫사람을 설득하기 위해 자신을 낮추어야 하는 것만큼 굴욕감을 주는 것은 없다. 그러므로 법이 노예를 허용하고, 일의 특성이 노예를 부리기에 적절하다면 일반적으로 어디서나 인간은 자유인의 봉사보다 노예의 봉사를 선호한다.

소작인이 사용하는 토지는 노예가 경작하는 토지와 마찬가지로 토지 소유자의 경비로 경작된다. 그러나 이 둘 사이에는 본질적인 차이가 있다. 소작인은 자유인이기 때문에 재산을 획득할 수 있고, 토지생산물의 일정한 몫을 가져갈 수 있다. 그러므로 그는 총생산물을 늘려 자기의 몫을 크게 하는 것에 대해 분명한 이해관계를 갖고 있다. 그러나 노예는 생계수단 외에는 어떤 재산도 가질 수 없으므로 자신의 생계수단 이상의 토지생산물을 가능한 한 작게 생산함으로써 자신의 편안함을 추구한다.

이러한 소작제에 이어 서서히 농업자본가farmer가 나타났다. 그는 자신의 자본으로 토지를 경작하고 지주에게 일정한 지대를 지불하였다. 그는 수년간 토지를 빌리는 계약을 맺고 자신의 자본을 토지의 개량에 투자하는 것이 자신에게 이익이 된다고 생각할 수 있다. 왜냐하면 그는 계약이 끝나기 전에 많은 이윤과 함께 자신의 자본을 회수할 수 있다고 여겼기 때문이다. 그러나 새로운 토지 구매자가 계약 기간이 끝나기도 전에 합법적으로 농업자본가의 땅 사용권을 빼앗을 수 있었기 때문에 농업자본가의 점유권은 오랫동안 매우 불안정했다.

옛 유럽에서 토지 소유자는 모든 지역에서 입법자였다. 그러므로 토지에 관련된 법은 모두 토지 소유자의 이익을 위해 만들어졌다. 즉 토지 소유자는 그의 선임자에 의해 보증된 계약 때문에 자기 토지에 대한 완전한 권리를 행사하는 것을 오랫동안 방해받아서는 안 된다고 생각했다.

탐욕과 불의는 항상 근시안적이다. 따라서 그들은 이 규제가 토지의 개량을 얼마나 방해하는지, 그리하여 결국 자신의 이익을 얼마나 해치는지를 내다보지 못했다. 농업자본가들은 지대를 지불하는 것 외에도 지주에게 수많은 서비스를 제공해야 했다. 이런 것들이 계약에 상세히 기술되거나 엄밀한 규칙에 의해 규제되는 경우는 거의 없었으며, 장원이나 영주의 필요와 관습에 따라 부과되었다. 이러한 서비스는 거의 완전히 자의적이었으므로 땅을 빌리는 사람들은 많은 괴로움을 당했다.

이러한 방해 요인 때문에 토지 점유자로부터 어떤 형태의 토지 개량도 기대하기는 불가능했다. 그러나 이것보다도 더 토지의 개량과 경작에 불리했던 것은 옛 유럽의 정책이었다. 그것은 첫째 특별한 허가 없는 곡물 수출을 금지했고, 둘째 곡물뿐만 아니라 거의 모든 농업생산물의 국내 상업을 제한했다.

3장

로마제국 몰락 후
크고 작은 도시의 출현과 발전

로마제국의 몰락 후 토지 소유자는 보통 자신의 소유지에 세워진 요새화된 성에서 소작인들과 하인들을 거느리고 살았던 것으로 보인다. 작은 도시[town]에는 주로 상인과 직인들이 살았는데, 당시 그들은 거의 노예 상태에 가까웠다. 그러나 도시 주민들이 처음에 아무리 노예 상태에 가까웠다고 해도 그들은 확실히 농촌의 농노들보다는 훨씬 일찍 자유와 독립의 상태에 도달했던 것으로 보인다.

왕은 특정 도시에서 인두세를 거두어들이는 일을 보통 수년 동안 일정한 도급금을 받는 조건으로 도시의 행정장관에게, 때로는 다른 사람에게 대신 맡겼다. 시민들은 자주 그들의 도시에서 이런 종류의 세금을 대신 거두어들일 만큼 충분한 신용을 얻었다. 그들이 이처럼 신용을 얻은 이유는 그들이 공동으로 도급금 전체를 책임질 수 있었기 때문이다. 이리하여 시민들은 왕의 관리들의 횡포로부터 완전히 벗어나게 되었다.

처음에는 시민들이 도시의 세금을 대신 거두어들이는 것이 몇 년 동안만 허락되었던 것 같다. 그러나 시간이 지남에 따라 일정한 도급금을 받고 세금을 대신 거두어들이는 제도를 시민에게 영구히 맡기는 것이 일반적인 관행으로 굳어진 것으로 보인다. 이리하여 도급금을 한 번 지불하면 그것이 영구적인 것이 되어 도급금으로부터 영원히 면제되었다. 이러한 면제는 단순한 개인에게 주어지는 것이 아니라 특별한 도시의 시민으로서의 개인에게 주어는 것이었다. 이러한 이유로 그 도시는 자유도시라고 불리게 되었고, 똑같은 이유로 그 도시의 시민들은 자유 시민 또는 자유 상인이라 불리게 되었다. 이렇게 해서 시민들은 농노 신분과 노예 신분의 속성들을 벗어났기 때문에 적어도 그들은 오늘날 사용되는 자유라는 말의 의미대로 진정으로 자유롭게 되었다.

그러나 이것이 전부가 아니었다. 자유를 얻음과 동시에 그들은 단체나 조합을 조직하여 스스로 행정장관을 뽑고 시의회를 만들었고, 자치를 위한 조례를 제정했으며, 방어를 위한 성벽을 건설하고, 모든 주민들을 일종의 군사 훈련에 소집하여 경계 근무를 시킬 수 있는 특권을 가졌다. 경계 근무란 밤낮으로 모든 공격과 기습에 대비해 감시하고 방어하는 것이었다. 또 다른 나라에서는 도시의 행정장관에게 보다 광범한 사법권이 종종 허용되었다.

그러나 유럽의 모든 군주들이 이처럼 도급금을 받고 인두세^{시간이 감에 따라 저절로 늘어날 것이 확실한 세금}를 포기했다는 것, 그리고 그들이 자발적으로 자기 영토의 심장부에 일종의 독립 공화국을 세웠다는 것은 매우 기이하게 생각된다. 이런 기이한 현상을 이해하려면 우리는 당시 유럽의 어떤 군주도 자신의 전체 영토에 살고 있는 힘없는 신민들을 대영주의 억압으로부터 보호할 수 없었다는 사실을 기억해야 한다. 법이 보호해 줄 수도 없고 스스로 방어할 수도 없는 신민들은 대영주의 보호에 의지해 그의 노예나 농노가 되거나, 아니면 공동 방위를 위해 상호방위 동맹에 가입해야 했다. 한 개인으로서의 도시 시민들은 스스로를 방어할 힘이 없었다. 그러나 이웃과 상호 동맹을 맺음으로써 그들은 누구도 격파하지 못할 정도의 힘을 가질 수 있었다.

영주들은 시민들을 경멸했다. 영주들은 시민들을 해방된 노예들의 무리로 생각해 자신들과는 다른 계층, 더 나아가서는 자신들과는 다른 종족으로 간주했다. 시민들의 부는 필연적으로 영주들의 시기와 분노를 일으켰으며, 영주들은 기회 있을 때마다 무자비하게 그것을 약탈했다. 따라서 자연히 시민들도 영주를 증오하고 두려워했다.

왕도 역시 영주들을 증오하고 두려워했다. 그러나 왕은 시민들을 경멸하기는 했지만 증오하거나 두려워할 이유는 없었다. 서로의 이익이 일치했으므로 시민들은 영주에 맞서 왕을 지지했고, 왕은 영주에 맞서 시민을 지지했다. 이처럼 영주들과 사이가 매우 좋지 않았기 때문에 왕은 도시에 관대하게도 그런 종류의 권리를 허용했던 것 같다.

프랑스나 잉글랜드와 같은 나라에서는 군주의 권위가 종종 매우 약해지기도 했으나 완전히 무력하지는 않았다. 따라서 도시들이 완전히 독립할 수는 없었다. 그러나 도시들은 상당한 힘을 갖고 있었기 때문에 군주는 일정한 징세도급금 이외에는 그들의 동의 없이 세금을 부과할 수 없었다. 그래서 도시는 왕국의 신분제 의회에 대표자를 보내도록 요청받았다. 이러한 요청으로 유럽의 큰 군주국들에서는 도시의 대표자가 신분제 의회에 참석할 수 있었다.

이런 방식으로 도시에서 질서와 훌륭한 정부, 그리고 개인의 자유와 안전이 확립된 것과 반대로, 시골의 토지 사용자는 온갖 종류의 폭력에 시달리고 있었다. 이러한 무방비 상태의 폭력 앞에 놓이게 되면 사람들은 자연히 꼭 필요한 생계유지에만 만족하게 된다. 왜냐하면 그 이상 획득하는 것은 압제자가 불법적으로 빼앗아가기 때문이다.

자신의 노력을 안전하게 누릴 수 있을 때, 사람들은 힘을 다해 자신의 생활 상태를 개선하려고 하면서 생활필수품에 더하여 편의품과 사치품을 획득하려고 노력한다. 따라서 꼭 필요한 생계유지 이상을 추구하는 산업은 농촌에서 토지 사용자들에 의해 행해지기 훨씬 전에 도시에서 형성되었다. 농노제의 고역에 시달리던 가난한 경작자가 돈을 좀 모으기라도하면 그는 자연히 매우 조심스럽게 그것을 숨겨두고는 도시로 도망칠 수 있는 모든 기회를 찾았다. 당시의 법은 도시 주민들에게 매우 관대했고, 농촌 주민들에 대한 영주의 권한을약화시키려고 무척 애를 썼다. 이 때문에 만약 영주의 추적으로부터 1년간만 자신을 숨길 수 있다면 그는 영원히 자유롭게될 수 있었다. 그러므로 부지런한 농촌 시골 주민들의 손에축적된 자본은 모두 자연스럽게 도시에서 피난처를 구했다.도시는 자본을 갖고 있는 사람들에게 안전을 제공하는 유일한 성역이었다.

도시 주민들은 늘 자신의 생계수단 및 산업의 모든 원료와 수단을 농촌에서 얻어야 한다. 이것은 사실이지만 해안이나 배가 다닐 수 있는 강 연안의 도시 주민들은 그것을 반드시 가까운 농촌으로부터 얻을 필요는 없었다. 그들은 훨씬 넓은 활동 범위를 가지고 있으며, 멀리 떨어진 세계의 구석진 곳으로부터도 필요한 것을 얻을 수 있다. 이런 원거리 무역으로 어떤 도시는 큰 부를 모아 화려함을 뽐낼 수 있었다.

　유럽에서는 이탈리아 도시들이 처음으로 상업을 통해 상당히 부유하게 되었던 것 같다. 이탈리아는 당시 문명 세계의 중심에 서 있었다. 십자군은 많은 물질을 낭비하고 주민의 삶을 파괴하여 유럽의 대부분 지역이 진보하는 것을 막았지만 이탈리아의 여러 도시들에는 매우 유리한 조건을 만들어주었다. 유럽 민족들을 파괴한 광란이 이들 도시들에게는 풍요의 원천이 되었다.

　상업 도시의 주민들은 더 부유한 나라의 잘 만들어진 제조품과 값비싼 사치품을 수입해 대토지 소유자의 허영심을 만족시켰다. 대토지 소유자들은 자신의 토지에서 생산된 다량의 미가공생산물로 그 물건들을 열심히 사들였다. 보다 정교하게 잘 만들어진 제조품에 대한 기호가 외국과의 무역에 의해 그러한 것이 전혀 만들지 않았던 나라에 수입되었다. 그러나 이러한 기호가 일반화되어 상당한 수요를 불러일으키게 되었을 때, 상인들은 운송비를 절약하려고 자연히 자기 나라에 같은 종류의 제조업을 설립하였다. 이리하여 로마제국 몰락 후 유럽의 서부 지방에서 원거리 판매를 위한 최초의 제조업이 발생하게 되었다.

우리는 큰 나라가 존속하기 위해서는 반드시 국내에서 운영되는 어떤 종류의 제조업이 있어야 한다는 것에 주목해야 한다. 여기서 말하는 제조업은 반드시 보다 정교하고 개량된 제조업 또는 원거리 판매에 적합한 제조업을 의미하는 것으로 이해되어야 한다. 모든 큰 나라들에서 보다 많은 국민들이 사용하는 옷과 가구는 국내 산업에서 생산된 것이다. 이러한 현상은 제조업이 많은 부유한 나라에서보다는 전혀 제조업이 없는 가난한 나라에서 훨씬 더 보편적이다. 당신은 최하층 사람들의 옷과 가구에서 외국산의 비율이 가난한 나라들에서보다 부유한 나라들에서 더 높다는 것을 발견할 것이다.

원거리 판매에 적합한 제조업이 각 나라에 도입된 방식은 두 가지다. 첫 번째 방식은 특별한 상인과 사업가가 무리하게 도입하는 경우다. 이 경우에는 주로 같은 종류의 외국 제조업을 모방하는 방식으로 이루어진다. 이러한 방식으로 도입된 제조업은 일반적으로 외국의 원료를 사용한다.

두 번째는 가내공업과 조잡한 제조업이 점차 정교하게 되어 저절로 원거리 판매에 적합한 제조업이 성장한 경우다. 이러한 제조업은 일반적으로 국내에서 생산하는 원료를 사용한다. 이러한 제조업은 내륙 지방에서 먼저 정교하게 개량되는 것처럼 보인다. 땅이 기름져서 쉽게 경작되는 내륙 지방은 경작자들이 먹고살 수 있는 것 이상의 많은 잉여를 생산한다. 그러나 하천 운송은 불편하고 육상 운송은 비용이 많이 들기 때문에 이 잉여를 외국에 보내기는 어렵다. 따라서 이 풍부한 잉여는 주변 지역에 값싼 식량을 제공하며 그 결과 주변 지역에 많은 노동자들이 정착한다. 이들 노동자들은 토지가 생산하는 제조업 원료를 가공하고 그 완제품을 보다 더 많은 원료와 식량으로 교환한다. 이리하여 토지의 큰 생산력이 제조업을 유발하고, 제조업의 발전은 토지의 생산력을 더 많이 증가시킨다.

4장

도시의 상업은
농촌의 개량에 어떻게 공헌했는가?

상업과 제조업을 위주로 하는 도시들이 많아지고 또 부유해짐에 따라 도시들은 자연스럽게 주변의 농촌 지역에 영향을 주었다. 그 방식은 세 가지 모습으로 나타났다.

첫째, 도시는 농촌의 미가공생산물이 쉽게 팔릴 수 있는 큰 시장을 제공함으로써 주변 농촌의 토지 개량과 경작을 자극했다.

둘째, 도시 주민들이 주변 농촌 지역의 토지를 구입하여 직접 개량하고 경작하였다. 상인은 보통 농촌의 대지주가 되고 싶어 하고, 대지주가 되면 일반적으로 가장 훌륭하게 토지를 개량한다. 상인은 자신의 돈을 이익이 남는 사업에 사용하는 데 익숙한 반면에 단순히 땅만 갖고 있는 농촌의 대지주는 그것을 주로 소비하는 일에 익숙하다. 상업도시에서 살아본 사람은 누구나 농촌 대지주보다 상인이 훨씬 더 활기차게 활동한다는 것을 잘 안다. 게다가 상업에 종사하게 되면 자연적으로 질서, 절약, 주의의 습관이 형성되며, 이로 인해 상인은 어떤 개량 사업도 성공적으로 실행해서 이익을 남기는 데 더욱 적합한 사람이 된다.

셋째, 도시의 상업과 제조업은 주변 지역의 농촌 주민들이 법의 보호를 받으면서 질서 있게 개인의 자유와 안전을 누릴 수 있도록 하는데 큰 기여를 한다. 이전까지 그들은 눈만 뜨면 이웃과 서로 전쟁을 일삼았으며, 영주들에게 노예처럼 종속되어 있었다. 이것은 상업과 제조업의 효과 중 가장 중요한 것이지만 지금까지 거의 관찰되지 않았다. 내가 알고 있는 한 흄Hume은 그것을 주목한 유일한 저자다.

정교한 제조업이 발달하지 않아 외국과 상거래를 하지 않는 나라에서 대토지 소유자인 영주는 잉여생산물 전부를 국내에서 시골풍의 융숭한 손님 접대에 다 소비해버린다. 그는 자신의 토지 생산물 중 생계유지에 쓰고 남은 많은 부분을 다른 것과 교환하는데, 사용할 수 없기 때문에 이런 식으로 소비할 수밖에 없다. 그는 늘 수많은 가신들에 둘러싸여 있다. 가신들은 그가 자신들을 부양해준 것에 대한 대가로 아무것도 지불할 수 없고, 오로지 그의 하사품에 의존해 살아간다. 따라서 가신들은 군인들이 자신들을 먹여 살리는 군주에게 복종해야 하듯이 그에게 복종해야 한다.

그러므로 유럽에서 상업과 제조업이 발전하기 전에는 군주로부터 가장 작은 제후에 이르기까지 현재 우리가 상상할 수 없을 정도의 과도한 접대로 재산을 낭비했다. 이러한 과시적 소비 속에서 대소유자는 필연적으로 소작인과 하인에 대해 권위를 갖게 되고, 이것이 옛날 제후들의 권력 근거가 되었다.

그는 평화 시에는 자신의 소유지에 살고 있는 모든 사람들의 재판관이 되었고, 전쟁 시에는 그들의 지도자가 되었다. 그의 사법권이 봉건법에서 유래했다고 생각하는 것은 잘못이다. 봉건법이 알려지기 수세기 전에 유럽에서는 이미 민사와 형사의 최고재판권뿐만 아니라 군대를 징집하고, 화폐를 주조하며, 백성을 다스리기 위한 세칙을 제정할 권력이 대토지 소유자들에 의해 세습적으로 보유되고 있었다. 이러한 권위와 사법권은 모두 방금 말한 재산과 풍속의 상태에서 필연적으로 유래한 것이었다.

봉건법은 영지에 대한 영주의 권위를 확대하기 위해서가 아니라 오히려 축소하기 위해 도입된 것으로 간주될 수 있다. 그것은 왕으로부터 가장 적은 토지의 소유자에 이르기까지 부역과 병역의 긴 연쇄 관계를 수반하는 질서정연한 복종 관계를 확립했다. 봉건법에 의하면, 토지 소유자가 미성년자인 동안에는 그가 소유한 토지에 대한 경영권과 그 토지에서 나온 지대는 바로 위의 상급자가 갖게 되어 있었다. 따라서 대소유자의 그것은 왕이 갖게 된다.

이 제도는 필연적으로 왕의 권위를 강화하고 대토지 소유자인 영주의 권위를 약화시키는 경향을 가지고 있었다. 그러나 그것이 농촌 주민들에게는 훌륭한 통치 질서로 제공되지는 못했다. 왜냐하면 그러한 제도로는 영주들의 무법적인 통치의 근거가 되는 재산 상태와 생활방식을 충분히 개혁할 수 없었기 때문이다. 이전과 마찬가지로 여전히 왕의 통치권은 너무 약했고, 대영주의 통치권은 너무 강했다. 대영주의 과도한 힘은 왕의 힘을 약화시키는 원인이었다. 봉건적인 복종관계가 성립된 뒤에도 왕은 대영주의 폭력을 통제할 수 없었다. 따라서 폭력과 약탈과 무질서가 아주 넓은 지역에 만연하였다.

그러나 봉건제의 모든 폭력적 방식으로도 이루어지지 않았던 것이 외국과의 무역과 제조업의 작용에 의해 점차로 이루어졌다. 외국무역과 제조업은 느낄 수 없을 정도로 조용하게 이 일을 이루어 내었다. 자신을 위해서는 무슨 짓이든 하고 다른 사람들 위해서는 아무것도 하지 않는 것, 이것은 어느 시대에서나 인간 지배자들의 비열한 좌우명이었던 것처럼 보인다. 그러므로 대토지 소유자들이 자신의 모든 지대를 자신을 위해 소비할 수 있는 방법을 발견하자마자 그들은 그것을 다른 사람들과 나눌 의향이 전혀 없어졌다. 그들은 한 쌍의 다

이아몬드 버클을 위해, 또는 무익하고 보잘것없는 물건을 위해 대가로 천 명이 일 년 동안 먹고살 만한 부를 소비했고, 그것과 함께 그 부가 그들에게 부여할 수 있는 영향력과 권위를 모두 포기했다.

대토지 소유자의 지출이 이런 식으로 점점 늘어났기 때문에 가신들의 숫자는 점점 줄어들어 마침내 모두 해고될 수밖에 없었다. 같은 이유로 그는 불필요한 소작인을 점점 해고했으므로 소작인이 농사지어야 할 땅은 넓어졌다. 줄어든 소작인으로부터 더 많은 지대를 짜냄으로써 그는 더 많은 잉여를 가져갈 수 있었다. 상인과 제조업자는 그가 이러한 잉여를 자신을 위해 소비하는 방법을 제공했다.

소비에 필요한 잉여를 더 많이 마련하기 위해 대토지 소유자는 자신의 토지를 개량해 지대를 올리고 싶었다. 이에 대해 토지를 빌려 사용하는 사람들은 조건을 내걸었다. 그 조건은 그들이 토지를 개량하기 위해 투자한 모든 자본을 이윤과 함께 회수할 수 있을 동안은 토지를 사용할 수 있어야 한다는 것이었다. 그 결과 장기간 토지를 빌리는 계약이 생겨났다.

이런 식으로 토지를 빌려 사용하는 사람들은 독립했고, 가신들은 해고되었기 때문에 대토지 소유자는 더 이상 왕의 사법권 집행에 간섭할 수 없었으며, 그 결과 농촌의 평화가 유지되었다.

이렇게 하여 대토지를 소유했던 영주 계층과 상인 계층의 사람들은 사회에 봉사할 의도가 전혀 없었음에도 불구하고 공공의 복리를 증진하는 매우 중요한 혁명에 크게 기여하였다. 유치한 허영심을 충족시키는 것이 대토지 소유자의 유일한 동기였다. 이에 비해 상인과 수공업자들은 대토지 소유자보다 훨씬 덜 어리석었지만 역시 자신의 이익에 따라서만 행동했다. 상인과 수공업자들은 1페니를 얻을 수 있는 곳에만 1페니를 투자하는 행상인의 원리에 따라 행동했다.

아무도 대토지 소유자의 어리석음과 상인·제조업자의 부지런함이 서서히 혁명을 일으키고 있다는 사실을 알지 못했다. 유럽 대부분의 지역에서 도시의 상업과 제조업은 농촌의 개량과 경작의 결과가 아니라 그 원인이었다. 그러나 이러한 순서는 사물의 자연스런 진행에 반대되므로 필연적으로 느리고 불확실할 수밖에 없다. 부가 상업과 제조업에 크게 의존하고 있는 유럽 나라들의 느린 진보와 부가 대체로 농업에 근거하고 있는 북아메리카 식민지의 빠른 진보를 비교해 보라.

상업과 제조업으로 얻은 한 나라의 자본은 그 일부라도 그 나라의 토지 개량과 경작에 투자되어 안전하게 보존되기 전에는 대단히 불안정하고 불확실한 소유물이다. 상인은 반드시 어떤 특정국의 시민일 필요는 없다는 말이 있다. 이 말은 아주 적절하다. 어느 지역에서 자기의 사업을 운영하는가는 그들에게는 별로 상관이 없다. 매우 사소한 기분 나쁜 일에도 그는 한 나라에서 다른 나라로 그의 자본 및 산업을 옮겨간다. 그의 자본 중 일부가 건물이나 토지 개량에 투자되어 한 나라에 널리 퍼질 때까지 그는 그 나라에 속한다고 말할 수 없다.

상업으로 얻은 부는 전쟁과 통치의 통상적인 혁명에도 쉽게 빠져나갈 수 있다. 농업의 개량으로부터 나오는 부의 원천은 보다 견고해서 오래 계속된다. 그것은 적개심에 불타는 야만족이 1~2세기 동안 계속 격렬하게 약탈해 대대적인 변동을 일으키지 않고서는 파괴될 수 없다.

| 제4편 |

정치경제학 체계

1장

상업주의 또는 중상주의 원리*

　　　　　정치경제학은 정치가나 입법가를 위한 과
학의 한 분야로 간주되며 그것은 두 개의 뚜렷한 목적을 가지
고 있다. 첫째는 국민들이 스스로 풍부한 소득이나 생계수단을
얻을 수 있도록 하는 것이고, 둘째는 공공서비스를 제공함에 있
어 충분한 수입을 국가에 공급하는 것이다. 즉 정치경제학은
국민과 국가 모두를 부유하게 하는 것을 목적으로 한다.

　시대와 나라가 다름에 따라 부유하게 되는 과정도 다르므
로 정치경제학에는 두 개의 서로 다른 학설이 나타났다. 하나

＊ 중상주의의 3시기 : ① 해외 식민지로부터 직접 금과 은을 가져오는 것이 국부를 증진시키는
　가장 확실한 방법이라고 생각했던 시기. ② 무역 차액을 유리하게 함으로써 금과 은의 잔고를
　증가시키려는 것—화폐잔고설. 이 화폐잔고설에 대해 무역차액이란 금과 은의 잔고가 아니
　라 재화의 잔고로써 측정되어야 한다는 주장—실물잔고설. ③ 실물잔고를 늘리기 위해 국내
　산업을 개발하는 것, 즉 국가의 생산력을 높이는 것. 스미스의 중상주의 비판은 실물잔고설에
　근거한 것임(다카시마 젠야, 《아담 스미스》 86쪽).

는 중상주의이고 다른 하나는 중농주의이다. 부가 화폐 또는 은에 있다는 것은 화폐가 상업 도구와 가치 척도의 이중 기능을 가지고 있다는 사실로부터 자연스럽게 도출되는 통속적인 관념이다. 화폐를 가지고 있으면 우리는 필요한 것을 쉽게 얻을 수 있다. 간단히 말해 부와 화폐는 모든 면에서 동의어로 여겨진다.

부유한 사람과 마찬가지로 부유한 나라도 화폐를 많이 가진 나라로 생각되고 있다. 이런 통속적인 관념에 따라 유럽의 모든 나라들은 금과 은을 축적하기 위한 모든 가능한 수단들을 연구했지만 별 효과가 없었다. 유럽에 금과 은을 공급하는 주요 광산들을 갖고 있는 스페인과 포르투갈은 무거운 벌금으로 그것의 수출을 금지하거나 수출할 때 큰 세금을 물렸다. 이러한 금지 조치는 스코틀랜드, 프랑스, 잉글랜드 등에서도 실시되었다.[*]

하지만 이 나라들이 상업적이 됨에 따라 상인들은 많은 경우에 이 금지 조치가 아주 불편하다는 것을 발견하였다. 그들은 이 금지 조치가 무역에 해롭다고 항의했다.[**]

첫째, 그들은 외국 상품을 수입하기 위해 금과 은을 수출하는 것이 그것의 양을 반드시 감소시키는 것은 아니라고 주장했다. 반대로 그것은 종종 그 양을 증가시킬 수도 있다. 왜냐

---

[*] 중상주의 제1시기의 생각

[**] 중상주의 제2시기의 생각(화폐잔고설)

하면 수입한 외국 상품이 국내에서 다 소비되지 않는다면 남은 것은 외국으로 다시 수출되어 그곳에서 이윤을 남기고 판매될 것이고, 그렇게 되면 상품을 사기 위해 처음 수출된 것보다 더 많은 금과 은을 국내로 들여올 수 있기 때문이다.

둘째, 그들은 금과 은이 가치에 비해 부피가 작아 해외로 쉽게 밀수출될 수 있으므로 이러한 금지 조치가 금과 은의 수출을 막을 수 없다고 주장했다. 그들은 오직 무역수지를 잘 관리함으로써만 금과 은의 수출이 저지될 수 있다고 주장했다. 즉 한 나라가 수입한 것보다 더 큰 가치를 수출하면 수지는 흑자가 되어 그것에 상응하는 양만큼 금과 은이 증가한다는 것이다. 반대로 그 나라가 수출한 것보다 큰 가치를 수입하면 수지는 적자가 되어 그것에 상응하는 양만큼 금과 은이 감소할 것이다.

사정이 이러하다면 수출 금지는 금과 은의 수출을 막을 수 없고, 오히려 위험을 증가시킴으로써 비용만 더 들어갈 뿐이라고 그들은 주장했다. 금과 은의 수출을 금지한다면 환율은 무역 적자를 내는 나라에 더 불리하게 된다. 그들은 환율이 불리할수록[높을수록] 무역수지가 그 나라에 더 불리해진다고 주장한다. 왜냐하면 그 나라의 화폐는 무역 흑자를 내는 나라의 화폐에 비해 반드시 가치가 떨어지기 때문이다.

이러한 논의는 부분적으로는 옳지만 부분적으로는 궤변이다. 무역을 위한 금과 은의 수출이 그 나라에 종종 유리하다고 주장한 점에서 그들은 옳다. 또한 사람들이 금과 은을 수출하는 것이 유리하다고 생각할 때는 어떠한 금지조치도 그것의 수출을 막을 수 없다고 주장한 점에서도 그들은 옳다.

그러나 정부가 다른 유용한 상품을 보존하고 증가시키는 것보다 금과 은의 양을 보존하고 증가시키는 것에 더 많은 주의를 기울여야 한다는 그들의 생각은 궤변이다. 왜냐하면 정부가 주의를 기울이지 않더라도 자유로운 무역은 금과 은의 양을 적절하게 조절해줄 것이기 때문이다. 또한 높은 환율이 무역 적자를 반드시 증가시킨다거나 더 많은 양의 금과 은을 유출시킨다고 주장하는 것도 아마 궤변일 것이다. 사실 그러한 높은 환율은 외국에 화폐를 지불해야 하는 상인에게는 매우 불리하다. 그러나 그 나라로부터 더 많은 금과 은을 반드시 유출시키지는 않는다. 환율이 높아지면 상인은 자연히 이러한 높은 환율로 지불하는 것을 가능한 줄이기 위해 수입과 수출이 거의 균형을 유지하도록 노력한다. 게다가 환율이 높아지면 외국 상품의 가격이 올라가기 때문에 그것의 소비량이 줄어들 것이다. 따라서 환율이 높아지면 무역수지 적자와 금과 은의 수출이 증가되는 것이 아니라 감소되는 경향이 있을 것이다.

그러나 상인들은 사람들을 이러한 논의로 설득시켰다. 외국무역이 나라를 부유하게 한다는 것을 상인들만이 아니라 귀족과 시골의 대지주들도 경험을 통해 알고 있었다. 그러나 외국무역이 어떤 방식으로 그렇게 하는가는 아무도 알지 못했다. 하지만 상인들은 외국무역이 어떤 방식으로 자신들을 부유하게 하는지 알고 있었다. 물론 그것을 아는 것이 바로 그들의 관심사였다. 하지만 그것이 어떤 방식으로 나라를 부유하게 하는지를 아는 것은 그들의 관심사가 아니었다.

상인들의 이러한 설득으로 유럽의 여러 나라들은 금과 은의 수출을 금지하는 정책을 버리고 무역수지를 감시하는 정책을 채택했다. 그러나 이것은 무익한 하나의 걱정거리로부터 훨씬 더 복잡하고 당혹스러우면서도 똑같이 무익한 다른 걱정거리로 전환된 것에 불과했다.

금광이나 은광을 갖고 있지 못한 나라는 금과 은을 외국에서 사와야 한다. 그러나 정부가 포도주보다 금과 은에 더 큰 관심을 가져야 할 필요는 없는 것 같다. 포도주를 살 돈을 가진 나라는 언제든지 포도주를 살 수 있을 것이다. 마찬가지로 금과 은을 살 수 있는 수단^{예를 들면, 포도주}을 가진 나라는 결코 금과 은이 부족하지 않을 것이다. 금과 은은 다른 모든 상품처럼 특정 가격으로 구입할 수 있다. 금과 은이 다른 모든 상품의 대가이듯이, 다른 모든 상품은 금과 은의 대가가 될 수 있다. 우리는 정부의 배려가 없더라도 자유로운 무역에 의해 우리가 필요한 포도주를 언제나 얻을 수 있다는 것을 100% 안심하고 믿어도 된다. 마찬가지로 우리는 자유로운 무역에 의해 금과 은을 항상 얻을 수 있다는 것도 100% 안심하고 믿어도 된다.

모든 상품은 어느 나라에서나 유효수요에 자연스럽게 따른다. 그러나 어떤 상품도 금과 은보다 더 쉽게 유효수요에 따르는 것도 없다. 왜냐하면 금과 은은 다른 상품보다 더 쉽게 한 장소에서 다른 장소로 운반될 수 있기 때문이다. 한 나라에 있는 금과 은이 유효수요보다 많으면 정부가 어떠한 감시를 하더라도 그것의 수출을 막을 수 없다. 제조업의 원료가 부족하면 산업은 멈추어야 한다. 식량이 부족하면 국민은 굶어야 한다. 그러나 화폐^{금과 은}가 부족하면 많이 불편하겠지만 물물교환이 그것을 대신할 것이다. 따라서 모든 면에서 볼 때, 한 나라의 화폐량을 보존하고 증가시키기 위해 정부가 주의를 기울이는 것은 전혀 불필요하다.

부는 화폐, 즉 금과 은에 있는 것이 아니라 화폐로 구매하는 것에 있다는 것, 그리고 화폐는 구매하는 힘이 있기 때문에 가치가 있다는 것을 진지하게 증명하려고 하는 것처럼 어리석은 짓은 없을 것이다. 상인들은 보통 상품으로 화폐를 구입하는 것보다 화폐로 상품을 구입하는 것이 더 쉽다고 생각한다. 이것은 부가 본질적으로 화폐에 있기 때문이 아니다. 그것은 화폐가 이미 널리 수용된 상업 수단이라서 그것을 가지고 모든 것을 쉽게 얻을 수 있기 때문이다. 다른 상품들은 쉽게 화폐로 교환될 수 없다. 게다가 대부분의 상품은 화폐보다 더 쉽게 상하므로 상품을 가지고 있으면 더 큰 손해를 볼 수 있다.

　이처럼 상품으로 화폐를 얻는 것이 화폐로 상품을 얻는 것처럼 쉽지는 않지만 장기적으로 볼 때, 상품은 화폐로 상품을 얻는 것보다 더 확실하게 상품을 얻을 수 있다. 상품은 화폐를 얻는 것 외에 다른 많은 용도로 사용될 수 있지만, 화폐는 상품을 얻는 것 외에는 어떤 용도로도 사용될 수 없다. 그러므로 화폐는 필연적으로 상품을 뒤쫓아 가지만 상품은 반드시 화폐를 뒤쫓아 가지는 않는다.

　금과 은의 수입은 한 나라가 외국무역에서 얻을 수 있는 주된 이득은 아니며, 유일한 이득은 더더구나 아니다. 외국무역이 행하는 모든 나라들은 외국무역으로부터 두 가지 이익을 얻는다. 외국무역은 한 나라의 토지와 노동의 생산물 중 국내에서 수요가 없는 잉여분을 내가고 그 대신 수요가 있는 다른 것을 들여온다. 외국무역을 통해 국내에서 소비하고 남은 것을 국민들의 욕구를 만족시키고 향락을 증가시키는 다른 것과 교환하게 되면 그 남은 것은 가치를 갖게 된다. 이렇게 되면 국내시장이 협소하더라도 분업이 최고도로 이루어질 수 있다.

　외국무역은 한 나라의 노동생산물 중 국내에서 소비하고 남은 모든 부분에 대해서도 넓은 시장을 제공함으로써 국내의 생산력을 발전시키고, 한 해 생산물을 최고도로 증가시키며, 그 결과 사회의 실질수입과 부를 증가시킨다. 외국무역은 외국무역을 행하는 모든 나라들에서 이러한 위대하고 중요한 봉사를 계속적으로 수행하고 있다. 이들 나라들은 모두 외국무역으로부터 큰 이득을 얻는다. 특히 상인들이 많이 활동하는 나라들이 일반적으로 가장 큰 이득을 얻는다. 왜냐하면 상인들은 자기 나라에 부족한 것을 들여오고 남는 것을 내가는데 종사하기 때문이다. 부유하고 문명화된 나라들은 항상 미개하고 야만적인 나라들과의 거래에서보다는 서로간의 거래에서 더 큰 가치를 교환한다.

부는 금과 은에 있다는 원리와 광산이 없는 나라에서는 금과 은을 오직 수입하는 것보다 더 큰 가치를 수출함으로써 얻을 수 있다는 원리, 이 두 가지가 일반적으로 수용되고 있다. 이러한 두 원리에 근거하여 유럽의 정치가들과 입법가들은 국내 소비를 위한 외국 상품의 수입은 가능한 한 줄이고 국내 생산물의 수출은 가능한 한 증가시키는 것을 목표로 하는 경제 정책을 펴고 있다. 이러한 경제 정책을 위한 두 개의 큰 엔진은 수입을 제한하는 정책과 수출을 장려하는 정책이었다.

2장

국내에서 생산될 수 있는 상품을
외국에서 수입하는 것을 제한하는 정책

국내에서 생산 가능한 상품의 수입을 무조건 금지하거나 높은 관세로 제한한다면, 이 상품을 생산하는 국내의 산업은 국내시장에서 다소간의 독점을 누릴 수 있다. 국내시장에서 특정 산업의 독점을 보장하는 것은 그 산업을 장려하는 것이고, 그렇게 되면 그 산업에 더 많은 노동과 자본이 몰리게 된다. 이것은 의심할 바 없는 사실이다. 그러나 그것이 사회의 전체 산업을 증가시키거나 가장 유리한 방향으로 나아가게 하는지는 분명하지 않다.

각 개인은 그가 사용할 수 있는 자본을 가장 유리한 방법으로 사용하려고 계속 노력한다. 사실, 그가 관심을 갖는 것은 자신의 이익이지 사회의 이익은 아니다. 그러나 자신의 이익을 골똘히 추구하다 보면 그는 자연스럽게 아니 오히려 필연적으로 사회에 가장 유익한 곳에 자본을 투자하게 된다.

첫째, 가능한 가까운 곳에, 따라서 가능한 국내 산업을 지원하는 데 자신의 자본을 투자해서 보통 이윤 또는 보통 이윤보다 그렇게 적지 않은 이윤을 늘 얻을 수만 있다면, 모든 개인은 그렇게 하려고 노력한다.

둘째, 국내 산업의 지원에 자신의 자본을 사용하는 모든 개인은 필연적으로 가능한 그 산업의 생산물이 최대의 가치를 갖도록 그 산업을 관리하려고 애쓰게 된다. 산업 생산물은 노동의 대상과 재료에 노동이 부가된 것이다. 이 생산물의 가치가 크냐 작으냐에 따라 고용주의 이윤이 크거나 작을 것이다. 자본을 사용하는 사람은 누구나 이윤을 얻으려고 한다. 따라서 그는 생산물이 가장 큰 가치를 가질 수 있는 산업, 즉 화폐나 다른 상품을 가장 많이 구매할 수 있는 산업에 자본을 투자하려고 애쓸 것이다.

그러나 한 사회의 한 해 수입은 그 사회의 한 해 산업 총생산물의 교환가치와 정확히 일치한다. 따라서 모든 개인이 최선을 다해 자기 자본을 국내 산업의 지원에 사용하고, 산업 생산물이 최대의 가치를 갖도록 노동을 관리한다면, 모든 개인은 필연적으로 그 사회의 한 해 수입이 최대치가 되는데 기여하는 것이 된다. 그는 실제로 공공의 이익을 증진시키려고 의도하지도 않으며, 그가 얼마나 기여하는지도 모른다. 그가 해외 산업보다 국내 산업의 지원을 선호한 것은 오직 자신의 안전을 의도한 것이다. 또 그가 산업 생산물이 최대의 가치를 갖도록 그 노동을 관리한 것도 오직 자신의 이득을 의도한 것이다. 이렇게 함으로써 그는 다른 많은 경우에서와 같이 보이지 않는 손에 이끌려 그가 전혀 의도하지 않은 목적을 증진시키게 된다. 그가 의도하지 않았다고 해서 의도했을 경우보다 반드시 사회에 더 적게 기여하는 것은 아니다. 자신의 이익을 추구하는 것이 빈번하게 진정으로 공공의 이익을 증진시키려고 의도하는 경우보다 더 효과적으로 그것을 증진시킨다. 나는 공공선을 위해 상업에 간섭했던 사람들이 실제로 그의 의도대로 공공선에 많이 기여하는 것을 본 적이 없다.

자신의 자본을 어떤 국내 산업 분야에 투자하면 좋은지, 가장 큰 가치를 가진 생산물을 생산하는 산업 분야는 무엇인지에 대해, 모든 개인은 자신이 처한 국부적인 상황에서 어떠한 정치가나 입법자가 그^{개인}를 위해 할 수 있는 것보다 훨씬 더 잘 판단할 수 있다는 것은 명백하다. 민간인들에게 자신의 자본을 특정한 방식으로 사용하라고 지시하려는 정치가는 전혀 불필요한 수고를 스스로 짊어지려고 하는 것이다. 뿐만 아니라 이러한 시도는 가장 위험한 권력을 차지하려고 하는 것이다. 우리는 이런 위험한 권력을 개인은 물론 위원회나 상원에도 위임해서는 안 된다. 누군가가 자신만이 이런 권력을 행사하기에 가장 적합하다고 생각한다면 그는 어리석은 사람이다.

특정한 수공업과 제조업에 생산된 국산품이 국내시장에서

독점을 유지하도록 허용하는 것은 어느 정도 모든 개인에게 자신의 자본을 어떤 식으로 사용해야 하는가를 지시하는 것과 같다. 이러한 지시는 거의 모든 경우가 쓸모없거나 유해한 규제다. 만약 그 국산품이 외제품만큼 싸게 공급될 수 있다면 이 규제는 쓸모없는 것이고, 외제품보다 비싸게 공급된다면 유해한 것이기 때문이다. 사서 쓰는 것보다 만드는 것이 더 비싼 물건을 집에서 만들려고 하는 가장이 있다면 그는 현명한 가장이 아니다. 현명한 가장은 자신의 모든 노동을 이웃보다 더 유리한 방식으로 사용해 만든 생산물의 일부로 자신이 원하는 것을 사서 쓰는 것이 이익이라는 것을 안다.

모든 개별 가구의 행동에서 현명한 것이 국가의 행동에서 어리석은 것이 될 수는 없다. 만약 외국이 국내에서 직접 생산하는 것보다 더 싸게 상품을 제공할 수 있다면, 우위에 있는 국산품의 일부로 그것을 사는 것이 더 낫다. 직접 생산하는 것보다 더 싸게 살 수 있는 물건을 만들어내려고 한다면 그 산업은 자본을 가장 유리하게 이용하는 것이 아니다. 산업이 더 가치 있는 상품을 생산하는 것을 외면할 때, 한 해 생산물의 가치는 분명히 줄어들 것이다. 그렇게 되면 결국 한 나라의 산업은 더 유리한 곳으로부터 덜 유리한 곳으로 전환되고, 그 것의 한 해 생산물의 교환가치는 입법자의 의도대로 증가하지 않고 규제에 의해 반드시 줄어들 것이다.

이러한 규제에 힘입어 실제로 가끔 특정 제품이 이러한 규제가 없는 경우보다 더 빨리 획득될 수도 있고, 일정한 시간이 지난 뒤 외제품과 같거나 더 싸게 국내에서 생산될 수도 있다. 그러나 사회의 산업이 이러한 규제가 없는 경우보다 더 빨리 특정 분야로 유리하게 전환된다 하더라도, 그 사회의 산업이나 소득의 총계가 이러한 규제 때문에 증대되는 일은 결코 일어나지 않을 것이다.

농촌의 대지주와 농부는 국민들 중에서 독점욕이 가장 적은 계층의 사람들이다. 그들은 대부분의 제조업자처럼 자기만의 비법을 갖고 있지 않다. 그들은 일반적으로 이웃과 소통하기를 좋아하고, 새로운 경험이 유리한 것으로 밝혀지면 가능한 널리 보급하고 싶어 한다. 또 여러 지역에 분산되어 거주하는 대지주와 농부는 상인과 제조업자들처럼 쉽게 단결할 수도 없다. 이에 비해 도시에 모여 있는 상인과 제조업자는 배타적인 동업조합 기질이 몸에 배어 있다. 따라서 그들은 자신들이 살고 있는 도시의 주민들에 대해 일반적으로 가지고 있는 배타적 특권을 국민 전체에까지 확대하려고 애를 쓴다. 따라서 그들은 국내 시장의 독점권을 위해 외국 상품의 수입 제한을 처음 생각해낸 사람들로 보인다. 영국의 대지주들과 농부들이 자신들의 천성에 고유한 관대함을 잊고 배타적인 특권을 요구하게 된 것은 아마도 자신들을 억압하려는 상인이나 제조업자들과 동등하게 되기 위해 그들을 모방했기 때문일 것이다.

영구적인 법에 의해 외국의 곡물과 가축의 수입을 금지하는 것은 사실상 한 나라의 인구와 산업이 항상 그 나라 토지에서 생산되는 미가공생산물 수준을 넘지 못하도록 입법화하려는 것이다. 그러나 국내 산업을 진흥시키기 위해 외국 산업에 부담을 주는 것이 유리한 경우에는 두 가지가 있다.

첫 번째는 특정 산업이 국방을 위해 필요한 경우다. 예를 들면, 영국의 국방은 선원과 선박의 수에 크게 의존해 있다. 그러므로 항해조례[1661년]를 통해 외국 해운업을 어떤 경우에는 무조건 금지하고 또 어떤 경우에는 무거운 부담을 가함으로써 영국의 선원과 선박에게 무역의 독점권을 준 것은 매우 정당하다. 두 번째는 국내 산업의 생산물에 대해 국내에서 세금을 부과하고 있는 경우다. 이럴 경우 같은 세금이 외국의 동종 상품에 부과되는 것이 합당한 것이다. 이것은 국내 산업에게 국내시장의 독점권을 주는 것이 아니다.

이처럼 국내 산업의 진흥을 위해 외국 산업에 부담을 주는 것이 일반적으로 유리한 경우가 두 가지 있듯이, 신중하게 고려해야 할 문제도 두 가지가 있다. 하나는 외국 상품의 수입 자유를 어느 정도 계속하는 것이 적당한가이고, 다른 하나는 일시 중단되었던 수입 자유를 어느 정도로 또는 어떤 방식으로 복원하는가다.

외국 상품의 수입 자유를 어느 정도 계속하는 것이 적당한가를 깊이 생각해야 하는 경우는 외국이 우리 제품의 수입을 높은 관세로 제한하거나 금지할 때다. 이런 경우 복수심이 발동해 우리도 당연히 수입되는 그 나라 제품의 일부 또는 전부에 대해 유사한 관세나 금지 조치를 부과해 보복할 것이다. 이런 보복을 통해 외국의 높은 관세나 금지 조치를 없애는 것이 가능하다면 그것은 좋은 정책이라고 할 수 있다. 거대한 외국 시장이 회복되면 과도기의 이러한 불편은 일반적으로 충분히 보상될 것이다.

이와 같은 보복이 의도한 효과를 낼 수 있을지 어떨지는 일반 원칙을 연구하는 정치경제학자가 할 일이 아니다. 그것은 순간순간의 정세 변화에 관심을 가지고 있는 정치가들이 할 일이다. 보복 조치에도 불구하고 그것이 철회되지 않는다면, 그것은 국민의 일부 계급이 입은 손해를 보상하기 위해 그 계

급뿐만 아니라 모든 계급에게 또 다른 손해를 입히는 좋지 않은 방법인 것처럼 보인다.

이웃 나라들이 우리의 제품 몇몇을 수입 금지하면 우리는 그들의 같은 제품만을 수입 금지하지는 않는다. 이것만으로는 그들에게 별로 영향을 주기 어렵기 때문에, 우리는 그들의 다른 제품도 수입 금지한다. 이것은 분명 경쟁자를 배제해 국내의 일부 특정 제조업자를 장려하게 될 것이고, 그에 따라 국내에서 그들이 제품 가격을 올리게 될 것이다. 그러나 이웃 나라들 금지 조치로 손해를 입은 우리의 직공들은 이 조치로 이득을 보지 못할 것이다. 따라서 이런 식의 조치는 이웃 나라들의 금지 조치로 손해를 입은 일부의 직공들을 위해서가 아니라 다른 직공들을 위해 국민 전체가 실제로 세금을 내는 것과 같다.

다음으로, 외국 상품의 수입 자유가 일시 중단된 이후 어느 정도로, 어떤 방식으로 그것을 복원해야 하는가를 깊이 생각해야 하는 경우를 살펴보자. 이는 특정 제조업이 외국의 경쟁 상품에 대한 높은 관세나 수입 금지 덕분으로 수많은 일손을 고용할 수 있을 만큼 확대되었을 때다. 이 경우 무역의 자유가 매우 서서히 회복되는 것이 인간성에 부합할지 모른다. 만약 높은 관세나 수입 금지가 한꺼번에 없어진다면 같은 종류의 값싼 외국 상품이 국내로 밀려들어와 수천 명의 국민이 실직하고 생계를 잃을 수도 있을 것이다. 그러나 다음의 두 가지 이유 때문에, 그 피해는 흔히 짐작되는 것보다 별로 심각하지 않을 수도 있다.

첫째, 보조금 없이 유럽의 다른 나라에 그 일부가 수출되는 모든 제품은 외국 제품이 마음대로 수입되더라도 별로 영향을 받지 않는다. 이러한 제품은 해외에서 종류와 질이 같은 다른 외국 제품만큼 싸게 팔릴 것이며, 따라서 국내에서는 더 싸게 팔릴 것이다. 유행을 따르는 변덕스러운 사람은 오직 외제라는 이유로 더 싸고 좋은 동종의 국산 제품보다 외제를 선호할 수도 있으나 사물의 본성상 이런 어리석은 행동은 국민의 전체 고용 상황에 현저한 영향을 줄 정도로 크게 확대될 수는 없다.

둘째, 무역의 자유가 회복되어 수많은 사람들이 직장에서 쫓겨나 생계 수단을 잃는다고 하더라도 그들이 고용 또는 생계를 박탈당한다고는 말할 수 없다. 제조업자는 언제나 자신의 노력으로 생계를 해결하는 것에 익숙해져 있다. 대다수의 제조업에는 특성이 비슷한 부차적인 제조업들이 있기 때문에 노동자가 한 분야에서 다른 분야로 쉽게 옮길 수 있다. 국민 모두에게 자신이 좋아하는 종류의 직업에 종사할 수 있는 자연적 자유를 회복시켜주어야 한다. 즉 자연적 자유를 심각하게 침해하는 동업조합의 배타적 특권, 도제법, 거주법은 폐지되어야 한다. 이러한 제도들은 가난한 노동자가 한 직업 또는 한 장소에서 실직하면 다른 장소나 직업에서 직장을 얻는 자유를 방해한다.

사실 영국에서 자유무역이 완전히 복원될 것을 기대하는 것은 오세아나^{Oceana*}나 유토피아가 영국에 세워질 것을 기대하는 것만큼 얼빠진 짓이다. 대중의 편견뿐 아니라 훨씬 더 정복하기 어려운 많은 개인들의 사사로운 이익이 그것에 완강히 반대할 것이다. 군대의 장교들이 병력을 줄이는 것에 일치단결해 한 목소리로 반대하는 것과 마찬가지로, 제조업자들은 국내시장에서 그들의 경쟁자 수를 증가시킬 것 같은 어떠한 법률에도 반대한다. 제조업자들은 노동자들을 선동해 이런 법률을 발의하는 사람들을 불법적인 수단을 사용해서라도 공격하려고 한다.

어떤 점에서든 제조업자가 손에 넣은 독점을 줄이려는 시도는 군대를 감축시키려는 시도처럼 위험하다. 독점을 강화하는 모든 제안을 지지하는 국회의원은 상인과 제조업자들로부터 많은 인기를 누리며 무역을 이해한다는 명성을 얻을 것이다. 반대로 국회의원이 독점적인 제조업자들에 반대하면서 그들을 제압하려고 한다면 그가 매우 잘 알려진 정직한 인물이든, 최고위층의 인물이든, 사회봉사를 매우 많이 한 인물이든 상관없이 그는 그들에게서 수치스럽고 모욕적인 욕설과 비난을 당할 것이다. 그리고 심지어 그는 분노하고 실

---

* 17세기 영국의 공화주의자 제임스 해링턴James Harrington이 쓴 책 《오세아나 공화국》을 말하는 것으로 보인다. 그는 이 책에서 영국의 이상적인 모습을 제시했다.

망한 독점가들로부터 불법적인 공격을 당하는 위험에 처할지도 모른다.

입법부가 편파적인 이익을 추구하는 사람들의 소란스럽고 끈덕진 요구보다는 폭넓은 공공의 이익을 먼저 생각한다면 이미 자리 잡고 있는 독점을 확대시키지 않도록 주의해야 할 뿐만 아니라 새로운 종류의 독점을 만들지 않도록 주의해야 할 것이다.

3장

무역수지가 적자를 내는 나라들로부터 거의 모든 종류의 상품 수입을 특별히 제한하는 것

1절 중상주의 원리에 따르더라도 이러한 특별 제한은 불합리하다

무역수지가 적자인 나라들로부터 거의 모든 종류의 상품 수입을 특별히 제한하는 것은 금과 은의 양을 증가시키기 위해 중상주의가 사용하는 두 번째 정책이다. 앞 장에서 검토한 원리가 사사로운 이익과 독점 기질에서 기원한 것이라면, 여기서 검토하려는 원리는 민족주의적 편견과 적대감에서 기원한 것이다. 이 원리는 앞의 원리보다 훨씬 더 불합리하며, 중상주의의 원리에서 보더라도 불합리한 것이다.

첫째, 영국과 프랑스가 자유무역을 하는 경우, 예를 들어 프랑스가 무역 흑자를 내는 것이 확실하다고 하더라도, 이로부터 무역이 영국에 불리하다거나 무역수지가 더 악화된다는 결론을 결코 끌어낼 수는 없다. 만약 프랑스 포도주가 포르투갈 포도주보다 더 싸고 좋다면, 또는 프랑스산 아마포가 독일산보다 더 싸고 좋다면, 영국은 포도주와 아마포를 포르투갈과 독일보다는 프랑스에서 사는 것이 더 유리하다. 한 해 동안 프랑스로부터의 수입액이 크게 증가한다 하더라도 한 해의 총수입액은 줄어든다. 프랑스로부터 수입된 상품이 모두 영국에서 소비된다고 가정하더라도 사정은 마찬가지다.

그러나 둘째, 프랑스로부터 수입된 상품들 중 대부분은 다른 나라로 재수출되어 거기서 이윤을 남기고 팔린다면 수입된 모든 프랑스 상품의 원가에 해당하는 금액은 국내로 들어올 것이다.

마지막으로 셋째, 양국간의 수지가 어느 쪽에 유리한지 또는 어느 쪽이 더 큰 가치를 수출했는가를 결정할 수 있는 확실한 기준은 없다. 특정 무역업자들은 자신들의 사사로운 이익을 위해 항상 국민적 편견과 적대감을 유발시킨다. 일반적으로 무역수지 관련 문제들에 대한 우리의 판단을 지배하는 원리는 이러한 국민적 편견과 적대감이다.

2절 다른 원리에 따르더라도 이러한 특별 제한은 불합리하다

거의 모든 무역규제는 무역수지 독트린^{doctrine}에 의거하고 있는데, 이보다 더 불합리한 것은 없다. 이 독트린은 서로 교역하는 양쪽의 수지가 균형을 이룬다면 어느 쪽도 이익을 보거나 손실을 보지 않는 반면, 균형을 이루지 않는다면 균형에서 기울어지는 정도만큼 한쪽이 손실을 보고 다른 한쪽이 이득을 얻는다고 가정한다.

이러한 가정은 모두 사실이 아니다. 보조금과 독점에 의해 강요된 무역은 일반적으로 그렇게 하는 나라에 불리하다. 그러나 무역이 어떠한 강요나 제한 없이 양국 간에 자연스럽고 규칙적으로 행해진다면 그것은 양자 모두에게 유리하다.

내가 생각하는 이익이나 이득은 금과 은의 양이 증가하는 것이 아니라 그 나라의 토지와 노동의 한 해 생산물의 교환가치가 증가하거나 주민들의 한 해 소득이 증가하는 것이다. 수지가 균형을 유지하고 두 나라 사이의 무역이 대체로 자국 상품들의 교환으로 이루어진다면, 대부분의 경우 양자 모두 거의 똑같이 이익을 얻을 것이다.

만약 두 나라 중 한쪽이 자국 상품만을 수출하고, 상대방으로부터 상대방의 자국 상품이 아닌 외국 상품만을 수입한다면, 상품에 대해 상품이 지불되므로 무역수지는 균형일 수 있다. 이 경우 또한 양자 모두 이득을 볼 수 있으나 서로 똑같이 이득을 보는 것은 아니다. 이러한 무역에서는 자국 상품만을 수출하는 나라의 주민이 최대의 소득을 올릴 것이다. 왜냐하면 자국 상품만을 수출하는 나라는 자본을 자국 안에서만 사용하는 반면, 외국의 상품을 수출하는 나라는 자본을 외국 상품을 구하기 위해 자국 밖으로 내보내야 하기 때문이다. 그러나 두 나라 사이의 무역에서 두 나라가 모두 자국 상품만을 팔거나 또는 한쪽은 국산품만을, 다른 한쪽은 외국 상품만을 파는 경우는 아마 없을 것이다. 거의 모든 나라는 무역에서 자국 상품과 외국 상품 둘 다를 사용한다. 이 경우 대부분이 자국 상품이고 일부가 외국 상품인 나라가 가장 큰 이득을 볼 것이다.

사람들은 직공이 술집과 계속 거래하면 손해를 보는 것처럼 공업국이 포도주 생산국과 계속 거래하면 손해를 본다고 말한다. 그러나 나는 이러한 거래가 반드시 손해를 본다고 생각하지 않는다. 사회적 분업의 관점에서 볼 때 양조업도 술 소매상도 필요하다. 일반적으로 볼 때, 직공이 스스로 술을 만들어 마시는 것보다는 양조업자로부터 필요한 만큼 사서 마시는 것이 더 돈이 적게 든다. 만약 그가 가난하다면 양조업자로부터 대량으로 사는 것보다는 소매상으로부터 조금씩 사는 것이 더 유리하다.

경험에 비추어볼 때, 포도주의 값이 싸면 과음을 하는 것이 아니라 오히려 절주를 한다. 일반적으로 포도주 생산국의 주민이 가장 절주를 잘 한다. 반대로 너무 춥거나 더워 포도주를 생산하지 못해 포도주가 비싸고 귀한 나라에서는 보통 과

음을 하는 나쁜 습관이 있다. 나는 프랑스의 어느 부대가 포도주가 비싼 북부 지방에서 싼 남부 지방으로 이동했을 때, 처음에는 군인들이 값싸고 훌륭한 좋은 포도주를 폭음하지만, 몇 개월 거주하게 되면 그들의 대부분은 그곳 주민들과 마찬가지로 절주하게 된다는 말을 들었다.

만약 외국산 포도주에 대한 관세와 맥주에 대한 소비세가 동시에 사라진다면 이 프랑스 부대처럼 영국에서도 일시적인 폭음이 있겠지만 곧 항구적이고 보편적인 절주가 뒤따를 것이다. 내 눈에는 포도주 무역을 제한하는 영국의 조치가 사람들이 술집에 가는 것을 막으려는 것이 아니라 가장 좋고 가장 싼 술을 살 수 있는 곳에 가는 것을 막으려는 것처럼 보인다. 이러한 조치는 포르투갈과의 포도주 무역을 촉진하고 프랑스와의 무역을 위축시킨다. 포르투갈 사람들이 프랑스 사람들보다 영국 제품에 대한 더 좋은 고객이므로 포르투갈이 우대되어야 한다고 사람들은 말한다.

이러한 행동방침은 영세 상인들의 비열한 술수에 지나지 않는다. 이제 이 비열한 술수가 대제국의 정치적 행동방침으로 격상되었다. 자신의 고객만을 주로 이용하는 것을 원칙으로 삼는 사람은 가장 한심한 졸때기 상인이다. 대상인은 이런 종류의 사소한 이익을 무시하고 항상 가장 싸고 좋은 곳에서 상품을 산다.

이와 같은 졸때기 행동방침은 모든 이웃 나라들을 가난하게 만드는 것이 자신들의 이익이라고 가르친다. 이로 인해 각 나라는 자기 나라와 무역하는 모든 상대국의 번영을 시샘 어린 눈으로 바라보며, 그들의 이익을 자신의 손실로 생각하게 되었다. 개인들 사이에서와 마찬가지로 나라들 사이에서 당연히 화합과 우정의 끈이 되어야 할 무역이 불화와 반목의 강력한 원천이 되었다. 금세기와 전세기 동안 상인들과 제조업자들의 당치 않은 질투심이 국왕과 장관들의 변덕스런 야심보다 유럽에 더 많은 전쟁을 일으켰다. 통치자들의 폭정과 불의는 오래된 악으로, 그 특성상 거의 치유될 수 없는 것이다. 그러나 통치자도 아니고 또 통치자도 될 수 없는 상인과 제조업자들의 비열한 탐욕과 독점 근성은 비록 교정될 수는 없지만 다른 사람들의 평온을 혼란스럽게 하지 못하도록 아주 쉽게 예방될 수 있을 것이다.

무역수지 독트린을 처음 발명해서 전파한 것은 독점 근성이다. 이것은 분명한 사실이다. 모든 나라의 대다수 국민들에게는 필요한 물건을 가장 싸게 파는 사람들로부터 사는 것이 항상 이익이다. 이 명제는 너무나 명확해서 그것을 증명하려고 노력하는 것은 어리석은 것처럼 보인다. 상인과 제조업자가 자신의 이익을 위해 궤변으로 이 같은 인류의 상식을 혼동시키지 않았더라면 이 명제는 결코 문제가 되지도 않았을 것이다.

이 점에서 그들의 이익은 국민 대다수의 이익과 정면으로 배치된다. 국내시장에서 독점권을 확보하는 것이 상인과 제조업자의 이익이다. 이 때문에 대부분의 유럽 나라에서 자기 나라의 제품과 경쟁할 수 있는 모든 외국 제품에 대해 높은 관세가 부과되고 수입 금지 조치가 내려진다. 무역수지가 불리한 나라들에서 오는 거의 모든 종류의 상품 수입에 대해 특별한 제한이 가해진다. 이들 나라에 대해서는 국민적 반감이 매우 격렬하게 불타오른다.

그러나 이웃 나라가 부유한 것은 전쟁과 책략에서는 위험하지만 무역에서는 이득이 되는 것이 확실하다. 적대 관계에 있을 경우 이웃 나라의 부는 우리보다 더 우월한 육해군을 보유하는 데 사용될 것이다. 그러나 평화로운 무역을 할 경우 그것은 우리와 더욱 큰 가치를 교환하는 데 사용될 수 있으며, 따라서 우리 산업의 생산물에 더 좋은 시장을 제공할 것이다.

부지런한 사람에게는 가난한 사람보다 이웃의 부유한 사람이 더 좋은 고객이듯이, 이웃의 부유한 나라도 그렇다. 사실, 부자는 같은 업종에서 일하는 모든 사람들에게는 매우 위험한 이웃이다. 그러나 훨씬 더 수가 많은 다른 업종의 이웃들은 부자의 소비에 의해 만들어지는 시장 때문에 이익을 얻는다. 심지어 그들은 부유한 제조업자가 동업의 빈곤한 제조업자보다 싸게 팔기 때문에 이득을 얻는다.

마찬가지로 부유한 나라의 제조업자는 이웃 나라의 제조업자에게 매우 위험한 경쟁자일 것이다. 그러나 이들의 경쟁은 대다수 사람들에게 이익을 줄 것이다. 뿐만 아니라 부유한 국민의 많은 지출이 만들어내는 훌륭한 시장도 그들에게 이익을 준다. 돈을 벌려고 하는 사람은 가난한 먼 시골로 가려 하지 않고 수도나 커다란 상업도시들로 가려 한다. 그는 적은 부가 움직이는 곳에서는 적은 것을 얻지만 큰 부가 움직이는 곳에서는 그 중 일부가 자신에게 떨어진다는 것을 안다.

모든 국민들이 이웃 나라의 부를 자신이 부를 획득할 수 있는 원인이나 기회가 된다고 생각해야 한다. 모든 국민들이 이렇게 생각하도록 만들어야 한다. 이웃 나라들이 모두 부유하고 부지런한 상업국인 경우 이들 나라와 무역을 하게 되면 반드시 부유하게 될 것이다. 오늘날 외국무역에 대한 원칙은 이웃 나라들을 가난하게 하는 것을 목적으로 한다. 이러한 목적이 소기의 성과를 달성할 수 있는 한, 무역은 무의미하고 경멸스러운 것이 되는 경향이 있다.

프랑스와 영국의 무역이 그렇게 위축되고 억제되는 것은 이러한 원칙의 결과다. 그러나 중상주의적인 질투심이나 국민적 적개심 없이 참된 이익을 생각한다면 프랑스와의 무역은 영국에게 어느 나라와의 무역보다 더 유리할 것이고, 같은 이유로 프랑스에게도 영국과의 무역이 더 유리할 것이다.

그러나 이 두 나라 사이의 개방적이고 자유로운 무역이 둘 다를 모두 유리하게 했을 바로 그 사정들이 무역의 주된 걸림돌이 되었다. 서로 이웃하고 있기 때문에 두 나라는 필연적으로 적이 되고 그 때문에 각각의 부와 힘은 서로에게 더 가공할 만한 것이 된다. 국가 간의 우호가 증진되어 서로 이익을 볼 수 있는 상황이 국가 간의 적대감을 더 격렬하게 불타오르게 할 뿐이다. 두 나라 모두 부유하고 부지런한 나라다. 따라서 두 나라의 상인과 제조업자는 상대방 나라의 상인과 제조업자와 경쟁하는 것을 두려워한다.

중상주의적 질투심은 국민의 적개심을 자극한다. 이 둘은 서로 상승작용을 한다. 양국의 무역업자들은 상대방과 자유무역을 행하면 당연히 무역수지 적자가 발생하며, 그 결과 확실히 파멸할 것이라고 주장했다. 그들은 확신에 차 열렬하게 이러한 주장을 하지만 그것은 자신들의 이익을 위한 기만이다.

중상주의 박사들로 자처하는 사람들은 모든 유럽의 상업국에 대해 불리한 무역수지로 곧 파멸할 것이라고 예견했다. 그러나 이들이 불안을 선동했음에도 불구하고 유럽의 어떤 나라도 자유무역 때문에 가난하게 된 것으로 보이지는 않는다. 반대로 각 도시와 나라가 항구를 모든 나라에 개방하는 만큼 자유무역으로 부유해졌다.

무역수지와는 전혀 다른 또 하나의 수지가 있다. 그것은 한 해 생산과 한 해 소비의 차액이다. 이 수지가 유리한지 불리한지에 따라 필연적으로 한 나라가 번영하기도 하고 쇠퇴하기도 한다. 한 해 생산의 교환가치가 한 해 소비의 교환가치보다 많다면, 그 사회의 자본은 그만큼 해마다 늘어갈 것이다. 반대로 한 해 생산의 교환가치가 연간 소비보다 적다면, 그 사회의 자본은 그만큼 해마다 줄어들 것이다.

생산과 소비 사이의 수지는 무역수지와 완전히 다르다. 어쩌면 어떤 나라는 반세기 동안 수출하는 것보다 더 많이 수입할 수도 있다. 이렇게 되면 주요 거래국에 대한 그 나라의 빚이 서서히 증가할 것이다. 그러나 이 반세기 동안 그 나라의 실질적인 부를 형성하는 토지와 노동의 한해 생산물의 교환가치는 훨씬 더 높은 비율로 증가할 수 있다.

4장

환불세금

상인과 제조업자는 국내시장의 독점에 만족하지 않고 자신의 상품을 최대한 넓은 외국시장에 내다 팔기를 바란다. 그러나 이들의 국가는 외국에 대한 관할권이 없으므로 그곳에서의 독점을 확보해줄 수 없다. 그러므로 이들은 수출 진흥책을 하소연하는 데 만족할 수밖에 없다.

수출 진흥책 중에서는 환불세금이 가장 합리적인 것처럼 보인다. 환불세금은 상인이 국산품을 수출할 때 그것에 부과된 물품세와 내국세의 전부 또는 일부를 환불해주는 제도다. 특정 분야에 환불세금 제도가 적용된다고 해서 그 분야에 더 많은 자본이 들어오는 것은 아니다. 환불세금은 다만 그 분야에 투자될 자본이 빠져나가지 않도록 막는 역할을 한다. 환불세금은 세금을 환불받는 상품이 실제로 외국에 수출되는 경우에만 유용한 것이며, 은밀하게 자기 나라로 재수입되는 경우에는 유용하지 않다.

5장

보조금

　　　　　수출 보조금을 받으면, 상인과 제조업자
는 자신의 상품을 외국시장에서 경쟁자와 같은 값으로 팔거
나 더 싸게 팔 수 있다. 그렇게 되면 더 많은 양이 수출될 것이
고 결과적으로 무역수지는 그 나라에 더 유리하게 될 것이다.
중상주의는 이런 방식으로 나라 전체를 부유하게 하고 우리
의 주머니에 돈을 채울 것을 제안한다.

　보조금은 그것 없이는 운영될 수 없는 산업 부문에만 주어
져야 한다고 생각된다. 보통 이윤과 함께 자기 자본을 회수할
수 없는 가격으로 상품을 팔아야 하는 산업이나 시장에 내놓
기 위해 실제로 들어간 비용보다 더 싸게 팔아야만 하는 산업
에서만 보조금이 필요하다.

　다른 중상주의 정책과 마찬가지로 보조금 정책도 자연스럽

게 흘러갈 경로보다 훨씬 더 불리한 경로로 한 나라의 무역을 강제할 뿐이다. 곡물무역에 관해 세 개의 논문을 쓴 찰스 스미스Charles Smith는 곡물수출에 보조금이 주어진 이후 곡물수출액이 곡물수입액보다 더 많아졌는데, 이 액수는 이 기간 중 지불된 보조금 총액보다 더 많다는 것을 아주 분명하게 보여주었다. 그는 이러한 결과가 중상주의의 참된 원리에 따라 강제된 곡물무역이 나라에 이익이 된다는 것을 보여주는 증거라고 생각하였다.

나는 이러한 주장에 대해 다음과 같이 대답한다. 보조금 지급으로 외국시장이 어느 정도 넓어진다 해도 그것은 대체로 국내시장의 희생으로 이루어지는 것이다. 왜냐하면 보조금이 있으면 수출되고, 없으면 수출되지 않는 곡물이 국내시장에 남아 있었으면 소비를 늘리고 가격을 낮추었을 것이기 때문이다. 우리는 곡물 보조금이 기타의 수출 보조금과 마찬가지로 국민에게 두 가지 다른 세금을 물린다는 사실을 알아야 한다. 하나는 보조금을 지급하기 위해 국민이 내야 하는 세금이고, 다른 하나는 국내시장에서 곡물의 가격이 오르기 때문에 곡물을 사먹는 모든 국민이 무는 세금이다.

가장 중요한 생활필수품인 곡물에 이러한 무거운 세금을 물리게 되면 노동 빈민의 생계비가 오르거나 또는 생계비의 화폐가격이 오르는 것에 비례해 그들의 화폐임금이 올라갈 것이다. 노동 빈민의 생계비가 오를 경우 자녀를 교육하고 양육시킬 수 있는 그들의 능력이 줄어들 것이고, 이에 따라 그 나라의 인구는 증가하지 않을 것이다. 화폐임금이 올라갈 경우 노동 빈민을 고용하는 고용주의 능력이 줄어들 것이며, 이에 따라 그 나라의 산업 발전이 억제될 것이다. 보조금 제도에 따른 세금은 그것을 내는 사람의 부담은 매우 무겁지만 그것을 받는 사람의 이익은 매우 사소하다.

우리가 내는 보조금 때문에 외국인이 우리의 곡물을 싸게 먹을 수 있을 뿐만 아니라 때로는 우리 국민이 먹는 것보다 더 싸게 먹을 수 있다. 보조금은 국내시장에서 우리 농산물의 참된 가격이 아니라 명목가격을 올린다. 즉 그것은 일정량의 곡물이 유지하고 고용할 수 있는 노동의 양이 아니라 그것이 교환될 은화폐의 양만 증가시킨다. 이렇게 되면 우리의 농업자본가와 지주에게 별로 큰 도움을 주지 않으면서 우리의 제조업

만 위축시킨다.

보조금으로 도움을 받는 사람들은 곡물상인들뿐이다. 풍년에 보조금을 지급하면 보조금이 없었을 때보다 더 많은 양의 곡물이 수출된다. 이렇게 되면 풍년의 남은 곡식으로 흉년의 부족한 곡식을 보충할 수 없다. 결국 보조금은 흉년에 외국으로부터 더 큰 양을 수입하도록 한다. 풍년과 흉년의 경우 모두 보조금은 곡물상인의 사업을 번성하게 한다. 보조금 때문에 곡물상인은 풍년에 남는 곡식으로 흉년에 부족한 곡식을 보충하는 것이 방해받지 않을 경우에 비해 더 많은 양의 곡식을 수입하여 더 높은 가격에 팔아 더 큰 이익을 남길 수 있다. 내가 보기에 보조금이 계속 지급되기를 가장 바라는 사람은 곡물상인들이다.

국산품의 수출에 보조금을 지급하는 것은 두 가지 점에서 반대되어야 한다. 첫째, 그것은 보조금을 주지 않고 그대로 내버려두었을 경우보다 국내 산업의 일부를 덜 유리한 방향으로 유도한다는 것이다. 이러한 반대는 중상주의의 다른 정책에도 해당되는 것이다. 둘째, 그것은 산업의 일부를 덜 유리한 방향이 아니라 실제로 불리한 방향으로 유도한다는 것이다. 이러한 반대는 보조금 지급에만 해당되는 것이다. 왜냐하면 보조금 없이 운영될 수 없는 사업은 반드시 손해를 보는 사업일 것이기 때문이다.

곡물수출에 보조금을 지급하는 것은 생산을 장려하려는 특정 상품의 경작을 어떤 면에서도 촉진시킬 수 없기 때문에 더더욱 반대되어야 한다. 따라서 우리의 농촌 지주들이 상인과 제조업자를 흉내 내어 보조금 제도를 요구했을 때, 그들은 자신들이 가지는 이익을 완전히 이해하고서 그렇게 한 것은 아니었다.

어떤 상품의 생산을 장려하기 위해서는 생산 보조금이 수출 보조금보다 더 직접적인 효과를 본다고 생각할 수도 있다. 생산 보조금은 국민에게 한 가지 세금^{보조금 지급을 위한 세금}만을 물리긴 하지만 국내시장에서 그 상품의 가격을 올리지 않고 낮춘다. 이렇게 되면 국민들은 제2의 세금^{상품가격의 상승에 의한 세금}을 물지 않을 수 있으며 오히려 첫 번째 세금으로 낸 것을 일부 돌려받는 셈이 된다. 그러나 생산 보조금은 거의 주어진 적이 없다. 왜냐하면 중상주의가 생산보다는 수출에 의해 국가의 부가 더 직접적으로 증가한다는 편견을 심어주었기 때문이다.

만약 어떤 제품이 국방을 위해 필요한 것이라면 그것의 공급을 이웃 나라에 의존하는 것은 언제나 현명하지 않을 것이다. 이러한 제조업이 국내에서 보조금을 주는 것 외에 다른 방법으로 유지될 수 없다면, 그것을 유지하기 위해 다른 모든 산업 분야에 세금을 물리는 것이 결코 불합리한 것은 아니다. 그러나 어느 특정 계층의 제조업자들을 지원하기 위해 국민 대다수의 산업에 세금을 물리는 것은 별로 합리적이지 않다.

특정 직업에서 뛰어난 기술자와 제조업자에게 국가가 상금을 주는 것은 보조금과 같은 비난을 받을 필요는 없다. 그러한 상금은 특별한 기교와 재능을 장려함으로써 각각의 직업에 실제 고용된 노동자들이 경쟁 능력을 유지한다. 그렇지만 그렇게 큰 액수의 돈이 아니므로 한 나라의 자본 중 자연스럽게 그곳으로 향하는 것보다 더 많은 액수의 돈을 그곳으로 향하게 하지는 않는다.

법은 항상 사람들이 자신의 이익을 스스로 찾아가도록 그들 자신에게 맡겨 놓아야 한다. 사람들은 일반적으로 자신이 처한 상황에서 자신의 이익이 무엇인가를 입법자보다 더 잘 판단할 수 있다.

모든 나라가 자유롭게 수출하고 수입하는 제도를 채택한다면, 거대한 대륙에서 각자의 영토를 갖고 있는 여러 나라들^{유럽}의 여러 나라들은 거대한 한 제국^{미국}의 여러 주들처럼 무역할 수 있을 것이다. 미국에서는 주들 사이의 상업이 자유롭기 때문에 특정한 주의 물자 부족과 기근을 매우 효과적으로 예방할 수 있다. 만약 유럽에서도 자유무역이 시행된다면 같은 결과가 나타날 것이다. 그렇게 되면 어느 한 나라의 부족한 물자가 다른 나라의 풍부한 물자에 의해 보완될 기회가 더욱 많아질 것이다. 하지만 자유무역 제도를 완전히 채택하고 있는 나라는 거의 없다. 곡물무역의 자유는 거의 모든 곳에서 다소 제한되어 있다. 한 나라의 아주 나쁜 정책이 최선의 정책을 수립하려는 다른 나라의 시도를 어느 정도 위태롭고 무모한 것으로 만들 수도 있다.

영국의 법은 모든 사람이 자신의 노동 성과를 누릴 수 있도록 보장하고 있다. 영국에도 상업에 관한 스무 가지나 되는 불합리한 규제들이 있지만 누구나 자신의 노동 성과를 누릴 수 있도록 법으로 보장하고 있다. 이 법 하나만으로도 한 나라가 번영하기에 충분하다. 사람은 누구나 자신의 상태를 개선하려고 하는 욕망을 갖고 노력한다. 이것은 너무나 자연스럽고 강력한 원리다. 그러므로 그러한 욕망과 노력이 자유롭고 안전하게 발휘되도록 허용하면 다른 어떤 도움 없이 그것만으로도 어리석은 인위적인 법^{human law}의 방해를 극복하고 사회에 부와 번영을 가져다줄 수 있다.

6장

통상조약

        한 나라는 조약을 통해 다른 모든 나라로부터 들여오는 것을 금지하는 어떤 상품을 특정 나라에게는 허용하기도 하고, 다른 모든 나라의 상품에 대해 물리는 세금을 특정 나라에 대해서는 면제하기도 한다. 이러한 경우, 그 나라 또는 적어도 그 나라의 상인들과 제조업자들은 그 조약으로 반드시 큰 혜택을 얻게 된다. 그들은 그들을 관대하게 대하는 나라 안에서 일종의 독점을 누린다. 그러나 이러한 조약들은 혜택을 주는 나라의 상인들과 제조업자들에게는 반드시 불리하다. 이것은 자기들에게 불리한 독점이 외국에 부여된 것이다.

  어떤 상업국은 때때로 자기 나라에 불리한 이러한 종류의 독점을 외국의 어떤 상품에 부여한다. 그것은 이 나라가 양국

간의 무역을 통해 사는 것보다 더 많이 팔아 그 차액을 금과 은으로 받을 수 있을 것으로 기대하기 때문이다. 화폐의 획득에 보조금을 주는 이러한 정책보다 중상주의 정신^{화폐를 부로 여기는 정신}에 더 잘 어울리는 것은 없을 것이다. 이것은 나라를 부유하게 하는 많은 감탄할 만한 중상주의 정책들 중 하나다.[*]

---

* 중상주의를 비꼬는 표현이다.

7장

식민지

1절 새로운 식민지를 수립하는 동기

유럽이 아메리카와 서인도에 여러 식민지들을 개척함으로써 얻게 된 이익은 고대 그리스와 로마가 식민지들을 수립함으로써 얻으려고 했던 이익처럼 그렇게 명백한 것은 아니었다. 고대 그리스의 모든 도시국가들은 영토가 매우 작았다. 그래서 인구가 불어나 영토가 그 인구를 유지할 수 없게 되었을 때, 그들 중 일부는 새로운 거주지를 찾아 좀 멀리 떨어진 곳으로 보내어졌다. 이렇게 한 이유는 각 도시국가가 호전적인 이웃들로 둘러싸여 있었기 때문에 인접지역으로 영토를 확장하는 것이 어려웠기 때문이다.

그리스는 식민지를 자식으로 간주했다. 그래서 식민지는

언제든지 큰 호의와 도움을 받을 권리를 가지고 있는 동시에 그 대가로 모국에 대해 커다란 감사와 존경을 표할 의무를 가지고 있었다. 하지만 그리스는 식민지를 해방된 자식으로 여겨 직접적인 권위나 사법권을 요구하지는 않았다. 식민지는 자신의 고유한 정부를 만들고, 자신의 고유한 법을 제정하여 스스로 관리를 뽑았다. 또 식민지는 독립된 도시 국가로서 모국의 승인과 동의를 받지 않고 이웃 국가와 전쟁을 할지 평화를 유지할지를 결정했다.

고대 로마는 원래 국가를 이루고 있는 여러 시민들 사이에 일정한 비율로 공유지를 분배하는 농지법을 기초로 형성되었다. 그러나 결혼, 상속, 양도 등과 같은 인간사들로 인해 원래의 분배 상태가 혼란스럽게 되었고, 빈번하게 토지들이 한 개인의 소유가 되곤 했다. 이러한 상태를 시정하기 위해 한 시민이 소유할 수 있는 토지의 한도를 정하는 법을 만들었지만 실효를 거두지 못하고 불평등이 계속 확대되었다. 시민들은 대부분 토지를 갖지 못했다. 그 당시 토지가 없으면 관습상 자유인은 자신의 독립성을 유지할 수 없었다.

고대 로마인들 사이에서 부자들의 땅은 모두 노예들에 의해 경작되었는데, 이들은 같은 노예 신분의 한 감독자에 의해 관리되었다. 이 때문에 가난한 자유인이 소작인이나 노동자로 고용될 기회가 거의 없었다. 평민들은 토지를 요구하게 되었고, 이 문제를 해결하기 위해 식민지가 건설되었다.

이처럼 로마의 식민지는 그 동기에서 그리스의 식민지와는 완전히 다르다. 따라서 식민지를 지칭하는 단어도 서로 다른 의미를 갖고 있다. 라틴어 콜로니아colonia는 단순히 농장plantation을 의미하지만, 그리스어 아포이키아apoikia는 거주지의 분리, 고향으로부터 떠남, 집을 나감 등을 의미한다. 그러나 많은 점에서 로마 식민지와 그리스 식민지가 달랐지만, 식민지 건설함으로써 얻게 되는 이익은 똑같이 명백했다. 두 식민지는 모두 어쩔 수 없는 필요나 분명한 유용성으로부터 유래한 것이었다.

아메리카와 서인도 제도에서 유럽의 식민지 수립은 어떤 필요에서 비롯된 것이 아니었다. 식민지가 매우 유용했음에도 불구하고 처음에는 그렇게 명백하지 않았다. 식민지가 처음 수립될 때에는 식민지가 별로 유용하지 않은 것으로 여겨졌다. 유용성은 식민지를 수립한 동기가 아니었다. 유일한 동기는 황금보화를 찾으려는 희망이었다. 금광과 은광을 찾는 사업은 비용이 많이 들고 성공이 불확실한 사업들 중에서도 가장 위험한 것에 속한다.

그러나 건전한 이성과 경험이 금광과 은광 사업에 대해 항상 매우 비관적으로 판단을 내린다 하더라도, 인간의 탐욕은 일반적으로 그것과 정반대되는 판단을 내린다. 중세의 많은 사람들은 현자의 돌이 있다고 믿었다. 연금술사들은 이 돌이 모든 금속을 금으로 바꾸는 힘을 가지고 있다고 여겼다. 이런 어리석은 생각을 갖게 한 것은 인간의 탐욕이었다. 많은 사람들이 거대한 금을 매장하고 있는 광산을 발견할 수 있을 것이라는 어리석은 기대를 갖게 된 것도 똑같은 인간의 탐욕 때문이었다.

2절 새로운 식민지가 번영하는 이유

북아메리카에 있는 영국의 식민지보다 빨리 발전하는 식민지는 없다. 좋은 땅이 많이 있고 자신의 일을 자신의 방식대로 처리할 수 있는 자유가 있다는 것이 영국의 모든 새로운 식민지가 번영하는 두 가지 큰 이유로 보인다. 북아메리카의 영국 식민지들이 좋은 땅을 아주 많이 가지고 있긴 하지만, 스페인과 포르투갈의 식민지보다는 못하고, 프랑스의 몇몇 식민지보다도 우월하지 않다. 그러나 영국 식민지의 정치 제도는 이들 세 나라 식민지의 정치 제도보다 경작과 진보에 유리하다.

첫째, 영국의 식민지에서는 미경작지의 독점이 완전히 금지되어 있지는 않지만 다른 어느 식민지보다 제한되어 있다. 식민지법은 모든 소유자들에게 제한된 기간 동안 일정 비율의 땅을 개간하고 경작하도록 의무를 지우고 그렇게 하지 않을 경우 방치된 땅을 다른 사람에게 양도하도록 했다. 이 법이 아주 엄격하게 시행된 것은 아니지만 어느 정도 효과를 내었다.

둘째, 펜실베이니아에서는 장자상속권이 없고, 땅은 동산과 마찬가지로 모든 자식들에게 똑같이 분배되었다. 땅을 독점하면 사실상 땅이 풍부하고 값싸게 제공될 수 없다. 게다가 미경작지의 독점은 개간을 방해하는 가장 큰 요인이다. 땅을 개량하고 경작하는 노동은 가장 가치 있는 생산물을 가장 풍부하게 사회에 공급한다.

셋째, 영국의 이주민들의 노동은 더 가치 있는 생산물을 더 많이 생산한다. 뿐만 아니라 세금이 가벼워 그들은 생산물 중 더 많은 부분을 자신의 것으로 가져간다. 그들은 이 생산물들

을 저축하거나 더 많은 노동을 고용하는 데 사용할 수 있다. 영국의 이주민들은 아직 모국의 방위비나 행정비를 지원하는 일에 아무 기여도 하지 않고 있다. 하지만 그들에 대한 방위는 지금까지 거의 전적으로 모국의 부담으로 유지되고 있다. 신임 총독 환영과 새로운 의회 개회 등에 관한 식민지 정부의 기념행사는 화려하게 과시하면서 돈을 낭비하지 않고 아주 단정하게 이루어진다. 종교 행사도 마찬가지로 검소하게 거행된다. 식민지에는 십일조가 없으며, 성직자의 수도 많지 않으며, 그들은 적당한 수당과 사람들의 자발적인 헌금으로 생활한다.

이에 비해 스페인과 포르투갈의 군대는 식민지에서 거두어들인 세금에서 지원을 좀 받는다. 이들 나라는 식민 통치에 보다 많은 비용을 들이며, 또 비용이 아주 많이 드는 기념행사들을 거행한다. 페루에서 새로운 총독 환영 행사에 드는 경비는 종종 엄청난 액수에 이른다. 이러한 기념행사들을 거행할 때에는 부유한 이주민들에게서 사실상의 특별 세금을 거둔다. 이런 행사들은 허영과 낭비의 습관을 조장한다. 따라서 이런 행사들은 매우 가혹한 임시 세금을 부과할 뿐만 아니라 훨씬 더 가혹한 영구 세금까지 새로 만드는 원인이 된다. 또 이들 나라의 종교는 매우 억압적이다. 이들 나라의 모든 지역에서 십일조가 아주 엄격하게 징수된다. 뿐만 아니라 모든 지역이 수많은 탁발승들 때문에 고생한다. 탁발승들의 빌어먹는 행위는 종교에 의해 허가된 것일 뿐만 아니라 신성시되기까지 한다. 그들에게 자비를 베푸는 것은 하나의 의무이며, 그것을 거절하면 가장 아주 큰 죄를 짓는 것이 된다. 이러한 제도는 가난한 사람들에게는 가혹한 세금을 부과하는 것과 같다.

넷째, 소비하고 남는 잉여생산물을 처분할 때 영국 식민지는 다른 유럽 나라의 어떤 식민지보다 더 유리하고 넓은 시장을 이용할 수 있다. 유럽의 모든 나라는 대체로 자신의 식민지 무역을 독점하려고 노력하기 때문에 외국의 선박들이 자기 식민지와 무역하는 것을 금지하고, 어떤 다른 외국에서도 유럽 상품을 수입하는 것을 금지한다. 독점이 행해지는 방식은 나라마다 매우 다르다.

몇몇 나라는 식민지 무역 전체를 하나의 독점 회사에 맡겼다. 이주민들은 필요한 모든 유럽 상품을 이 회사에서 사야 하며, 자신들의 잉여생산물 전체를 이 회사에 팔아야 한다. 이 때문에 이 독점 회사는 유럽 상품을 가능한 한 비싸게 팔 뿐만 아니라 잉여생산물을 가능한 한 싸게 산다. 잉여생산물을 싸게 살 수 있다고 해서 많이 사는 것이 아니라 유럽에서 아주 높은 가격으로 팔 수 있는 양만큼만 산다. 그렇게 하는 것이 그 회사에는 이익이기 때문이다. 어떻게 하든 식민지의 잉여생산물 가치를 떨어뜨리고, 잉여생산물의 양이 자연적으로 증가하는 것을 막고 억제하는 것이 이 회사에게는 이익이었다.

새로운 식민지의 성장을 막는 방법은 많지만 독점 회사를 통한 방법이 가장 효과적이다. 네덜란드, 덴마크가 주로 이런 방법을 사용했고, 프랑스는 때때로, 포르투갈은 브라질의 2개 주에서 이런 방법을 사용했다.

다른 나라들은 독점 회사를 설립하지 않고 식민지의 모든 무역을 모국의 한 특정한 항구에서만 할 수 있도록 제한했다. 이 정책은 특정한 항구에서 특정한 계절에 특정한 선박을 사용해 무역을 한다는 조건으로 식민지 무역을 모든 모국 사람들에게 개방시켰다. 허가된 선박에 상품을 선적한 모든 상인들은 서로 담합해 행동하는 것이 이익이었다. 따라서 이런 방식의 무역은 필연적으로 독점 회사 방식의 무역과 거의 같은 원리에 따라 행해졌을 것이다. 상인들은 억압적인 방식으로 엄청난 이익을 챙겼다.

또 다른 나라들은 모국의 모든 항구에서 세관의 일상적인 신속한 절차 외에는 어떠한 면허도 요구하지 않고 모든 자국민들이 식민지 무역을 자유롭게 할 수 있도록 허용한다. 이런 경우 각종의 많은 상인들이 각지에 흩어져 있기 때문에 한꺼번에 담합에 참가할 수 없다. 따라서 경쟁이 형성되기 때문에 상인들이 엄청난 이익을 얻을 수 없다. 이런 관대한 정책 아래에서 이주민들은 합당한 가격에 자신의 생산물을 팔고 유럽 재화를 살 수 있다. 플리머스 회사가 해체된 이후 영국은 항상 이러한 정책을 폈다. 프랑스 역시 일반적으로 이런 정책을 폈다.

하지만 식민지 무역에 대한 영국의 관대함은 주로 미가공 생산물이나 아니면 미숙한 가공 단계에 있는 제조업 생산물 시장에 한정되었다. 숙련된 고도의 가공 단계에 있는 제조업 생산물은 영국의 상인과 제조업자가 독점하였다. 그들은 때로는 높은 세금으로, 때로는 절대적인 금지로 그러한 제조업이 식민지에 들어서는 것을 막아주도록 입법부를 설득했다.

무엇을 만들든 자신의 생산물로 자신이 할 수 있는 것을 만들고, 자신의 자본과 노동을 자신의 판단에 따라 자기에게 유리한 방식으로 사용하는 것은 인간의 가장 신성한 권리다. 이러한 것을 금지하는 것은 명백히 잘못된 것이다.

그러나 이러한 금지가 아무리 잘못된 것이라 해도 지금까지는 식민지에 그렇게 해로운 것은 아니었다. 식민지의 땅 값은 여전히 아주 싸고 노동임금은 아주 비싸기 때문에, 식민지는 스스로 정교한 고급 제품을 만드는 것보다 싼 값으로 모국에서 수입할 수 있다. 그러므로 그러한 제조업을 들여오는 것이 금지되지 않았다 해도, 현재의 진보 상태에서 식민지는 정교한 제조품을 생산하지 않는 것이 아마 이익일 것이다.

식민지 무역에 관한 대부분의 규제를 권고한 사람이 주로 무역 상인이었다는 것은 주목할 필요가 있다. 그러나 영국의 식민지 정책이 다른 나라의 정책과 마찬가지로 중상주의 정신의 지시를 따랐음에도 불구하고, 전체적으로는 더 관대하고 덜 억압적이었다. 외국무역 이외의 영역에서 영국의 식민지 주민은 자신의 일을 자신의 방식대로 완전히 자유롭게 처리할 수 있다. 그 자유는 모든 점에서 모국 시민의 자유와 다름없다.

식민지 의회는 식민지 통치를 위해 모국과 같은 방식으로 세금을 부과할 수 있는 권리가 완전히 보장되어 있다. 행정부의 권력은 식민지 의회의 권위를 두려워하므로 가장 비천하고 미운털이 박힌 식민지 주민도 법을 지키는 한 주지사나 다른 관료의 분노를 두려워할 필요가 없다. 식민지 의회는 영국의 하원에 아주 가깝다. 영국의 상원에 해당하는 자문회의는

세습 귀족으로 구성되어 있지 않다. 영국의 어느 식민지에도
세습 귀족은 존재하지 않는다.

다른 모든 자유로운 나라에서와 마찬가지로 모든 식민지에
서도 전통 가문의 자손들은 같은 정도의 능력과 재산을 가진
벼락부자보다 더 존경받았다. 그러나 그들은 존경을 받았을
뿐 특권을 이용해 이웃을 괴롭게 할 수는 없었다. 모국 주민
들보다도 식민지 주민들이 더 평등하다. 그들의 풍속은 더 공
화주의적이다.

이와 반대로 스페인, 포르투갈, 프랑스의 식민지에서는 모
국에서와 마찬가지로 전제정치가 행해지고 있다. 식민지가
모국으로부터 멀리 떨어져 있기 때문에 모국 정부의 위임을
받은 하급 관료들은 권력을 자의적이며 폭력적으로 행사하기
마련이다. 전제 정부 아래에서는 수도가 어떤 지역보다 더 자
유롭다. 군주 자신은 법질서를 왜곡하거나 일반 국민을 억압
하고 싶어 하지 않는다. 수도에서는 하급 관료들이 대체로 군
주의 눈치를 본다. 하지만 멀리 떨어진 곳에서는 국민의 불만
이 군주에게 도달하기 어려우므로 하급 관리들이 훨씬 더 안
전하게 폭정을 일삼을 수 있다. 프랑스 정부는 영국 정부에
비해 자의적이고 폭력적이지만, 스페인과 포르투갈 정부에
비해서는 합법적이고 자유롭다. 그러나 북아메리카 식민지
의 발전에서 알 수 있듯이 영국의 정책이 더 우수하다.

노예를 관리하는 방식에서는 프랑스의 농장주가 영국의 농

장주보다 더 우수하다. 나는 이것이 일반적으로 인정되고 있다고 생각한다. 노예주의 폭력으로부터 노예를 보호하려는 노예법의 취지에서 볼 때, 정부가 자유를 완전히 허용하는 식민지에서보다 정부가 상당히 자의적으로 다스리는 식민지에서 그 법이 더 잘 시행될 것이다. 자유로운 나라에서는 노예주奴隸主가 식민지 의회의 의원이거나 의원을 뽑는 선거권자다. 따라서 장관은 사유재산의 관리에 간섭할 때 최대한 신중하고 조심스럽게 행동해야 한다. 그는 노예주에게 경의를 표해야 하기 때문에 노예를 보호하는 것이 더 어렵다.

그러나 정부가 상당히 자의적으로 권력을 행사하는 나라에서는 장관이 노예를 어느 정도 보호하는 것이 훨씬 더 쉽다. 왜냐하면 이런 나라에서는 장관이 노예주가 장관의 의도대로 노예를 관리하지 않을 때 구인장을 보내는 등 개인들의 사유재산 관리에 간섭할 수 있기 때문이다. 장관의 보호 때문에 노예주는 노예를 덜 경멸하면서 더 큰 관심을 가지고 더 부드럽게 다룬다. 부드럽게 다루면 노예는 더 충성스럽게 될 뿐만 아니라 더 영리하게 되어 더욱 쓸모 있는 존재가 된다. 노예는 점점 더 자유로운 하인처럼 되어 주인의 이익에 어느 정도 애착을 갖고 헌신할 수도 있다. 자유로운 정부 아래에서보다 독단적인 정부 아래에서의 노예 상태가 더 양호하다. 나는 이것이 모든 나라와 시대의 역사를 통해 확인될 수 있다고 생각한다.

모국에서 박해를 받은 영국의 청교도들은 자유를 찾아 아메리카로 가 그곳에서 뉴잉글랜드의 4개 주를 건설했다. 영국의 가톨릭 교도들은 메릴랜드 식민지를 건설했고, 퀘이커 교도들은 펜실베이니아 식민지를 건설했다. 식민지 건설이 제대로 이루어져 모국의 관심을 끌 만큼 상당한 수준에 도달했을 때, 모국은 식민지에 대해 규제를 가하기 시작했다. 규제의 목적은 식민지의 시장을 모국에 한정하여 식민지 무역에 대한 독점을 확보하는 것, 식민지를 희생해 모국의 시장을 넓히는 것, 그리하여 식민지의 번영을 자극하고 촉진하기보다는 오히려 위축시키고 억제하는 것이었다.

유럽 여러 나라들의 식민지 정책에서 가장 본질적인 차이 중 하나는 독점을 행사하는 방식에 있다. 영국의 방식은 이러한 방식들 중 최선의 방식이라고 할 수 있다. 영국의 방식은 다른 나라의 방식보다 대체로 더 자유롭고 덜 억압적이었다.

3절 아메리카의 발견과 희망봉을 경유해 동인도에 이르는 항로의 발견으로 유럽이 얻은 이익

그러면 유럽이 아메리카를 발견해 식민지로 삼은 결과로 얻은 이익은 무엇인가? 그 이익은 두 가지다. 하나는 하나의 큰 대륙으로서 유럽 전체가 얻은 일반적 이익이고, 다른 하나는 각 식민지 모국이 식민지를 지배한 결과 자국의 식민지로부터 얻은 특수한 이익이다.

유럽 전체가 얻은 일반적 이익은 더 많은 향락을 누리게 되었다는 것과 산업이 증대되었다는 것이다. 유럽으로 수입된 아메리카의 다양한 잉여생산물로 인해 유럽 주민들은 더 많은 향락을 누릴 수 있게 되었다. 그리고 유럽의 여러 나라들은 자국의 잉여생산물을 팔 수 있는 넓은 시장을 얻었고, 이것이 자국의 잉여생산물을 증가시키도록 자극했음에 틀림없다.

그러나 모국의 독점 무역은 일반적으로는 모든 나라의 향락과 산업을, 특수하게는 아메리카 식민지의 향락과 산업을 축소시키는 경향이 있거나 또는 그것의 발전을 억제해 자유 무역을 통해 달성되는 수준보다 더 낮게 하는 경향이 있다. 독점 무역은 인류가 행하는 대부분 사업을 가동시키는 위대한 원동력의 하나를 중지시키는 것이다. 독점 무역은 모든 다른 나라에서 식민지 생산물의 가격을 올리고, 그것의 소비를 줄인다. 이렇게 되면 식민지의 산업은 억제되고 다른 모든 나라의 향락과 산업도 억제된다. 마찬가지로 독점 무역은 식민지에서 모든 다른 나라의 생산물 가격을 올려 다른 모든 나라의 산업을 억제하는 동시에 식민지의 향락과 산업도 억제한다.

식민 모국이 자신의 식민지로부터 얻는 특수한 이익은 두 종류로 나누어질 수 있다. 첫 번째 이익은 모든 제국이 자신의 지배하에 있는 지역들로부터 얻는 공통적인 이익이고, 두 번째 이익은 유럽령 아메리카 식민지처럼 아주 고유한 특성을 지닌 지역에서 얻어지는 것으로 여겨지는 고유한 이익이다.

공통적인 이익은 첫째, 제국의 방위를 위해 식민지가 제공하는 군사력과 둘째, 식민지가 모국 민간 정부의 지원을 위해 제공하는 세금으로 이루어진다. 아메리카 식민지는 아직 모국의 방위를 위해 어떠한 군사력도 제공하지 않았다. 식민지의 군사력은 아직 자신을 제대로 방위하지도 못하는 상태다. 이런 식민지를 방위하기 위해 모국의 군사력은 상당히 분산되어 있다. 따라서 유럽령 식민지들은 하나같이 모국을 강력하게 했다기보다는 오히려 약화시켰다. 스페인과 포르투갈의 식민지들만이 모국의 방위에 세금으로 기여했을 뿐이며, 나머지 식민지들은 모국에게 세입의 원천이 아니라 세출의 대상이었다.

따라서 식민지가 모국에 주는 이익 중에서 공통적인 이익은 거의 없고 대부분이 고유한 이익으로 이루어져 있다. 독점 무역은 고유한 이익의 유일한 원천으로 인정되고 있다. 식민지 무역의 독점은 다른 나라에 비해 식민지를 소유하고 있는 나라에게 명백한 이익을 가져다준다. 그러나 이러한 이익은 절대적 이익이라기보다는 상대적 이익이라고 할 수 있다. 즉 독점국은 자유무역에 의한 자연스러운 성장 수준 이상으로 자신의 산업과 생산이 증대됨으로써 이익을 얻는 것이 아니라 다른 나라의 산업과 생산을 억제함으로써 이익을 얻는다.

영국은 식민지 무역에서 이러한 상대적 이익을 얻기 위해 가능한 한 다른 나라를 식민지 무역에서 배제시키는 차별적이고 악의적인 정책을 실시했다. 이 정책으로 영국 자신은 물론 다른 모든 나라도 자유무역을 통해 얻을 수 있었을 절대적 이익의 일부를 희생당했을 뿐 아니라 거의 모든 다른 무역 분야에서 절대적인 불이익과 상대적인 불이익 둘 다를 감수해야만 했다. 이렇게 믿을 만한 아주 그럴듯한 이유가 있다.

항해조례에 의해 영국이 자신의 식민지 무역을 독점했을 때 과거에 거기에 투자되었던 외국 자본들은 어쩔 수 없이 그 사업으로부터 철수했다. 그 결과 식민지 무역의 일부만 담당했던 영국 자본은 이제 그 전부를 담당해야 했다. 과거에는 유럽에서 식민지로 들어오는 상품들의 일부만을 담당했던 자본이 이제는 그 상품 전체를 담당하게 되었다. 그러나 그 자본으로는 그 상품 전체를 식민지에 공급할 수 없었으므로 자연히 상품의 값은 매우 비싸질 수밖에 없었다. 또한 과거에는 식민지 잉여생산물의 일부만을 샀던 자본이 이제는 잉여생산물 전체를 사야만 했다. 그러나 그 자본만으로는 종전과 유사한 가격으로 잉여생산물 전체를 결코 살 수 없었으므로 잉여생산물의 값은 아주 싸질 수밖에 없었다. 이처럼 아주 낮은 가격으로 사서 아주 높은 가격으로 파는 무역 분야에서는 다른 무역 분야에서보다 훨씬 더 높은 이윤이 남았음에 틀림없다.

식민지 무역에서의 이러한 높은 이윤은 반드시 다른 산업 분야에 투자되었던 자본의 일부를 끌어오게 마련이다. 자본의 이 같은 전환으로 식민지 무역에서는 자본간 경쟁이 점차 격화되었을 것이고, 다른 무역 분야에서는 자본간 경쟁이 점차 약화되었을 것이다. 그 결과 식민지 무역에서의 이윤은 줄어들었을 것이고, 다른 무역 분야에서의 이윤은 점차 늘어났을 것이다. 다른 무역 분야에서 자본을 끌어오고 모든 무역 분야에서 이윤율을 올리는 이러한 이중 효과는 독점 무역에서 계속 나타났다. 첫째, 이러한 독점은 다른 모든 분야로부터 자본을 지속적으로 끌어들여 식민지 무역에 투자되도록 한다. 둘째, 이러한 독점은 모든 나라가 영국 식민지와 자유롭게 무역하는 것이 허용되었을 경우보다 영국 무역의 다른 모든 분야의 이윤율을 더 높이는 데 기여한다.

그러나 보통 이윤율이 높아지는 이유가 무엇이든 그것 때문에 독점을 유지하고 있지 않는 그 나라의 모든 무역 분야는 절대적인 불이익과 상대적인 불이익 둘 다를 당하게 된다. 먼저, 그 나라는 절대적인 불이익을 당하게 된다. 왜냐하면 독점을 유지하고 있지 않는 분야에 종사하는 그 나라 상인들은 평소보다 더 높은 가격에 사서 더 높은 가격에 팔 수밖에 없고, 더 적게 사서 더 적게 팔 수밖에 없기 때문이다. 따라서 그 나라는 더 적게 누리고 더 적게 생산할 수밖에 없다. 다음으로, 그 나라는 상대적인 불이익을 당하게 된다. 왜냐하면 자국 생산물의 가격이 평소보다 올라가므로 다른 나라의 상인들이 외국 시장에서 자국보다 낮은 가격으로 판매할 수 있기 때문이다.

제2편 5장에서 이미 설명한 것처럼, 이웃 나라와 행하는 국내 소비용 외국무역이 멀리 떨어져 있는 나라와 행하는 무역보다 자본 회전율이 더 빠르므로 일반적으로 더 유리하다. 그런데 식민지 무역의 독점은 모든 경우 영국 자본의 일부를 이웃 나라와 행하는 국내 소비용 외국무역으로부터 보다 멀리 있는 나라와 행하는 무역으로 억지로 이동시켰다. 또 그것은 많은 경우 영국 자본의 일부를 국내 소비를 위한 직접적 해외무역에서 우회적 무역중개무역으로 억지로 이동시켰다. 그 결과 영국 자본의 일부가 영국 산업을 지원하기보다는 부분적으로는 식민지 산업을, 그리고 부분적으로는 다른 몇 나라의 산업을 지원하는 데 사용되도록 하였다.

뿐만 아니라 식민지 무역의 독점은 자연스럽게 식민지 무역에 투자될 것보다 더 많은 영국 자본이 그곳에 억지로 투자되게 함으로써, 자유무역 시 영국의 모든 산업 분야들 사이에 나타났을 자연적 균형을 완전히 파괴한 것으로 보인다. 독점의 결과, 영국의 산업은 다수의 작은 시장들에 적응하는 것이 아니라 주로 하나의 큰 시장에 적응해야 했다. 영국의 무역은 다수의 작은 통로로 흘러들어가는 것이 아니라, 주로 하나의 큰 수로로 흘러들어갔다. 그 결과 영국의 산업과 상업 체계 전체가 자유무역의 경우보다 더 불안정하게 되었으며, 나라 전체의 건강이 위협받게 되었다.

현재 영국은 비대해져 많은 위험한 병에 걸리기 쉬운 건강하지 못한 몸과 유사하다. 이런 병은 각 부분이 균형을 잘 이룬 신체에서는 거의 걸리지 않는다. 혈관이 인위적으로 그 자연적인 부피 이상으로 팽창되어 있고, 그 혈관을 통해 부자연스러울 정도로 큰 산업과 무역이 무리하게 순환하고 있기 때문에, 그 속의 혈액이 조금이라도 멈추면 몸 전체가 가장 위험한 병에 걸리기 쉽다. 따라서 영국 국민은 식민지와의 관계가 단절될지 모른다는 사실에 큰 공포를 갖고 있다. 이 공포는 스페인의 무적함대나 프랑스의 침공에 대해 느꼈던 것보다 훨씬 더 큰 공포다. 몇 군데의 작은 혈관이 막혀 혈액이 흐를 수 없다면, 그 혈액은 위험한 병을 야기하지 않은 채 보다 큰 혈관으로 쉽게 흘러들어갈 수 있다. 그러나 큰 혈관이 막혀 혈액이 흐르지 못할 때는 바로 경련이 일어나 졸도하거나 사망하게 된다.

보조금에 의해 또는 국내시장과 식민지 시장의 독점에 의해 인위적으로 무리하게 비대해진 제조업들 중 하나에서 고용이 잠시 중단되거나 멈추게 되면, 혼란과 폭동이 일어나 정부는 놀라 비상사태에 빠지고 입법부는 당황해 심의를 제대로 진행하지 못할 것이다. 따라서 미래에 일어날 이러한 위험으로부터 벗어나기 위해서는 이처럼 비대해진 분야에서 영국 자본의 일부를 자연스럽게 또는 강제로라도 끌어내어 다른 분야로 이동시켜야 한다. 이를 위한 유일한 방법은 영국의 식민지 무역 독점을 보장하는 법률을 점진적으로 완화시켜 식민지 무역을 자유롭게 하는 것이다. 점진적인 자유무역이야말로 모든 산업 분야를 자연스럽고 건강하게 적당한 비율로 회복시킬 수 있는 유일한 방법이다. 현재의 이러한 위험한 상황은 중상주의의 모든 규제가 낳은 불행한 결과다.

그렇다면 식민지 무역은 점차 어떤 방법으로 개방되어야 할 것인가? 완전한 자유와 정의의 자연스런 체계가 어떠한 방식으로 점차 회복되어야 할 것인가? 우리는 식민지 무역의 결과와 식민지 독점 무역의 결과를 주의 깊게 구별해야 한다. 식민지 무역은 항상 그리고 반드시 이익이 되는 것이지만, 식민지 독점 무역은 항상 그리고 반드시 해가 된다. 그러나 식민지 무역은 엄청 큰 이익을 낳기 때문에 그것의 독점에서 발생하는 해로운 결과에도 불구하고 전체적으로는 여전히 매우 큰 이익을 낳는다.

자연적이고 자유로운 상태에서 식민지 무역은 영국의 생산물 중 가까이 있는 유럽과 지중해 연안국의 시장 수요를 충족시키고 남는 부분을 비록 멀리 있지만 팔 수 있는 큰 시장을 개방시키는 결과를 가져온다. 자연적이고 자유로운 상태에서의 식민지 무역은 영국의 잉여생산물과 교환될 수 있는 새로운 등가물을 계속 제공함으로써 영국이 그 잉여를 계속 증가시키도록 장려한다. 자연적이고 자유로운 상태에서의 식민지 무역은 방향의 변화 없이 영국의 생산적 노동량을 증가시키는 경향이 있다. 자연적이고 자유로운 상태에서의 식민지 무역은 다른 모든 나라와의 자유 경쟁을 보장하기 때문에 새로운 시장과 새로운 사업의 이윤율이 보통 수준 이상으로 상승하는 것을 막을 것이다. 새로운 식민지 시장은 과거의 시장으로부터 어떤 것을 끌어내지 않고도 자신에게 공급될 새로운 생산물을 창조할 것이고, 그 새로운 생산물은 새로운 사업을 하기 위한 새로운 자본을 형성할 것이다.

반대로 식민지 독점 무역은 다른 나라와의 경쟁을 배제함으로써 새로운 시장과 새로운 사업 모두에서 이윤율을 높여 과거의 시장으로부터는 생산물을, 과거의 사업으로부터는 자본을 끌어낸다. 식민지 무역에서는 우리의 몫을 독점이 없는 경우보다 크게 증가시키는 것이 노골적인 목적이다. 식민지 무역은 대부분의 다른 무역보다 대금 회수가 더 느리다. 따라서 이를 독점하는 것은 대금 회수가 오래 걸리는 무역 분야에 자연적으로 흘러들어갈 것보다 더 많은 자본을 투자하도록 강제하는 셈이다. 이렇게 되면 반드시 그 나라에서 해마다 유지되는 생산적 노동의 총량, 즉 그 나라에서 매년 산출되는 토지와 노동의 생산량은 감소된다.

그러나 자연적으로 생겨나는 식민지 무역의 좋은 효과는 독점의 나쁜 효과를 상쇄하고도 남는다. 지금의 식민지 무역이 영국에 이익이 된다면, 그것은 독점 때문에 이익이 되는 것이 아니라 독점에도 불구하고 이익이 되는 것이다.

새로운 식민지 시장은 유럽의 미가공생산물보다는 유럽의 제조업 생산물에 유리한 시장이다. 모든 새로운 식민지에서는 농업이 적합한 사업이다. 그러나 스페인과 포르투갈의 예에서 알 수 있는 것처럼, 인구가 많고 번영하는 식민지에서 무역을 독점하는 것, 그 자체만으로는 제조업을 공고히 할 수 없을 뿐만 아니라 심지어는 유지할 수조차 없다. 스페인과 포르투갈은 식민지를 대규모로 보유하기 전에는 공업국이었다. 그러나 세계에서 가장 부유하고 비옥한 식민지를 보유하게 되면서부터 이 두 나라는 모두 공업국이기를 그만두고 말았다. 스페인과 포르투갈에서는 독점의 나쁜 영향이 기타의 원인에 의해 더욱 악화되어 식민지 무역의 자연적 이점을 넘어서고 말았다.

무엇보다도 법을 제대로 지키지 않는 편파적인 사법행정

이 문제였다. 손해를 본 채권자가 고발하면 법은 종종 오히려 부유하고 세력 있는 채무자를 보호했다. 따라서 열심히 일하는 국민들은 거만한 권력자들의 외상판매를 거절할 수 없었고, 또 이들이 나중에 갚을지 안 갚을지 전혀 예측할 수가 없었기 때문에 그들이 소비할 상품 만들기를 두려워했다.

이에 반해 영국에서는 식민지 무역의 자연적인 좋은 영향이 다른 원인의 도움으로 독점의 나쁜 영향을 대부분 극복했다. 다른 원인은 다름 아닌 일반적인 상업의 자유다. 상업의 자유에는 국내 산업에서 생산된 모든 상품을 무관세로 외국에 수출할 수 있는 자유, 그리고 더 중요한 것으로는 어떤 관청에 보고할 필요 없이, 관청으로부터 조사와 검사를 받을 필요 없이, 국내의 한 지역에서 다른 지역으로 상품을 운송할 수 있는 무한한 자유가 포함되어 있다. 그러나 무엇보다도 중요한 것은 평등하고 공평한 법이었다. 이 법 때문에 권세 있는 유력자도 가장 비천한 영국 시민의 권리를 존중해야만 했다. 따라서 모든 개인은 자신이 일한 결과를 안전하게 보장받았으므로 최대한 근면하게 일을 했다.

식민지 독점 무역은 독점국의 의도와 달리 산업을 조금도 발전시키지 않고 오히려 축소시켰을 뿐만 아니라 다른 모든 나라의 산업, 특히 식민지 산업마저도 억압했다. 이런 점에서 그것은 중상주의자들의 모든 비열하고 악의에 찬 편법과 같은 결과를 가져왔다. 독점으로 인해 독점국의 자본은 독점이 없다면 유지할 수 있는 정도의 생산적 노동도 유지할 수 없으며, 독점이 없다면 주민에게 줄 수 있는 정도의 소득도 줄 수 없게 된다. 또 독점으로 인해 낭비하는 풍조가 들어선다. 속담에 쉽게 들어온 것은 쉽게 나간다는 말이 있다. 소비 풍조는 보통 어디서나 소비할 수 있는 진정한 능력에 따라 형성된다기보다는 소비할 돈을 얼마나 쉽게 벌 수 있는가에 따라 형성되는 것으로 보인다.

독점의 유지는 지금까지 영국의 식민지 정책의 주된 목표, 아니 보다 적절하게는 아마도 유일한 목표였다. 독점을 유지하기 위해서는 평화 시의 식민지 유지비용과 식민지 쟁탈을 위한 전쟁비용이 들어가야 한다. 따라서 현재의 경영 방법으로는 영국이 식민지 지배로부터 얻을 수 있는 것은 손실뿐이다.

식민지에 대한 모든 권한을 자발적으로 포기하고, 식민지가 스스로 행정장관을 뽑고 자신의 법률을 제정하며 동시에 적절한 생각으로 전쟁과 평화를 결정하도록 해야 한다는 제안은, 세계 어느 나라에 의해서도 아직 받아들여진 적이 없고, 앞으로도 결코 받아들여지지 않을 것이다. 식민지를 다스리는 일이 아무리 귀찮을지라도, 또 식민지에 드는 경비에 비해 얻는 세입이 아무리 작을지라도, 그것에 대한 지배권을 자발적으로 포기한 예는 없다.

그러나 만약 이 제안이 받아들여진다면 영국은 평화 시에 해마다 식민지 유지비용을 지출하지 않아도 될 뿐만 아니라 식민지와 자유무역을 보장하는 여러 가지 통상 조약을 맺을 수 있을 것이다. 이러한 정책은 독점 이익을 누리는 상인에게는 불리할지 모르나 국민 대중에게는 더 유리하다. 이처럼 분리되어 좋은 친구가 됨으로써 최근의 불화로 거의 소멸된 모국에 대한 식민지의 자연스런 애정이 급속하게 회복될 것이다. 이렇게 되면 식민지들은 모국과 분리될 때 맺은 통상조약을 앞으로 수세기 동안 존중할 뿐만 아니라 무역에서는 물론 전쟁에서도 우리 편이 되고, 불화를 일으키는 사나운 신민이 아니라 가장 성실하고 다정하고 관대한 동맹국이 되려고 할 것이다.

만약 영국 의회가 식민지 의회의 동의 없이 식민지에 과세하는 권리를 가급적 완전하게 확립한다면, 그 순간부터 식민지 의회는 우리와 결별할 것이고, 그것과 함께 영국령 아메리카의 모든 지도자들도 우리와 결별할 것이다. 그리고 그들에게 세금을 강요할 때 흘리게 되는 피는 한 방울 한 방울 모두 우리의 동료 시민의 피든가 우리 동료 시민을 위하는 사람들의 피라는 것을 깊이 인식해야 한다.

일이 진행되는 상황을 볼 때 우리의 식민지들이 무력만으로 쉽게 정복될 것이라고 믿는 것은 매우 설득력이 없다. 이른바 대륙의회의 결의안을 주도하는 사람들은 이 순간이 얼마나 중요한지를 느낄 것이다. 아마도 유럽에서 가장 높은 사람들도 이러한 느낌을 거의 갖지 못할 것이다. 점원, 소매상, 변호사로부터 정치가와 입법가가 된 그들은 거대한 제국에 걸맞은 새로운 정부 형태를 고안하는 데 헌신하고 있다. 그들은 이 제국이 일찍이 세상에 존재했던 가장 거대하고 가장 가공할 제국 중의 하나가 될 것이라고 믿고 있는데, 실제로 그렇게 될 것처럼 보인다.

아메리카의 발견과 희망봉을 경유해 동인도로 가는 항로의 발견은 인류 역사에 기록된 두 가지 가장 위대하고 중요한 사건이다. 그 결과는 이미 너무나 거대한 것이었다. 그러나 그것들이 발견된 지 아직 2~3세기밖에 지나지 않았으므로 그 결과의 전모를 다 아는 것은 불가능하다. 아무리 지혜로운 사람도 이 위대한 사건들로부터 장차 인류에게 어떠한 이익과 불행이 생길지를 예견할 수 없다. 그러한 발견의 결과 세계에서 가장 멀리 떨어져 있는 지역들이 어느 정도 결합되고, 서로의 부족분이 보완되며, 서로의 즐거움이 증대되고, 서로의 산업이 촉진되는 것을 볼 때 일단 일반적인 경향은 이익을 가져다주는 것으로 보인다.

그러나 동인도와 서인도의 원주민들은 그러한 발견들로부터 생겨날 수 있었던 모든 상업적 이익들을 잃고 무서운 불행을 당하고 말았다. 그렇지만 그러한 불행은 발견 자체에 대한 어떤 것에서 발생한 것이 아니라 우연히 생긴 것처럼 보인다.

이러한 발견들이 이루어졌던 특정 시점에서 우연히 유럽의 힘이 월등해 멀리 떨어진 나라들에서 아무 저항을 받지 않고 온갖 불의를 저지를 수 있었던 것에 불과하다.

앞으로 그런 나라들의 원주민들이 더 강하게 되거나 유럽 주민들이 더 약하게 되어 세계 모든 지역의 주민들이 용기와 힘의 균형 상태에 도달하면, 상호 보복에 대한 공포심 때문에 독립국들이 불의를 저지르지 않고 서로의 권리를 존중할 수 있게 될 것이다. 나라들 사이에 교역이 널리 행해져 자연스럽게 지식과 온갖 종류의 진보가 서로 교류되는 것이 힘의 균형을 확립하는 가장 확실한 방법인 것 같다.

첫눈에 보기에 거대한 아메리카 무역을 독점하는 것은 최고의 가치를 얻을 수 있을 것 같다. 야심에 들떠 제대로 보지 못하는 눈에는 독점이 당연히 전쟁을 일으키고 책략을 사용해서라도 차지하기 위해 싸울 만한 가치가 있는 매우 매혹적인 대상으로 나타난다. 그러나 그 대상이 눈부실 정도로 휘황찬란하기 때문에, 그 무역이 엄청나게 거대하기 때문에, 그것을 독점하면 해롭다. 이러한 특성 때문에 독점은 대부분의 다른 사업보다 한 나라에 덜 유리함에도 불구하고 한 나라의 자본 중 독점이 없는 경우에 흡수하는 것보다 훨씬 더 큰 부분을 흡수하게 되는 것이다.

8장

중상주의의 결론

모든 중상주의적 규제들의 기특한 동기는 자국의 제조업을 확장시키려는 것이다. 그러나 그것은 우리나라의 제조업을 개선하는 것에 의해서가 아니라, 다른 모든 이웃나라의 제조업을 억압해 얄밉고 불쾌한 상대와의 귀찮은 경쟁을 끝냄으로써 그렇게 하려고 한다.

소비는 모든 생산의 유일한 목표이자 목적이며, 생산자의 이익은 소비자의 이익을 증진시키는 일에 필요한 한에서만 고려되어야 한다. 이러한 명제는 너무나 자명해 이를 증명하려고 하는 것은 어리석은 일이다. 그러나 중상주의에서는 소비자의 이익이 거의 항상 생산자의 이익에 희생된다. 중상주의는 소비가 아니라 생산을 모든 상공업의 궁극적인 목표이자 목적으로 여기는 것처럼 보인다.

우리나라에서 생산되거나 만들어지는 상품과 경쟁 관계에 있는 모든 외국 상품의 수입이 제한되고 있기 때문에 국내 소비자의 이익은 분명히 생산자의 이익에 희생되고 있다. 이러한 독점은 거의 언제나 가격을 올린다. 소비자가 이를 감수해야 하는 것은 거의 전적으로 생산자의 이익을 위해서다.

중상주의를 고안해낸 사람이 과연 누구인가를 결정하는 것은 별로 어렵지 않다. 우리는 그것을 고안해낸 사람이 소비자들이 아니라 생산자들이었다고 믿어도 좋다. 왜냐하면 소비자의 이익은 완전히 무시된 반면, 생산자의 이익은 매우 조심스럽게 배려되었기 때문이다. 생산자들 중에서도 우리의 상인과 제조업자야말로 단연 제1의 설계자다.

9장

중농주의 또는 토지 생산물을 한 나라의 소득과 부의 유일하거나 주요한 원천으로 보는 정치경제학 체계

토지 생산물을 모든 나라의 소득과 부의 유일한 원천으로 보는 학문 체계는 내가 아는 한 일찍이 어느 나라에서도 채택된 적이 없다. 그것은 오늘날 학식이 풍부하고 독창적인 몇몇 프랑스 학자들의 생각 속에서만 존재한다.

루이 14세 시대의 유명한 재상 콜베르^{Colbert}는 불행하게도 모든 중상주의 편견들을 다 가지고 있었다. 속담에 의하면, 한쪽으로 심하게 굽어진 막대기를 바로잡으려면 그만큼 많은 힘을 들여 반대쪽으로 굽혀야만 한다. 중농주의자들은 아마도 이 속담의 원리를 받아들였던 것처럼 보인다. 콜베르의 정책이 농촌 산업에 비해 도시 산업을 과대평가하는 것과 마찬가지로, 중농주의자들은 확실히 농촌 산업에 비해 도시 산업을 과소평가하고 있다.

중농주의자는 한 나라의 토지와 노동의 한 해 생산물에 공헌한다고 생각되는 사람들을 세 계급으로 나눈다. 첫 번째 계급은 토지 소유자 계급이다. 두 번째 계급은 농업자본가와 농업노동자로 된 경작자 계급으로, 중농주의자에 의해 생산적 계급으로 칭송된다. 세 번째 계급은 수공업자, 제조업자, 상인으로 이루어진 계급인데, 중농주의자들은 이들을 비생산적 계급으로 비하한다.

토지 소유자 계급은 토지 개량 및 건물, 배수구, 울타리, 기타 개량에 비용을 들임으로써 한 해의 생산물에 기여한다. 이러한 비용은 중농주의에서 토지비용이라고 불린다. 경작자 또는 농업자본가는 토지를 경작하기 위해 처음비용$^{original\ expense}$과 연간비용$^{annual\ expense}$을 들임으로써 한 해의 생산물에 기여한다. 중농주의 학설은 토지 소유자의 토지비용, 농업자본가의 처음비용과 연간비용만을 생산적이라고 여기고, 다른 모든 비용과 사람들을 비생산적이라고 여긴다.

이 학설에서 특히 수공업자와 제조업자는 아주 비생산적으로 묘사되며, 수공업자와 제조업자의 노동이 그들을 고용하는 자본을 보통 이윤과 함께 보상할 뿐이라고 말한다. 그 자본은 고용주가 수공업자와 제조업자에게 미리 준 원료와 도구와 임금으로 이루어져 있는데, 그것은 그들의 고용과 생계 유지를 위한 기초 자금이다. 그리고 그 자본의 이윤은 고용주의 생계유지를 위한 자금이 된다. 이처럼 수공업자와 제조업자의 고용에 들인 비용은 자신의 가치를 유지할 뿐 새로운 가치를 생산하지는 않는다. 상인자본도 공업자본처럼 새로운 가치를 생산하지 않고 자신의 가치를 유지할 뿐이므로 비생산적이다. 그러나 농업자본가가 노동자를 고용하는 데 들인 비용은 자신의 가치를 유지할 뿐만 아니라 지주의 지대라는 새로운 가치를 생산한다. 따라서 농업에 사용된 비용은 생산적이다.

수공업자, 제조업자, 상인 등의 비생산적 계급은 토지 소유자와 경작자 계급이 부담하는 비용으로 고용되어 생계를 유지한다. 이들은 토지 소유자와 경작자의 하인일 뿐이다. 이들은 집 안에서 일하는 그런 하인은 아니지만 집 밖에서 일하는 하인이다. 이들은 비생산적이지만 토지 소유자와 경작자에게 크게 유용하다. 이들의 노동에 의해 토지 소유자와 경작자는 자신에게 필요한 국내외의 제조품들을 살 수 있다. 이들 비생산적 계급의 노동 때문에 토지 소유자와 경작자는 아무 걱정 없이 자신의 일에 집중해 생산적 노동의 생산력을 증대시킬 수 있다.

이러한 논리에 따라, 중농주의자들은 완전한 자유무역을 허용하는 것이 농업 잉여생산물의 가치를 올리고 토지의 개량과 경작을 장려하는 가장 효과적인 수단이라고 생각한다. 농업국이 수공업자, 제조업자, 상인을 육성하는 가장 유리한 방법은 다른 모든 나라의 수공업자, 제조업자, 상인에게 무역의 가장 완전한 자유를 허용하는 것이다.

이론에만 치우친 몇몇 의사들은 몸의 건강이 식사와 운동에 관한 어떤 정확한 식이요법에 의해서만 보존될 수 있으며, 이것을 어기는 정도에 따라 반드시 병이나 질환의 정도도 심해진다고 생각하는 것처럼 보인다. 그러나 경험에 의하면, 갖가지 다른 식이요법에 따르더라도, 심지어는 일반적으로 건강에 좋은 것과는 거리가 먼 식이요법에 따르더라도, 몸이 종종 적어도 겉으로는 가장 완벽한 건강 상태를 유지할 수 있는 것처럼 보인다. 몸이 건강할 때에는 몸 안에서 건강을 보존하는 원리가 작용해 아주 잘못된 식이요법의 부작용조차 여러 가지 점에서 예방하거나 시정할 수 있는 것으로 보인다.

매우 이론적인 의사였던 케네^{Quesnay}는 사회에 대해서도 이와 같은 생각을 가지고 있었던 것 같다. 그는 사회도 어떤 정확한 식이요법, 즉 완전한 자유와 완전한 정의라는 정확한 식이요법 아래서만 비로소 번영한다고 생각했다. 사람들은 사회 안에서 자연적으로 자신의 상태를 개선하려고 끊임없이 노력한다. 이러한 노력은 어느 정도 불공평하고 억압적인 정치경제 정책의 부작용을 많은 점에서 예방하고 시정해 건강을 보존하게 만드는 원리다. 그러나 케네는 이러한 원리를 생각하지 못한 것으로 보인다.

불공평하고 억압적인 정치경제 정책은 비록 부와 번영을

향한 국가의 자연적 진보를 다소 늦출 수 있다 하더라도 완전히 멈추게 할 수는 없으며, 후퇴시킬 수는 더더욱 없다. 만약한 나라가 완전한 자유와 완전한 정의를 누리지 않고서는 번영할 수 없다면, 이 세상에서 번영할 수 있었던 나라는 결코 없었을 것이다. 우리 몸의 경우 자연의 지혜가 인간의 게으름과 무절제함으로부터 생기는 많은 악영향을 치유해 주듯이, 정치 조직체의 경우에도 다행히 자연의 지혜가 인간의 어리석음과 불의로부터 생기는 많은 악영향을 치유하기에 충분한준비를 하고 있다.

중농주의의 치명적인 오류는 수공업자와 제조업자와 상인을 완전히 비생산적인 계급으로 여기는 것에 있는 것 같다. 다음과 같은 사실들을 관찰해보면 이러한 생각이 잘못된 것임을 알 수 있을 것이다.

첫째, 이 계급은 자신이 한 해 소비한 가치를 해마다 재생산하며, 적어도 자신을 고용하는 자본이 계속 유지되도록 한다. 누구나 이러한 사실을 인정한다. 이러한 이유만으로도 이 계급을 비생산적이라고 부르는 것은 매우 부적절하다고 생각된다. 예를 들어, 결혼해서 1남 1녀의 자녀만 낳아 인류의 수를 증가시키지 못하고 이전과 같게 유지한다고 해서 그 혼인을 비생산적이라고 말해서는 안 된다.

확실히 농업자본가와 농업노동자들은 자신들을 고용하는 자본 이상의 순생산물을 해마다 재생산한다. 이 순생산물은 지주에게 지대로 주어진다. 세 자녀를 낳는 결혼이 두 자녀만 낳는 결혼보다 확실히 더 생산적이듯이, 농업자본가와 농업노동자의 노동은 상인과 수공업자와 제조업자의 노동보다 더 생산적이다. 그러나 앞의 계급이 보다 많이 생산한다고 해서 뒤의 계급이 비생산적인 것은 아니다.

둘째, 이러한 이유에서 수공업자와 제조업자와 상인을 하인과 같은 시각에서 바라보는 것은 매우 부적절한 것으로 보인다. 하인의 노동은 행하는 그 순간에 사라져 없어지지만 수공업자와 제조업자와 상인의 노동은 팔 수 있는 상품의 형태로 고정되어 존재한다.

셋째, 수공업자와 제조업자와 상인의 노동이 그 사회의 진정한 소득을 증가시키지 않는다고 말하는 것은 어느 모로 보나 부적절한 것으로 보인다. 중농주의자들이 말하는 것처럼, 이 계급이 소비하는 가치가 이들이 생산해 내는 가치와 완전히 똑같다고 하더라도 이들의 노동이 사회의 진정한 소득^{토지와 노동의 한 해 생산물}에 아무것도 추가하지 못한다고 말할 수는 없다. 6개월 동안 10파운드어치의 노동을 하는 수공업자가 같은 기간에 10파운드어치의 상품을 소비한다고 하더라도 그 사회의 진정한 소득에 10파운드어치의 가치를 실제로 추가한 것이다.

넷째, 수공업자와 제조업자와 상인과 마찬가지로 농업자본가와 농업노동자도 절약하지 않고는 사회의 진정한 수입을 증가시킬 수 없다. 한 사회의 토지와 노동의 한 해 생산물은 오직 두 가지 방법으로만 증가될 수 있다. 하나는 그 사회 내에서 현실적으로 유지되는 유용한 노동의 생산력을 증대시키는 것이고, 다른 하나는 유용한 노동의 양을 늘리는 것이다. 유용한 노동의 생산력 증대는 노동자의 능력 개선과 그가 사용하는 기계류의 개선에 달려있다. 이 두 종류의 개선은 분업의 효과 때문에 수공업자와 제조업자에게 유리하다.

유용한 노동량의 증대는 그것을 고용하는 자본의 증대에 의존한다. 자본의 증대는 자본가의 수입으로부터 저축한 금액과 정확히 일치한다. 만일 상인과 수공업자와 제조업자가 토지 소유자와 경작자들보다 절약하고 저축하는 성향이 더 강하다면 그들은 고용되는 유용 노동량을 증가시키고 따라서 그 사회의 진정한 소득을 증가시키기가 더욱 쉬울 것이다.

다섯째, 상·공업국의 소득은 다른 사정이 같다면 반드시 상업과 공업이 없는 나라의 소득보다 항상 더 크다. 왜냐하면 상업과 공업에 의해 훨씬 더 많은 양의 생활수단이 해마다 그 나라에 수입될 수 있기 때문이다. 상·공업국은 적은 제조업 생산물을 팔아 매우 많은 미가공생산물을 사는 반면, 상·공업이 없는 나라는 많은 미가공생산물을 팔아 매우 적은 제조업 생산물을 살 수밖에 없다.

그러나 이러한 결함에도 불구하고 중농주의 학설은 정치경제학에 관한 지금까지의 견해들 중 가장 진리에 가까운 것이다. 이 때문에 중농주의는 매우 중요한 학문의 원리들을 주의 깊게 검토하고자 하는 사람이 연구해볼 만한 충분한 가치가 있다. 토지에서 일하는 노동만이 유일한 생산적 노동이라는 그들의 생각은 너무 편협하고 제한적이다. 하지만, 국가의 부가 화폐에 있는 것이 아니라 그 사회의 노동에 의해 해마다 재생산되는 소비 가능한 재화들에 있다고 주장하는 점에서, 그리고 완전한 자유는 해마다 최대한의 재생산을 가능하게 만드는 유일한 효과적인 수단이라고 주장하는 점에서, 이 학설은 모든 점에서 정당하고 관대하고 스케일이 큰 것처럼 보인다.

오늘날 유럽 여러 나라들은 농업보다는 제조업과 외국무역을 더욱 중시하는 정치경제 정책을 폈지만 다른 나라들은 농업을 더욱 중시하는 정치경제 정책을 펴기도 했다. 중국의 정책은 다른 어떤 산업보다 농업을 중시한다. 중국에서 농민은 생활 상태가 수공업자보다 양호하다. 중국에서 모든 사람의 가장 큰 야심은 약간의 토지라도 소유하는 것이다. 중국 사람들은 외국무역을 전혀 중시하지 않는다.

공산품은 거의 모든 나라에서 외국무역의 주요 버팀목이다. 국내시장이 작아 상업에 불리한 나라들은 제조업의 발전을 위해 일반적으로 외국무역이 필요하다. 제조업이 충분히 발전하려면 분업이 이루어져야 한다. 이러한 사실을 결코 잊어서는 안 된다. 또한 제조업에서 분업이 이루어지는 것은 필연적으로 시장의 크기에 달려있다. 중국은 거대한 영토, 엄청난 인구, 다양한 기후와 이에 따른 다양한 생산물, 그리고 수로에 의한 전국 각 지역 사이의 손쉬운 교통 등으로 매우 넓은 국내시장을 갖고 있다. 따라서 대규모의 제조업을 충분히 유지할 수 있으며, 분업을 상당한 정도로 발전시킬 수 있다. 중국의 국내시장은 유럽 모든 나라들의 시장을 합한 것보다도 더 작지 않을 것이다. 그러나 현재와 같은 정책으로는 자신을 발전시킬 수 있는 기회를 거의 갖지 못할 것이다.

특정 산업 부문을 특별히 지원해 이 부문에 자연적으로 투자되는 것보다 더욱 많은 양의 자본을 억지로 끌어들이려 하거나, 또는 특정 산업 부문을 억제해 이 부문에 투자되었을 일정량의 자본을 억지로 끌어내리려는 어떠한 학설도, 그것이 실제로 의도하는 목적을 파괴하는 결과에 직면하게 된다. 그것은 참된 풍요와 번영을 향한 진보를 촉진시키는 것이 아니라 오히려 가로막으며, 또한 토지와 노동의 한 해 생산물의 진정한 가치를 증대시키기는 것이 아니라 오히려 감소시킬 뿐이다.

그러므로 특혜를 주거나 제한을 가하는 모든 제도가 완전히 철폐되면, 분명하고 단순한 자연적 자유 체계가 저절로 확립된다. 이 체계 아래에서는 모든 사람이 정의의 법을 어기지 않는 한, 완전히 자유롭게 자기의 방식대로 자신의 이익을 추구할 수 있으며, 자신의 근면과 자본을 사용해 어떤 사람 또는 어떤 계급과도 자유롭게 경쟁할 수 있다. 이렇게 되면 왕은 개인의 사업을 감독하여 그것을 사회의 이익에 가장 적합한 쪽으로 지도해야 하는 의무로부터 완전히 해방된다. 왕이 직접 이 의무를 수행하면 항상 수많은 망상에 빠질 수밖에 없다. 인간의 어떠한 지혜나 지식도 이 의무를 충분히 적절하게 수행할 수 없다.

자연적 자유 체계 아래서 왕은 오직 세 가지 의무에만 유의하면 된다. 세 가지 의무는 첫째 사회를 외부의 폭력과 침략으로부터 보호하는 의무, 둘째 사회의 구성원이 다른 구성원으로부터 불의와 억압을 당하지 않도록 될 수 있는 한 보호하는 의무, 또는 사법행정을 엄정하게 확립하는 의무, 셋째 일정한 공공사업과 공공시설을 건설하고 유지하는 의무다.

| 제 5 편 |

군주 또는
국가의 수입

1장

군주 또는 국가의 경비

1절 국방비

군주의 첫 번째 의무는 외부 사회의 폭력과 침략으로부터 그 사회를 보호하는 것이다. 이것은 군사력에 의해서만 수행될 수 있다. 군사력에 필요한 비용은 사회의 발전 단계에 따라 큰 차이를 보인다.

가장 미개한 상태에 있는 수렵민족들에서 모든 사람은 사냥꾼인 동시에 전사다. 그들은 자신의 사회를 방어하기 위해 또는 다른 사회로부터 입은 손해를 보복하기 위해 전쟁에 참여하는 경우 그들은 가정에서 생활하는 것과 똑같은 방식으로 스스로 노동해 자신의 생활을 유지한다. 이런 사회에서는 당연히 군주도 국가도 존재하지 않는다. 그러므로 전쟁을 준비하거나 전쟁터에서의 생활을 유지하기 위한 비용은 군주나 국가로부터 지출되지 않는다.

좀 더 진보된 사회 상태에 있지만 외국과 무역을 거의 하지 않고 각 가정이 사용할 조잡한 가정용품 외에는 별다른 제조품을 갖고 있지 않는 농경민족들 사이에서도 모든 사람은 전사이거나 쉽게 전사가 된다. 그들은 일상생활에서도 용감하므로 전쟁의 고통을 능히 이겨낼 수 있다. 그들의 일상 놀이는 대부분 유목민족들과 마찬가지로 전쟁을 흉내낸 것이다. 하지만 그들은 제대로 병사훈련을 받지는 못했다. 국가는 이들의 전쟁 참가 준비에 아무런 비용도 대지 않는다.

더욱더 진보된 사회에서는 두 가지 서로 다른 원인 때문에 전쟁에 참가하는 사람이 자신의 비용으로 생활하는 것이 불가능하다. 두 가지 원인은 제조업의 발달과 전쟁 기술의 개선이다. 농민이 전쟁에 참가하더라도 전쟁이 파종기 이후에 시작되어 수확기 이전에 끝난다면, 농사일이 중단되어도 그들의 소득은 크게 감소하지 않을 것이다. 농민이 일하지 않더라도 자연이 알아서 대부분의 일을 해 준다. 그러나 수공업자, 대장장이, 목수, 직공織工 등은 일자리를 비우면 소득의 원천이 모두 사라진다. 자연은 그들에게 아무것도 해주지 않으며, 그들은 스스로 모든 것을 해야 한다. 따라서 그들이 사회를 방어하기 위해 전쟁터에 나가게 되면 자신의 생활을 유지할 수입이 없어지므로 그들은 사회로부터 부양을 받아야 된다.

또한 전쟁 기술이 점점 발전해 서로 연결된 복잡한 과학의 수준에 이르게 되면 전쟁은 불규칙한 한 번의 작은 싸움으로 끝나는 것이 아니라 일 년 정도 지속되는 몇 차례의 전투로 결정된다. 이렇게 되면 전쟁에 참여하는 사람은 일반적으로 전쟁 동안 부양을 받을 필요가 있다.

전쟁 기술은 모든 기술을 집약한 최고의 기술이므로 사회가 진보함에 따라 필연적으로 매우 복잡하게 된다. 전쟁을 하는 기술이 완벽한 수준에 이르기 위해서는 전쟁을 유일하거나 주된 직업으로 삼는 특정 시민 계급이 필요하다. 분업은 모든 다른 기술의 경우와 마찬가지로 전쟁 기술의 진보에도 꼭 필요하다. 분업은 개인들의 판단에 따라 자연적으로 생겨난 것이다. 그러나 군인이라는 직업이 별개의 특정 직업으로 된 것은 국가의 지혜에 의해서다. 태평한 시절에 대부분의 자기 시간을 군사 훈련에 소비하는 시민은 틀림없이 군사훈련에 능숙하게 될 것이다. 그러나 이렇게 하는 것은 분명히 그의 이익에 도움이 되지 않는다. 따라서 그가 군사훈련에 시간을 다 소비하는 것이 그의 이익이 될 수 있게 할 수 있는 것은 오직 국가의 지혜뿐이다.

국가가 방위를 위해 미리 대비를 할 수 있는 괜찮은 방법에는 두 가지가 있다. 첫째는 사람들의 이해관계, 소질, 성향과 상관없이 엄격하게 군사훈련을 실시하고, 적령기에 있는 시민 모두 또는 일부가 직업에 관계없이 일정한 정도로 군인의 업무를 겸하도록 강제하는 것이다. 이것은 민병대라고 불린다. 둘째는 일정한 수의 시민을 고용해 부양하면서 항상 군사 훈련을 실시하는 것이다. 이 방법은 군인이라는 직업을 독립된 별개의 특수 직업으로 만드는 것이다. 이것은 상비군이라 불린다.

오늘날 전쟁에서는 무기를 만드는 일에 큰 비용이 들어가므로 이 비용을 감당할 수 있는 나라가 더 유리하다는 것은 명백하다. 따라서 부유한 문명국은 가난한 야만국에 비해 유리하다. 옛날에는 부유한 문명국이 가난한 야만국으로부터 자신을 방어하는 데 어려움을 느꼈다. 그러나 오늘날에는 가난한 야만국이 부유한 문명국으로부터 자신을 방어하는 데 어려움을 느낀다. 무기의 발명은 첫눈에 매우 파괴적인 것처럼 보이지만 문명의 보존과 확대에는 확실히 유리하다.

2절 사법비

국가의 두 번째 의무는 그 사회의 모든 구성원을 다른 모든 구성원의 불의나 억압으로부터 가능한 한 보호하는 의무, 다시 말해 엄정한 사법행정을 공고히 하는 것이다. 이러한 의무의 수행에도 사회의 발전 단계에 따라 다른 정도의 비용이 들어간다.

사냥을 해서 먹고 사는 민족들에게는 재산이 거의 없으며, 있다고 하더라도 2~3일 정도의 노동 가치밖에는 안 된다. 따라서 치안 판사도 없고 재판도 거의 정규적으로 시행되지 않는다. 재산이 별로 없는 상태에서 사람들은 기껏해야 상대방의 신체나 명예에 해를 끼칠 뿐이다. 질투하고 악의를 품고 분노하는 것이 다른 사람의 신체나 명성에 해를 끼칠 수 있는 유일한 감정이다. 이러한 감정 표출을 통해 얻는 만족은 어떤 실질적이거나 항구적인 이익을 수반하지 않으므로 보통 대부분의 사람들은 깊이 생각해 이러한 감정들을 자제한다. 이러한 감정적 침해로부터 자신을 보호해줄 공권력이 없더라도 사람들은 상당히 안전하게 사회 속에서 함께 살아간다.

그러나 부유한 사람 속에 있는 탐욕과 야심, 가난한 사람 속에 있는 노동 혐오와 향락 탐닉은 다른 사람의 재산을 침해한다. 이러한 감정들은 계속 서로 상승작용을 하여 광범위한 영향을 미친다. 큰 재산이 있는 곳에는 반드시 큰 불평등이 존재한다. 한 사람의 부자가 있는 곳에는 적어도 500명의 가난한 사람이 있으며, 소수의 풍요는 다수의 빈곤을 필요로 한다. 부자의 풍요는 가난한 사람의 분노를 일으킨다. 가난한 사람은 가난에 내몰리고 질투심에 불타 부자의 소유물을 침해하게 된다. 수년 또는 수세대에 걸친 노동으로 얻은 귀중한 재산의 소유자가 하룻밤이라도 안전하게 잘 수 있는 것은 공권력의 보호 때문이다.

그는 알 수 없는 적들에 언제나 둘러싸여 있다. 그는 그 적들을 먼저 화나게 하지 않았으면서도 결코 달랠 수 없다. 계속되는 적들의 불의는 공권력의 강력한 힘에 의해서만 제압될 수 있다. 따라서 귀중한 재산을 많이 얻게 되면 필연적으로 시민 정부의 수립이 필요하게 되는 것이다.

시민 정부는 일정한 복종을 필요로 한다. 자연스럽게 복종하도록 만드는 요인들은 네 가지로 볼 수 있다. 이 요인들은 어떤 형태의 시민 정부가 생겨나기도 전에, 일부의 사람들을 나머지 대부분의 사람들보다 우월하게 만들어주었다.

첫 번째 요인은 개인적 자질의 우월함이다. 이에는 체력, 아름다움, 민첩함과 같은 육체적 자질과 지혜, 덕, 신중, 정의, 불굴의 의지, 중용과 같은 정신적인 자질이 포함된다. 정신적인 자질이 동반되지 않는 한, 육체적인 자질은 어느 시대의 사회에서도 거의 권위를 가질 수 없었다. 육체적인 힘만으로 두 사람을 복종시킬 수 있는 사람은 정말로 아주 강한 사람이다.

정신적 자질이 있으면 그것만으로도 큰 권위를 얻을 수 있다. 그러나 정신적 자질은 결코 눈으로 볼 수 없으므로 언제나 논란의 대상이 된다. 미개사회에서건 문명사회에서건 사람들은 서열과 지위를 정함에 있어, 이처럼 눈으로 볼 수 없는 자질보다는 무언가 손으로 만질 수 있는 명백한 것에 의거하는 것이 편리하다고 생각했다.

두 번째 요인은 나이의 우월함이다. 노망든 것이 아닌지 의심받을 정도로 나이가 들지 않는 이상, 신분과 재산과 능력이 같다면 젊은이보다는 나이가 많은 사람이 어디서나 더 존중된다. 수렵민족들에게는 나이야말로 신분과 서열을 결정하는 유일한 근거다. 가장 부유한 문명국에서도 다른 모든 면에서 동등해 달리 서열을 결정할 마땅한 기준이 없는 경우에는 나이가 서열을 결정한다.

세 번째 요인은 재산의 우월함이다. 부의 권위는 모든 시대의 사회에서 위력이 크지만, 재산의 불평등을 크게 허용하는 미개한 사회에서 가장 크다. 왜냐하면 미개한 사회에서는 생산물 중 소비하고 남은 부분과 교환될 수 있는 어떠한 제조품도 없기 때문이다. 부를 가진 사람은 그가 부양하는 사람들의 생존을 전적으로 결정한다. 부유한 문명사회에서는 부를 가진 사람들이 많이 있지만 사람들이 서로 등가물을 교환하는 거래를 하므로 부자의 권위는 소수의 사람에게만 미칠 뿐이다. 그럼에도 불구하고 재산의 권위는 부유한 문명사회에서조차 매우 대단하다. 재산의 권위가 나이의 권위 또는 개인적 자질의 권위보다 훨씬 더 크다는 사실은, 재산의 불평등을 폭넓게 허용하는 모든 시대의 사회에서 끊임없는 불평거리였다.

최초의 사회인 수렵시대에는 이러한 불평등이 허용되지 않았다. 거기에서는 모두가 가난하므로 모두가 평등했다. 나이가 많다는 것 또는 개인적 자질이 우수하다는 것 등이 미약하나마 권위와 복종의 유일한 근거였다. 따라서 이 시기의 사회에서는 권위와 복종이 거의 또는 전혀 존재하지 않았다. 두 번째 단계의 사회인 유목시대에는 재산의 불평등이 매우 컸다. 이 시기만큼 재산이 많다는 사실이 그처럼 큰 권위를 가진 시기도 없다. 따라서 권위와 복종이 이보다 더 완전하게 확립된 시기도 없다.

네 번째 요인은 혈통의 우월함이다. 혈통이 우월하다는 것은 그 사람의 가문이 옛날부터 재산이 많았다는 것을 말해준다. 가문이 오래되었다는 것은 오랫동안 부자로 살았다는 것, 또는 오랫동안 부자의 영광을 유지했다는 것을 의미한다. 지혜와 덕망만을 물려받아 위대한 가문이 된 경우는 이 세상에 결코 존재하지 않는다. 벼락부자의 명성은 오래된 전통적인 명성보다 존경을 덜 받는다. 사람들은 왕위 찬탈자를 미워하고 옛 왕을 그리워한다. 그것은 왕위 찬탈자에 대한 자연스러운 경멸과 옛 왕에 대한 자연스러운 존경에 근거한 것이다. 사람들은 자신과 자신의 선조가 늘 복종해왔던 가문에 대해서는 쉽게 복종하지만 자신들이 단 한 번도 우월성을 인정한 적이 없는 가문이 자신을 지배하려고 하면 분개한다.

　혈통과 재산이 한 사람을 다른 사람 위에 올려놓는 주된 두 가지 요인이라는 것은 명백하다. 따라서 사람들 사이에서 자연스럽게 권위와 복종을 형성하는 주된 요인이다. 재산의 불평등이 생기자 재산을 보호해야 할 필요가 있었고, 이 때문에 시민정부가 형성되었다. 이것은 자연스러운 과정이었다. 부자들은 필연적으로 자신의 기득권을 안정되게 유지하는 데 관심을 보인다. 재산이 적은 사람들은 단결해 부자들의 재산을 보호하는데, 이것은 부자들이 단결해 자신들의 적은 재산을

보호해주도록 하기 위해서다. 시민정부는 재산을 안전하게 지키기 위한 제도다. 실제로 시민정부는 가난한 사람으로부터 부자를 지켜주거나 재산을 전혀 갖지 못한 사람으로부터 어느 정도의 재산을 가진 사람을 지켜준다.

사법권이 행정권에 통합되어 있을 때에는, 재판이 저속한 정치에 자주 희생되는 것을 거의 피할 수 없다. 국가의 큰 이익을 위임받은 사람들은 때때로 국가의 이익을 위해 개인의 권리를 희생시키는 것이 필요하다고 생각한다. 그러나 모든 개인의 자유, 개인의 안전감은 공평무사한 재판에 달려 있다. 모든 개인이 자신의 모든 권리를 완전히 안전하게 누리고 있다고 느끼도록 하기 위해서는 사법권이 행정권으로부터 분리되어야 할 뿐만 아니라 가능한 행정권으로부터 독립되어야 한다.

3절 공공사업과 공공시설의 비용

군주 또는 국가의 세 번째이자 마지막 의무는 공공시설과 공공사업을 세우고 유지하는 것이다. 공공시설과 공공사업은 전체 사회에 최고의 혜택을 줌에도 불구하고 이윤이 어떤 개인 또는 소수의 개인들에게 그 비용을 보상해줄 수 없는, 따라서 어떤 개인 또는 소수의 개인들이 그것을 세우고 유지하기를 기대할 수 없는 그런 특성을 갖고 있다. 이러한 의무 이행 역시 시대에 따라 들어가는 비용 정도도 서로 다르다. 이러한 사업과 시설에는 사회의 상업을 돕기 위한 것과 사람들의 교육을 장려하기 위한 것이 있다.

1. 사회의 상업을 돕기 위한 공공사업과 공공시설

이에는 상업 일반을 돕는 데 필요한 것과 특별한 상업 분야를 돕는 데 필요한 것이 있다. 한 나라의 상업 일반을 편리하게 하는 공공사업에는 도로, 교량, 운하, 항구 등을 건설하고 유지하는 것들이 포함된다. 이러한 사업에 들어가는 비용도 시대가 바뀜에 따라 변한다는 것은 명백해서 증명할 필요가 없다.

한 나라의 공공 도로를 만들고 유지하는 비용은 분명히 그 나라의 토지와 노동의 한 해 생산물이 증가함에 따라 커질 것이다. 즉 그 비용은 그 도로를 통해 수송되는 상품의 양과 무게가 증가함에 따라 커질 것이다. 다리의 강도는 그 다리를 통행하는 수송차량들의 수와 무게에 적합해야 한다. 운하를 위한 물의 깊이와 양은 통행하는 배의 무게와 수에 비례해야 한다. 항구의 크기도 거기에 정박하는 배의 수에 비례해야 한다.

이러한 공공사업 비용이 반드시 국가의 세입에서 부담되어야 할 필요는 없다. 대부분의 공공사업은 자체 비용을 부담할 수 있는 특별 수입을 올릴 수 있을 정도로 잘 운영될 수 있다. 예를 들면, 도로와 다리와 운하들은 통행료를 거두고, 항구는 항만세를 부과함으로써 건설되고 운영될 수 있다. 공공사업을 유지하기 위한 세금이나 요금은 운송자들이 내지만 결국에는 상품의 가격에 추가되어 소비자에게 부과된다. 하지만 운송비용은 공공사업에 의해 크게 줄어들기 때문에 통행료에도 불구하고 상품들은 공공사업이 없을 때보다 소비자들에게 싸게 공급된다.

특수한 상업 분야를 돕기 위해서는 특별한 시설이 필요하고 이에는 특별한 비용이 요구된다. 야만적이고 문명화되지 않은 나라들과 거래하는 일부 특수 분야는 특별한 보호를 필요로 한다. 상품을 야만적인 원주민들로부터 지키기 위해서 상품의 저장소는 어느 정도 요새화되어야 한다. 유럽의 여러 나라들도 서로 교역을 하면서 이해관계의 충돌이 계속 일어난다. 이 문제를 해결하기 위해 교역하는 나라들에 대사와 공사를 상주시키는 관행이 생겨났다.

특수 분야를 보호하기 위한 특별한 비용은 그 분야에 약간의 세금을 부과하는 것에 의해 마련되는 것이 이치에 맞는 것 같다. 해적으로부터 무역을 보호하기 위해 관세제도가 처음 생겨났다고 한다.

2. 청년 교육을 위한 시설들의 비용

청년 교육을 위한 시설은 자신의 비용을 부담하기에 충분할 정도로 수입을 올릴 수 있다. 학생이 선생에게 지불하는 수업료와 사례비가 이런 수입에 속한다. 이런 수입으로 선생의 보수를 전부 해결할 수 없는 경우라도 국가가 일반 세입에서 부담할 필요는 없다. 학교와 대학교에 제공되는 기부금으로 이 비용을 충당할 수 있다.

이러한 공적 기부금은 교육시설의 목적을 촉진하는 데 일반적으로 기여했는가? 기부금은 선생들의 근면을 자극하고 그들의 능력을 향상시키는 데 기여했는가? 기부금은 교육 과정이 개인과 사회 둘 다에 유용한 목적을 실현하도록 이끌었는가? 이러한 질문들에 적절한 답을 하는 것은 그렇게 어려운 일이 아닌 것처럼 보인다.

모든 직업에서 그 직업을 수행하는 대부분의 사람들은 항상 필요성의 정도에 비례해서 노력을 기울인다. 이러한 필요성은 직업의 보수가 재산이나 일상 소득과 생계의 유일한 원천인 사람들에서 가장 크다. 경쟁이 자유로운 경우에 경쟁자들은 서로를 실직시키려고 한다. 이러한 경쟁으로 인해 각자는 자신의 일을 어느 정도 정확하게 수행하려고 열심히 노력한다. 물론 소수의 사람들은 위대한 목적을 이루기 위해 열심히 일할 수도 있다. 그러나 위대한 목적이 최대의 노력을 기울이게 만드는 데 꼭 필요한 것은 아니다. 보잘것없는 직업에서조차도 라이벌 의식과 경쟁은 자주 우월하게 되고 싶은 야심을 자극해 최대의 노력을 경주하게 만든다.

모든 사람의 관심은 될 수 있는 대로 편안하게 사는 것이다. 만약 아주 힘든 임무를 수행하든 하지 않든 보수가 똑같다면 사람들은 의무를 전혀 수행하지 않든지 아니면 당국이 허용하는 범위 안에서 가능한 한 아무렇게나 대충 수행하려고 할 것이다. 확실히 그렇게 하는 것이 그에게 이익이 된다. 설혹 그가 천성적으로 적극적이고 노동을 사랑하는 사람이라 하더라도 이익이 되지 않는 임무를 수행하기보다는 약간의 이익이라도 얻을 수 있는 다른 일에서 활동하려 할 것이다.

각 대학에서 지도 교수가 학생 주도로 선택되지 않고 학장에 의해 임명된다면, 그리고 학생에게 무관심하고 능력이 없어 지도를 잘 못하는 경우 학생이 먼저 허가를 받지 않고서는 지도교수를 바꿀 수 없다면, 같은 대학 내의 여러 지도 교수들은 별로 경쟁하지 않을 것이고, 그렇게 되면 지도 교수들은 열심히 연구하지도 않을 것이고, 자신이 맡은 학생에 크게 관심을 가지고 대하지도 않을 것이다. 이러한 지도 교수는 가르치는 학생으로부터 충분한 보수를 받더라도 학생으로부터 전혀 보수를 받지 않거나 자신의 봉급 이외에 어떠한 보수도 받지 않는 교수와 마찬가지로 학생을 무시할 것이다.

만일 그 교수가 사려 깊은 사람이라면 학생에게 강의하고 있을 동안 자신이 말도 안 되는 것을 이야기하거나 읽고 있다는 것을 알고서는 마음이 불편할 것이다. 교수가 열심히 강의해야겠다는 마음을 무디게 만드는 여러 가지 편법들이 있을 수도 있다. 예를 들어, 교수는 학생에게 가르치려고 하는 학문을 자신이 설명하지 않고 그것에 관한 어떤 책을 그냥 읽어 내려 가는 경우다. 그 책이 외국어로 쓰였거나 현재 사용되지 않는 언어로 쓰였다면 학생에게 그것을 해석해주거나 아니면 더욱 편안하게 학생에게 해석시키고 자신은 간혹 한마디씩 그것에 대해 비평함으로써 강의를 하고 있다고 폼을 잡을 수도 있다. 이런 방법을 쓴다면 그는 매우 형편없는 지식이나 노력만으로도 경멸받거나 조소받지 않고, 또 바보스럽고 어리석어 비웃음을 살 수 있는 말을 전혀 하지 않고 강의할 수 있을 것이다.

여기다가 대학의 학칙을 엄격히 적용한다면 학생들은 이런 엉터리 강의라도 결석하지 못하며, 매우 예의바른 태도로 수업에 임해야만 한다.

대부분의 젊은이들은 선생이 그들을 위해 최선을 다하려고 하는 의도만 보여준다면, 선생의 가르침을 무시하거나 경멸하지 않고 오히려 선생이 강의 중에 범하는 여러 가지 잘못을 용서할 정도로 마음이 넓다. 뿐만 아니라 그들은 선생이 그런 의도만 보여준다면 선생이 때로 수업을 너무 심하게 등한시하더라도 세상에 알려지지 않도록 숨겨줄 정도로 마음이 넓다. 공공시설이 아닌 곳에서 오히려 교육이 일반적으로 최고로 훌륭하게 행해지고 있다는 점에 주의할 필요가 있다.

모든 시대와 나라를 막론하고 사람들은 서로의 성격과 계획과 행위에 유의하면서 일반적인 동의를 통해 인간생활을 인도하는 많은 훌륭한 규칙과 도덕률들을 만들어왔음에 틀림없다. 공통된 삶의 도덕률을 질서정연하게 배열시키고, 이들을 연결하는 원리들을 연구하고 설명하려는 학문이 도덕철학이다. 여러 가지 다른 도덕 체계들이 세워졌지만 단순한 궤변에 불과했다. 모든 시대의 도덕 체계들이 사변적이었고 너무 보잘것없는 이유로 채택되었으므로, 가장 작은 금전상의 이익에 대한 문제에서도 상식을 가진 사람들의 판단에 도움을 주지 못했다. 말도 안 되는 궤변은 인류의 여론에는 거의 영향을 주지 못했지만, 철학과 사변에는 자주 매우 큰 영향을 미쳤다.

　인간의 행복과 완성이 어디에 있는지는 고대의 도덕철학이 연구하고자 한 대상이었다. 고대의 도덕철학은 인간생활의 의무들을 인간의 행복과 완성에 도움이 되는 것으로 여겼다. 고대의 도덕철학에서는 덕의 완성이 덕을 소유한 사람에게 현세에서 가장 완전한 행복을 필연적으로 가져다준다고 여겨졌다. 그러나 근대의 도덕철학에서는 종종 덕의 완성이 일반적으로, 또는 거의 항상 현세의 가장 완전한 행복과 모순되는 것으로 여겨졌다. 천국은 인간의 포용력 있고 관대하며 활기찬 행위에 의해서가 아니라, 참회와 금욕, 수도승과 같은 내핍과 굴종에 의해서만 획득될 수 있었다. 대부분의 경우 금욕적 도덕이 학교에서 가르치는 도덕철학의 큰 부분을 차지했다. 철학의 모든 부분 중 가장 중요한 분야인 도덕철학이 가장 타락한 분야가 되었다. 이리하여 철학은 확실히 신사와 일반 사람의 교육에 더 이상 적합하지 않았으며, 또한 이해력을 향상시키거나 마음을 개선할 수도 없게 되었다.

근대에 들어와 철학의 여러 분야에서 이룩된 발전은 대부분 대학에서 이루어지지 않았다. 이러한 발전이 이루어진 뒤에도 대부분의 대학은 앞장서서 그것을 채택하려 하지 않았다. 몇몇 대학은 이미 세계의 모든 구석에서 쫓겨난 구시대적인 학설과 진부한 편견을 보호하는 성역으로 오랫동안 남아 있기를 택했다.

영국에서는 청년들이 고등학교를 졸업한 후 대학에 가지 않고 외국으로 여행을 가는 것이 점점 더 관행이 되고 있다. 그들은 여행을 통해 더 많이 배우고 돌아온다고 사람들은 말한다. 여행하는 동안 기껏해야 한두 개의 외국어를 약간 배우게 되지만, 그것을 가지고는 외국어를 적절히 말할 수도 없고 쓸 수도 없다. 다른 점에서 보면 그들은 더 건방지고, 더 무절제하고, 더 방탕해져서 진지하게 연구나 사업에 주의를 기울일 수 없을 정도가 되어 돌아오는 것이 보통이다. 청년들이 국내에 있었더라면 짧은 기간에 그렇게 망가지지는 않을 것이다. 아주 어린 나이에 여행함으로써 그들은 인생의 가장 귀중한 시기를 양친과 친척의 감시와 통제를 벗어나 가장 시시한 일에 시간을 낭비하면서 보낸다. 그 결과 어린 나이에 교육을 받아 형성되어 있을 수도 있는 모든 유용한 습관이 자리를 잡아 굳건하게 되는 것 대신에 거의 필연적으로 흔들려 사라져버리고 만다. 대학교가 자초한 불신 때문에 이른 시기에 여행하는 것과 같은 매우 어리석은 행위가 인기를 얻게 되었다.

국가가 국민들의 교육에 관심을 기울여야 한다면 여러 계층의 사람들에게 어떤 교육을 어떤 방식으로 실시해야 하는가? 어떤 경우에는 사회 대부분의 개인들이 필연적으로 정부의 돌봄 없이 국가가 요구하는 능력과 덕목을 거의 모두 자연스럽게 형성하는 상태에 있을 수 있다. 다른 경우에는 사회 일부 개인들이 그러한 상태에 있지 못하므로 그들이 타락하고 퇴보

하는 것을 막기 위해 정부가 개입해 돌볼 필요가 있다.

분업의 발전에 따라 국민의 대부분을 차지하는 노동자들이 아주 단순한 몇 가지 작업에만 한정되어 있다. 사람들의 이해력은 대부분 필연적으로 그들이 일상적으로 하는 일에 의해 형성된다. 일생 동안 단순한 몇 가지 작업에만 몸담는 사람들은 예기치 않은 어려움을 당했을 때 이해력과 창조력을 발휘해 그것을 헤쳐나가는 방법을 발견하기가 어렵다. 따라서 그는 자연히 그러한 노력을 포기하게 되어 일반적으로 어리석고 무지한 사람이 되고 만다. 그는 정신이 우둔하게 되어 합리적인 대화를 즐기거나 거기에 참여할 수 없을 뿐만 아니라 너그럽고 고상하고 부드러운 감정을 느낄 수도 없게 된다. 그 결과 그는 개인 생활의 일상적 의무 대부분에 관해 정당한 판단을 내릴 수 없게 된다. 또한 그는 다양한 범위에 걸쳐 있는 국가의 중대한 이해관계에 관해 전혀 판단할 수도 없고, 전쟁 시에 국가를 방위할 수도 없다. 매일매일 한결같이 단조로운 생활 때문에 그는 자연히 마음의 용기도 잃게 된다. 발달한 모든 문명사회에서는 정부의 꾸준한 노력이 없는 한, 국민의 대다수를 차지하는 노동빈민들은 필연적으로 이러한 상황에 빠지게 된다.

야만사회에서는 모든 사람이 다양한 직업에 종사하기 때문에, 그들은 계속해서 발생하는 각종 어려움을 해결하기 위해 능력을 발휘해 대처 방법을 고안해낸다. 창조력이 생생하게 유지되기 때문에 정신은 문명사회의 하층 사람들이 겪는 이해력 마비와 같은 그런 우둔함에 빠지지 않는다. 야만 사회에서는 모든 사람이 전사다. 또 모든 사람은 어느 정도 정치가이며, 사회의 이익과 사회를 지배하는 사람들의 행동에 관해 꽤 훌륭한 판단을 내릴 수 있다. 미개 사회에서는 모든 사람이 하는 일은 매우 다양하지만 사회 전체의 직업은 그렇게 다양하지 않다. 모든 사람은 다른 사람들이 하거나 할 수 있는 일을 거의 모두 하거나 할 수 있다. 모든 사람은 상당한 정도의 지식과 재주와 발명의 능력을 가지고 있지만, 이것들을 특출하게 많이 가지고 있는 사람은 거의 없다. 그러나 보통 지니고 있는 정도의 것으로도 사회의 모든 단순한 업무를 수행하기에 일반적으로 충분하다.

반대로 문명국에서는 대부분의 개인들이 하는 일은 다양하지 않지만, 사회 전체의 직업은 거의 무한한 정도로 다양하다. 이러한 다양한 직업은 특정 직업에 소속되어 있지 않기 때문에 다른 사람들의 직업을 관찰할 시간적 여유와 기호를 가진 소수의 사람들에게 거의 무한한 연구대상을 제공한다. 그들의 머리는 필연적으로 이러한 다양한 연구대상을 끝없이 비교하고 결합하면서 사색하게 되며 그에 따라 그들의 이해력은 굉장히 예리하고 범위가 넓어지게 된다. 소수의 사람들은 이처럼 위대한 능력을 가지게 되지만, 국민 대부분은 인간성의 보다 귀중한 부분들을 크게 잃어버릴 수 있다.

문명화된 상업사회에서는 어느 정도의 지위와 재산을 가진 사람을 교육하기보다 일반 서민들을 교육하는 데 더 많은 주의를 기울여야 한다. 서민들은 교육받을 여유가 거의 없다. 그들의 부모는 유년기에도 그들을 양육할 능력이 거의 없다. 일할 수 있는 나이가 되자마자, 그들은 자기 생계비를 벌 수 있는 직업에 몰두해야 한다. 이러한 직업은 대개 단순하고 획일적이어서 이해력을 발휘할 수 없다. 또한 그들은 부단히 힘든 노동을 해야 하기 때문에 다른 것에 시간을 내거나 다른 것을 생각할 만한 여유도 기분도 거의 갖고 있지 않다. 국가는 매우 적은 비용으로 거의 모든 국민이 가장 본질적인 부분을 교육받고 습득할 수 있도록 도와주거나 강제할 수 있다.

사회가 진보하고 발전함에 따라 정부가 군사교육을 유지하기 위해 적당한 노력을 기울이지 않는다면, 그것은 점차 쇠퇴해가며, 그와 더불어 대부분의 사람들은 상무정신을 잃게 된다. 이것은 근대 유럽의 사례에서 충분히 알 수 있다. 그러나 사회의 안전은 항상 대다수 사람들의 상무정신에 달려있다. 게다가 상무정신은 자유에 대한 위험을 필연적으로 감소시킬 것이다. 스스로를 방어하거나 복수할 수 없는 겁쟁이는 분명 인간성의 가장 본질적인 부분 하나를 결여하고 있다. 신체의 가장 필요불가결한 부분 중 일부를 잃고 사용하지 못하는 사람이 육체적인 불구이고 기형인 것처럼, 겁쟁이는 정신적인 불구이고 기형이다. 이 둘 중 정신적 불구와 기형이 더 비참하고 불쌍하다. 왜냐하면 마음속에 있는 행복과 불행은 필연적으로 육체보다는 정신의 건강과 병, 정상 상태와 불구 상태에 더 많이 의존하기 때문이다.

국민들의 상무정신이 비록 사회를 방어하는 데에 사용되지 않는다 할지라도 정부는 겁쟁이 속에 들어 있는 것과 같은 그런 종류의 정신적 불구와 기형과 비열함이 대다수 사람들에게 확산되지 않도록 진지하게 주의를 기울일 필요가 있다. 문명사회에서 매우 자주 모든 하층민의 이해력을 둔하게 만드는 엄청난 무지와 몽매함에 대해서도 똑같이 말할 수 있을 것이다. 인간의 지적 능력을 적절히 사용하지 못하는 사람은 겁쟁이보다 더욱 경멸스럽다. 그는 인간성의 훨씬 더 본질적인 부문이 불구이고 기형인 것처럼 보인다.

비록 하층민을 교육시키는 것에서 어떤 이익도 얻지 못한다 하더라도 국가는 국민이 무지한 상태에 있지 않도록 주의를 기울여야 한다. 국민이 교육을 받으면 받을수록 광신과 미신에 덜 빠지게 된다. 광신과 미신에 빠지는 무식한 국민들은 종종 가장 무서운 무질서 상태를 낳는다. 게다가 교육을 받고 지적인 능력을 갖춘 사람들은 무지몽매한 사람들보다 항상 더 예절 바르고 질서를 잘 지킨다. 그들은 당파심에 의해 선동되는 이기적 불평을 자세히 검토하는 경향을 더 많이 가지고 있으며, 또 그렇게 할 능력도 더 크게 갖고 있다. 자유로운 나라에서는 정부의 안전이 정부의 행동에 대한 국민들의 호의적인 판단에 매우 크게 의존한다. 따라서 국민들이 정부의 행동에 대해 성급하거나 변덕스럽게 판단하지 않도록 하는 것이 가장 중요하다.

3. 모든 연령의 국민에 대한 교육을 위한 시설들의 비용

모든 연령의 국민에 대한 교육을 위한 시설은 주로 종교교육을 위한 것들이다. 종교교육의 목적은 국민을 현세에서 선량한 시민으로 만들기 위한 것이라기보다는 내세에서 더 좋은 다른 세상을 준비하도록 하기 위한 것이다.

종교 논쟁이 격렬한 시대는 대개 마찬가지로 정치적 당파 싸움이 격렬한 시대였다. 이 경우 각 정파는 서로 싸우는 종파들 중 하나와 동맹을 맺는 것이 이익이라는 것을 알아차렸다. 그러나 이렇게 동맹이 맺어지기 위해서 그 정파는 특정 종파의 교리를 채택하거나 적어도 그것에 호의를 표시해야 했다. 승리한 정파와 동맹을 맺은 운 좋은 종파는 반드시 동맹 정파의 승리를 함께 나누었다. 그리고 그 정파의 지지와 보호에 기대어 모든 반대 종파들을 어느 정도 침묵시키고 굴복시킬 수 있었다.

그러나 만약 정치가 종교의 도움을 요청하지 않았다면, 만약 승리한 정파가 어떤 한 종파의 교리를 채택하지 않았다면 그 정파가 승리했을 때 모든 종파들을 중립적으로 취급했을 것이다. 이 경우 수많은 종파가 출현했을 것이다. 거의 모든 종교 집단이 작은 종파를 형성해 자신만의 독자적인 교리를 가졌을 것이다. 모든 전도사들은 신도의 수를 유지하고 늘리기 위해서 모든 방법을 다 동원해 최상의 노력을 기울여야 한다고 느꼈을 것이다. 모든 종파의 전도사들이 어쩔 수 없이 똑같이 이렇게 하기 때문에 한 종파가 크게 성공할 수는 없었을 것이다.

한 사회에 한 종파만이 허용되거나 사회 전체가 두세 개의 큰 종파로 나누어져 각 종파의 전도사들이 한목소리로 일사불란하게 행동할 경우 자기 종파의 세를 확장시키려는 전도사들의 적극적인 열성은 위험스럽고 골치 아프다. 그러나 한 사회가 수백 또는 수천 개의 소종파로 나누어져 어느 종파도 공공의 안녕을 해칠 만큼 유력하지 못한 경우에는 그러한 열성은 전혀 해가 되지 않을 것임에 틀림없다. 각 종파의 전도사들은 사방이 적들로 둘러싸여 있음을 알기 때문에 공정하고 온건하게 행동할 수밖에 없다. 대종파의 전도사들 사이에서는 이러한 경우를 좀처럼 찾아볼 수 없다.

대종파의 교리는 정부가 지지하기 때문에 왕국과 제국의 거의 모든 주민들로부터 폭 넓게 존경받는다. 따라서 대종파의 전도사들 주위에는 추종자, 신도, 겸손한 숭배자들만이 있을 뿐이다. 그러나 소종파의 전도사들은 자신이 거의 혼자임을 알고 있기 때문에 다른 모든 종파의 전도사들을 존중할 수밖에 없다. 따라서 그들은 서로 양보하는 것이 편리하고, 기분 좋다는 것을 안다. 이러한 양보를 통해 대부분의 교리는 불합리와 사기와 광신에서 벗어나 순수하고 합리적으로 바뀔 것이다.

모든 시대의 현인들이 순수하고 합리적인 종교가 국교로 제정되는 것을 보고 싶어 했지만 어떠한 실정법도 그러한 종교를 국교로 제정한 적이 없었다. 아마 어떤 나라에서도 그러한 종교를 국교로 제정하지 않을 것이다. 왜냐하면 종교에 관한 한, 실정법은 항상 대중적인 미신과 열광의 영향을 다소 받아 왔으며, 아마 미래에도 그러할 것이기 때문이다.

내전*이 끝날 무렵, 독립교회파라 불리는 매우 열광적인 광신자 종파가 영국에서 이러한 순수하고 합리적인 교회 정부를 세우려는 계획, 또는 좀 더 적절하게 말하면 교회와 무관한 정부를 세우려는 계획을 실행하려고 했다. 만약 그것이 실행되었다면, 매우 비철학적인 기원에서 유래한 것이지만, 아마 지금까지 모든 종류의 종교 원리 중에서 철학적으로 가장 온건하고 균형이 잘 잡힌 태도를 양산해 내었을 것이다. 그 계획은 펜실베이니아에서 실행되었다. 그곳에서는 퀘이커 교도들의 수가 가장 많았지만 법이 실제로 어떤 종파도 편애하지 않았으므로 철학적으로 온건하고 균형이 잘 잡힌 태도가 형성되었

---

* 청교도 혁명을 말한다.

다 전해진다.

　그러나 모든 종파를 똑같이 대함으로써 한 나라의 모든 또는 대부분의 종파들에게 이러한 온건하고 균형이 잘 잡힌 태도를 가지게 할 수 없다 하더라도 만약 종파의 수가 충분히 많으면 별로 문제가 되지 않는다. 그렇게 되면 각 종파의 규모가 공공의 안녕을 해칠 수 없을 정도로 작아져 각 종파가 자신의 교리에 과도하게 열심을 낸다 하더라도 크게 유해한 결과는 나오지 않을 것이다. 오히려 좋은 결과가 발생할 수도 있을 것이다. 그리고 만약 정부가 모든 종파들에 간섭하지 않으면서 각 종파가 다른 종파에 간섭하지 못하도록 단호한 정책을 시행한다면, 각 종파들은 틀림없이 자연히 급속도로 분열

되어 그 수가 굉장히 늘어날 것이다.

계층의 구별이 완전히 확립되어 있는 모든 문명사회에서는 항상 두 개의 다른 도덕체계 또는 도덕관이 동시에 존재한다. 하나는 엄격하고 가혹한 것이고, 다른 하나는 자유롭고 느슨한 것이다. 앞의 것은 일반적으로 서민에 의해 숭배되고 존경받으며, 뒤의 것은 보통 상류층에 의해 더 많이 존경받고 채택된다. 이처럼 반대되는 두 체계를 구별하는 주된 요소는 경거망동이라는 악덕을 부정하는 정도에 달려 있다. 경거망동은 커다란 번영으로 인한 과도한 환락과 쾌락으로부터 생기기 쉬운 악덕이다. 자유로운 도덕체계에서는 사치, 불륜, 무질서하고 무절제한 쾌락, 남녀 중 적어도 어느 한쪽의 순결 파기 등이 상스럽고 무례하게 표현되지 않고, 거짓과 불의의 원인이 되지 않는 한 일반적으로 아주 관대하게 취급되며 쉽게 용서된다. 반면 엄격한 도덕체계는 그러한 무절제를 극도로 증오하고 혐오한다.

경거망동이라는 악덕은 항상 서민을 파멸시키고 만다. 1주일을 아무 생각 없이 낭비하면 가난한 직공은 종종 영원히 파멸되어 절망에 빠지며, 그것으로 인해 엄청난 범죄를 저지르게 된다. 따라서 서민들 중에서 보다 현명하고 선량한 부류에 속하는 사람들은 그러한 무절제를 극도로 혐오하고 증오한다. 그들은 경험을 통해 그러한 무절제가 자신을 즉각 파멸에 빠뜨린다는 것을 잘 알고 있다.

반면 수년 동안 무절제하게 낭비한다고 해서 상류층이 반드시 파멸되는 것은 아니다. 이 계층의 사람들은 재산이 많아 어느 정도의 무절제에 빠질 여유를 갖고 있다. 그들은 비난이나 책망받지 않고 그렇게 할 수 있는 자유를 자신들의 특권 중 하나라고 간주하는 경향이 있다.

거의 모든 종파들은 서민들 사이에서 시작되었으며, 대개 서민들로부터 최초의 또는 가장 많은 개종자들을 획득했다. 따라서 거의 모든 종파들은 예외 없이 엄격한 도덕체계를 채택했다. 각 종파들은 엄격한 도덕체계 때문에 기성 종교를 개혁하려는 계층 사람들의 지지를 쉽게 이끌어낼 수 있었다. 많은 종파들은 엄격한 도덕체계를 정립하고 어리석을 정도로 극단화해 서민들의 신망을 얻으려고 노력했다.

이에 대한 간단하고도 효과적인 구제책이 두 가지 있다. 첫 번째는 학문과 철학을 연구하는 것이다. 학문은 종교적인 광신과 미신을 해독시키는 최고 좋은 약이다. 두 번째 것은 흥겨운 대중오락을 자주 즐길 수 있게 하는 것이다. 사람들 중에는 무례하게 행동하거나 스캔들을 일으키지 않고 그림, 시, 음악, 춤 등으로 그리고 온갖 종류의 연극 상연과 전시회로 사람들을 즐겁게 하고 기분 전환시키는 활동을 해 이익을 보려는 이들이 있다. 국가가 이러한 사람들이 마음껏 자유롭게 활동하도록 하면 대중들은 대중의 미신과 광기의 온상인 우울하고 침울한 분위기로부터 쉽게 벗어날 수 있다.

대중오락은 언제나 대중을 열광시키는 모든 광신적 선동자에게 공포와 증오의 대상이었다. 왜냐하면 대중오락이 불어넣는 흥겨움과 즐거운 해학은 광신적 선동가들이 바라는 대중의 정신 상태와 전혀 양립할 수 없기 때문이다. 게다가 연극 상연은 광신적 선동가들의 술책을 대중에게 폭로해 자주 비웃음의 대상이 되게 하고, 때로는 혐오의 대상이 되게 한다. 그러므로 그들은 다른 모든 오락보다도 특히 연극 상연을 싫어하였다.

2장

사회 총수입의 원천

사회를 방위하고 왕의 존엄을 유지하는 비용뿐만 아니라 기타 필요한 정부 비용의 원천이 되는 수입은 첫째, 국민의 수입과는 관계없이 본래 군주나 국가에 속하는 기금에서 나오거나, 둘째, 국민의 수입으로부터 나온다.

1절 본래 군주나 국가에 속하는 기금 또는 수입의 원천

본래 군주 또는 국가에 속하는 기금은 자본이나 토지로 이루어져 있다. 군주는 다른 자본 소유자들처럼 자본을 스스로 사용하거나 빌려줌으로써 수입을 얻을 수 있다. 앞의 수입은 이윤이며, 뒤의 수입은 이자다. 그러나 군주제 국가가 아주 초기의 매우 엉성한 상태에 있었을 때에만 이윤이 공공 수입에서 주요한 부분을 차지했다. 군주는 일개 민간인과 마찬가지로 평범한 무역 분야에서 모험 상인이 되어 재정 상태를 개선하고자 했다. 국가는 또 때때로 화폐에 대한 이자 수입을 얻을 수 있다. 국가가 부를 축적했다면 그것의 일부를 외국이나 백성들에게 빌려줄 수 있다. 토지는 보다 안정성이 있고 영구적인 특성을 갖는 기금이다. 따라서 국유지의 지대는 공공수입의 주요한 원천이었다.

2절 세금

이미 1편에서 설명했지만 개인의 사적인 수입은 궁극적으로 세 가지 다른 원천, 즉 지대, 이윤, 임금으로부터 생긴다. 모든 세금은 궁극적으로 이 세 가지 소득 중 하나로부터 지불되든지, 아니면 세 가지 모두로부터 골고루 지불된다. 세금에 대한 논의는 다음과 같은 네 가지 원칙을 전제로 한다.

1) 모든 국가의 백성은 가능한 한 그들의 능력에 비례해서, 즉 국가의 보호 아래서 각자가 얻는 수입에 비례해서 국가의 유지에 기여해야 한다. 과세가 공평한지 불공평한지는 이 원칙을 지키느냐 안 지키느냐에 달려있다. 위에서 말한 세 종류의 수입 중 하나에만 부과되는 세금은 불공평하기 마련이다.

2) 각 개인이 납부해야 하는 세금은 정확해야 하며 자의적이어서는 안 된다. 즉 납세의 시기, 방법, 금액은 납세자와 모든 다른 사람들에게 알기 쉽고 분명해야 한다. 그렇지 않으면 세금을 거두는 사람들이 오만하고 부패하게 된다.

3) 모든 세금은 납세자가 가장 편리한 시간에 가장 편리한 방법으로 징수되어야 한다.

4) 모든 세금은 국민의 주머니로부터 끄집어내는 금액이 국고로 들어가는 금액보다 가능한 한 너무 크지 않도록 책정되어야 한다. 다음의 네 가지 경우는 국고에 들어가는 금액보다 훨씬 큰 금액을 국민의 주머니에서 끄집어내는 것이다.

① 조세를 거두는 관리의 수가 많아 그들의 봉급이 세금 수입의 대부분을 먹어 없애고, 또 그들의 부수입이 국민들에게 추가로 부담되는 경우.

② 세금 때문에 국민이 근면하게 일하는 것을 싫어하고, 사업에 종사하는 것을 꺼려하는 경우.

③ 탈세를 하려다가 실패한 사람들에게 몰수와 다른 형벌을 가해 몰락시키는 경우. 이 경우 사회는 그들의 자본 운용으로부터 얻을 수 있는 이익을 잃게 된다.

④ 조세 공무원이 자주 찾아가 지긋지긋하게 조사해 국민들에게 불필요한 고통을 주고 괴롭히고 탄압하는 경우.

3장

국채

상업이 확대되고 공업이 발전하기 이전의 미개사회에서는 상공업만이 제공할 수 있는 비싼 사치품이 전혀 없었기 때문에 많은 수입을 올리는 사람들은 그 수입을 소비하거나 기분을 즐기는 데 사용할 수 없었다. 그들은 그 수입을 주로 아래 사람들을 부양하는 데 사용할 수밖에 없었다. 사치재가 없어 부를 과시하는 소비를 할 수 없는 상태에서 부자와 권력자는 타인에게 친절을 베풀고 아낌없이 나누어주는 데 부를 지출했다. 하지만 이러한 지출에 부를 사용한다고 해서 망하지는 않는다. 이기적인 쾌락을 충족시킬 수 있는 향락적인 대상이 없었기 때문에 부자들은 망하지 않았을 것이다.

그들은 일반적으로 소득 전체를 소비하지는 않았다. 따라서 우리는 적어도 그들이 검소했다는 것을 인정할 필요가 있다. 그들은 양털과 날가죽의 일부를 화폐를 얻는 데 사용하거나 그 당시에 가능한 몇몇 사치품들을 사는 데 사용했다. 그러나 나머지는 대개 저장해놓았을 것이다. 그들은 저축한 모든 돈을 저장해둘 수밖에 없었다. 당시의 신사에게는 상업을 하는 것이 불명예스러운 일이었다. 또한 이자를 받고 돈을 빌려주는 것은 고리대로 여겨져 법으로 금지되어 있었으므로 더욱 불명예스러운 일이었다. 백성도 군주도 저축하고 저장하는 성향을 갖고 있었다.

값비싼 온갖 사치품이 넘쳐나는 상업 사회에서는 거의 모든 대토지 소유자들과 마찬가지로 군주도 자연스럽게 소득의 대부분을 사치품을 사는 데 소비한다. 자기 나라와 이웃 나라들이 고가의 장식물들을 풍부하게 제공하므로 그는 이것으로 궁전을 화려하게 장식한다. 물론 그는 국가의 방위력을 크게 약화시킬 만큼 많은 수입을 그러한 장식에 소비하지는 않겠지만 방위력을 유지하는 데 쓰고 남은 소득을 대부분 그러한 장식에 소비할 것이다. 따라서 부의 축적은 더 이상 기대할 수 없게 되었다. 이런 상황에서 예외적인 비상사태가 발생해 특별한 비용이 필요할 때 군주는 어쩔 수 없이 백성들에게 특별 원조를 요청해야 한다. 이런 위급 상황에서 정부는 빌리는 것 외에는 수입을 마련할 수 없다.

상업 사회에서는 백성들이 돈을 빌려줄 능력도 되고 또 돈을 빌려주려는 마음도 갖고 있다. 상업 사회에서는 돈을 빌릴 수밖에 없으므로 돈을 빌려주는 것을 가능하게 하는 수단도 함께 생겨난다. 상인과 제조업자가 많은 나라에는 필연적으로 자신의 자본을 운용하거나 다른 사람들의 돈을 빌려 자본으로 운용하는 사람들이 많다. 그러므로 상업을 위주로 하는 나라의 백성은 돈을 빌려줄 능력이 있는 것이다.

사법행정이 형편없어 사람들이 사유재산의 안전성을 의심하고, 법이 계약의 성실한 이행을 뒷받침하지 못하며, 국가가 지불 능력이 있는 사람의 채무 이행을 강제하기 위해 권위를 사용할 수 없는 나라에서는 상·공업이 오랫동안 발전할 수 없다. 한 마디로, 상·공업은 정부의 공정성에 대해 일정한 신뢰가 없는 곳에서는 발전할 수 없다. 이러한 신뢰가 있어야만 사람들은 정부에 자신들의 재산을 빌려줄 것이다.

그들이 정부에 돈을 빌려주더라도 상·공업을 경영하는 그들의 능력은 조금도 감소되지 않는다. 반대로 그들의 능력은 오히려 증가된다. 왜냐하면 국가는 긴급하게 돈을 필요로 하기 때문에 대부분의 경우 돈을 빌려주는 사람에게 매우 유리한 조건으로 돈을 빌리려고 하기 때문이다. 따라서 이런 나라의 백성은 기꺼이 정부에 돈을 빌려주려는 마음을 갖고 있다. 이런 나라의 정부는 비상 상황에서 백성의 돈에 의존하기 쉽다. 정부는 쉽게 돈을 빌릴 수 있으므로 저축의 필요를 느끼지 않는다.

유럽의 큰 나라들은 모두 한결같이 국채가 크게 늘어나고 있다. 이것이 계속되면 그 나라들은 빚에 짓눌리게 될 것이고 결국 파멸될 것이다. 개인과 마찬가지로 국가도 처음에는 개인적인 신용에 의해 돈을 빌리기 시작했다. 그러나 이것이 여의치 않게 되었을 때 특정한 기금을 저당으로 제공하여 돈을 빌렸다.

어떤 저자는 국채를 한 나라의 다른 자본에 추가된 거대 자본의 축적이라고 주장했다. 그는 국채 때문에 국채가 없을 경우 이상으로 상업이 확대되고 제조업이 증가되며 토지가 경작된다고 주장했다. 그러나 그는 채권자가 정부에 선불한 자본이 선불되는 순간부터 한해 생산물의 일부가 미래의 재생산 기능을 할 가능성이 없어진다는 사실을 고려하지 못했다. 즉 한해 생산물의 일부는 자본의 구실을 하는 것에서 소득의 구실을 하는 것으로, 생산적 노동자를 부양하는 것에서 비생산 노동자를 부양하는 것으로 소비되고 낭비되고 만다. 그들이 선불한 자본에 대한 보상으로 그들은 대부분의 경우 같은 금액보다 많은 연금을 공금으로 받았다. 그들은 이 연금에서 선불한 자본을 보상받을 수 있었을 뿐만 아니라 이전의 자본 규모나 그 이상의 규모로 사업을 운영할 수 있었을 것이다. 즉 그들은 이 연금의 신용에 따라 새로운 자본을 빌릴 수도 있었고, 또 이 연금을 팔아 그들이 선불한 금액과 같거나 그 이상의 새로운 자본을 마련할 수 있었다.

그러나 그들이 이런 식으로 마련한 새로운 자본은 이미 국내에 존재하면서 모든 자본과 마찬가지로 생산적 노동을 고용하는 일에 사용되고 있었음이 틀림없다. 비록 그것이 그들에게는 새로운 자본이지만 한 나라 전체로 볼 때는 그렇지 않다. 그 자본은 다른 곳에 사용되기 위해 특정 용도에서 빠져나온 것일 뿐이다. 만약 그들이 이 자본을 정부에 선불하지 않았다면 나라 전체에 두 개의 자본이 생산적 노동을 고용하는 데 사용되었을 것이다.

정부가 비용을 조달하려고 세입을 늘리는 경우 그 세입은 대부분 아마도 비생산적 노동을 유지하는 데 쓰일 것이다. 공공의 비용이 이런 식으로 조달되면 틀림없이 새로운 자본은 더 이상 축적되기 어렵다. 정부가 공공 비용을 장기국채로 조달하는 경우, 그것은 그 나라에 전부터 있었던 일부 자본을 해마다 파괴하여, 전에 생산적 노동의 유지에 사용되기로 되어 있던 한해 생산물의 일부를 비생산적 노동의 유지에 전용하는 셈이 된다. 하지만 이 경우 세금이 적어지므로 개인들은 부담이 가벼워진다. 따라서 개인들은 소득의 일부를 자본으로 축적할 수 있게 된다. 장기국채를 발행해 자금을 조달하는 방식이 세금을 더 거두는 방식보다 자본을 더 많이 파괴하지만, 그것은 동시에 새로운 자본이 축적되는 것을 더 적게 방해한다. 장기국채제도에서는 개인의 검약과 근면이 정부의 낭비와 방종으로 인한 자본의 파괴를 더 쉽게 회복시킬 수 있다.

장기국채를 발행해 자금을 조달하는 관행을 갖고 있는 모든 나라는 점차 약해진다. 일단 국채가 누적되어 일정한 정도에 달했을 때, 그것이 공정하고 완전하게 상환되는 경우는 거의 단 한 번도 없다고 나는 생각한다. 공공 수입이 국채 상환의 부담으로부터 해방된 적이 있다면, 그것은 국가의 파산에 의한 것이다. 파산은 공식적으로 선언되는 경우도 있고, 실제로는 파산했지만 겉으로는 상환을 장담하는 경우도 있다.

주화의 명목 가치를 올리는 것은 파산을 상환으로 위장하는 가장 상습적인 술책이다. 예를 들면, 의회의 법률이나 왕의 칙령에 의해 6펜스의 은화를 1실링으로 올리고, 6펜스의 은화 20개를 1파운드로 올린다면* 이전에 20실링을 빌렸던 사람은 새로운 명칭에 의해 6펜스의 은화 20개로 갚을 것이다. 이러한 방식에 의하면 약 1억 2,800만 파운드의 국채는 현재의 화폐로 약 6,400만 파운드로 상환될 수 있을 것이다. 이것은 상환의 외형을 띠고 있지만 채권자들은 파운드당 10실링만큼 사기당하는 것이다. 하지만 옛날이나 지금이나 거의 모든 국가들이 불가피한 상황에 직면했을 때 이러한 속임수로 술책을 부렸다.

여러 가지 원천으로부터 국가의 수입을 상당량 증대시키는 것이 불가능하다면 유일한 길은 비용을 줄이는 것이다. 영국

---

* 당시 1실링은 12펜스였고 1파운드는 20실링이었다. 따라서 6펜스를 1실링으로 올리는 것은 화폐의 명목가치를 두 배로 올리는 것이 된다.

이 식민지를 위해 치른 최근의 전쟁* 비용은 9,000만 파운드를 넘는다. 이 비용의 대부분은 당연히 식민지에 부과되어야 한다. 이 두 전쟁에서 영국은 스페인 전쟁이 있기 전 국채 규모의 두 배가 더 넘는 비용을 썼다. 이 두 전쟁이 없었다면 영국은 아마 국채를 완전히 갚았을 것이다. 이러한 비용이 식민지들에 지출된 것은 그것들이 대영제국의 영토로 여겨졌기 때문이다. 그러나 제국을 위해 세금이나 군사력으로 기여하지 않는 나라들은 대영제국의 일부로 간주될 수 없다.

아마도 그것들은 제국이 자랑하기 위해 가지고 있는 일종의 화려한 마차로 간주될 수 있다. 그러나 이러한 마차를 유지하는 비용을 마련할 수 없다면 제국은 그 마차를 버려야 한

＊스페인, 프랑스와의 전쟁을 말한다.

다. 그리고 비용에 비례하여 수입을 증가시킬 수 없다면 비용을 수입에 맞추어야 한다.

1세기 이상 동안 통치자들은 영국이 대서양 서쪽에 거대한 제국을 갖고 있다는 것을 상기시키면서 국민들을 즐겁게 했다. 그러나 지금까지 제국은 상상 속에서만 존재했다. 이제까지 그것은 제국이 아니라 제국의 계획에 불과했고, 금광이 아니라 금광의 계획에 불과했다. 그 계획에는 지금까지 비용이 들어갔고 지금도 들어가고 있다. 만약 지금까지와 같은 방식으로 추진된다면 전혀 이익도 없이 막대한 비용만 들어갈 것 같다. 왜냐하면 식민지 무역의 독점은 대다수 국민에게 이익은 없고 손실만 안겨주기 때문이다.

지금은 우리의 통치자들이 국민들과 함께 탐닉하고 있었던 이러한 황금빛 꿈을 실현하든지 아니면 스스로 이 꿈에서 깨어나고 국민도 이 꿈에서 깨어나도록 해야 할 때다. 제국의 계획은 완성될 수 없다면 포기되어야 한다. 대영제국의 일부 지역이 제국 전체의 유지에 기여하도록 할 수 없다면 대영제국은 전쟁 시에 그러한 지역들을 방어하는 비용과 평화 시에 그러한 지역들의 민간 시설과 군사 시설의 일부를 유지하는 비용을 부담할 필요가 없다. 지금은 영국의 미래 전망과 계획을 평범한 현실 상황에 적응시키기 위해 노력할 때다.

애덤 스미스의
국부론을 말하다

초판 1쇄 발행 2009년 1월 30일
초판 3쇄 발행 2018년 1월 30일

편저자 윤원근
펴낸이 신원영
펴낸곳 (주)신원문화사

편 집 김은정 김준균 장민정 김진희
디자인 송효영 김기현
마케팅 이정민
경영지원 윤석원

주소 서울시 구로구 가마산로 27길 14 (신원빌딩 10층)
전화 3664-2131~4
팩스 3664-2130
출판등록 1976년 9월 16일 제5-68호

ISBN 978-89-359-1475-3 03300